中央财经大学保险学院·中国精算研究院标志性成果

2024中国保险公司竞争力与投资价值评价研究报告

寇业富　主编

中国财经出版传媒集团
中国财政经济出版社
北京

图书在版编目（CIP）数据

2024中国保险公司竞争力与投资价值评价研究报告 / 寇业富主编. -- 北京 : 中国财政经济出版社, 2024. 10. -- ISBN 978-7-5223-3421-9

Ⅰ. F842.31

中国国家版本馆CIP数据核字第20247J8B05号

责任编辑：苏小珺　　责任校对：胡永立

封面设计：录文通　　责任印制：党　辉

2024 中国保险公司竞争力与投资价值评价研究报告

2024 ZHONGGUO BAOXIAN GONGSI JINGZHENGLI YU TOUZI JIAZHI PINGJIA YANJIU BAOGAO

中国财政经济出版社 出版

URL：http：//www. cfeph. cn

E－mail：cfeph@ cfeph. cn

社址：北京市海淀区阜成路甲 28 号　邮政编码：100142

营销中心电话：010－88191522

天猫网店：中国财政经济出版社旗舰店

网址：https：//zgczjjcbs. tmall. com

北京虎彩文化传播有限公司印刷　各地新华书店经销

成品尺寸：210mm×285mm　16 开　14. 25 印张　252 000 字

2024 年 10 月第 1 版　2024 年 10 月北京第 1 次印刷

定价：98. 00 元

ISBN 978－7－5223－3421－9

（图书出现印装问题，本社负责调换，电话：010－88190548）

本社质量投诉电话：010－88190744

打击盗版举报热线：010－88191661　QQ：2242791300

本报告受到

中央财经大学中国精算研究院

中央财经大学保险学院

等单位的大力支持和帮助

序言 Preface

中国精算研究院成立于2003年，是保险精算领域中唯一一个教育部人文社会科学重点研究基地（以下简称重点研究基地）。中国精算研究院在教育部和中央财经大学领导的关怀、指导下，锐意进取，勇于创新，在教学、科研和社会服务等各个方面已经奠定了扎实的基础并取得长足进步，在国内外享有盛誉。

根据教育部《普通高等学校人文社会科学重点研究基地管理办法》的要求，重点研究基地应该聚集和培养优秀学术人才，围绕国家发展战略，针对学科前沿和社会经济发展中的重大理论与实践问题，组织高水平研究的新型科研团队，在产出创新成果、形成学术交流开放平台、带动高校哲学社会科学发展创新等方面发挥着重要作用。

随着中国保险市场经营主体和业务规模的快速发展，提高保险业的竞争质量、实现规模效益的长期可持续发展成为保险业界、学界和政府监管部门的关注焦点。同时，为了更好地发挥重点研究基地的作用，中央财经大学中国精算研究院于2010年8月成立了“保险公司竞争力评价研究”课题组。

经过课题组多年勤奋、严谨的工作，已经出版了2011—2023年的《中国保险公司竞争力评价研究报告》等多部著作和相关科研论文。

为了更好地促进保险产业健康发展，应对保险市场失灵，保护投资人和被投资人的权益，维护消费者利益，课题组在参考国际投资价值分析评价理论和方法的基础上，利用丰富的资料和数据，将定性与定量相结合，对保险公司的投资价值进行全方位的分析评价。自2021年开始，研究报告中增加“中国保险公司的投资价值评价分析”的有关内容，研究报告名称修改为“中国保险公司竞争力与投资价值评价研究报告”，课题组名称也修改为“中国保险公司竞争力与投资价值评价研究”课题组。

不忘初心，方得始终。在这里我愿意重申课题组成立之初所坚持和提倡的研究原则：公开、客观、科学。

所谓“公开”，是指指标体系、数据来源、评价方法等全部公开或者来源于公开渠道。在这里我们不得不提到，原中国保险监督管理委员会于2010年6月12日正式实施的《保险公司信息披露管理办法》，以及原中国银行保险监督管理委员会于2018年4月重新修订并颁布的《保险公司信息披露管理办法》为我们的研究提供了主要和关键的数据支持。

所谓“客观”，是指评价的结果要客观，也是指评价的过程和目标要客观。即在评价过程中，尽量避免或者减少人为主观因素的干扰。

所谓“科学”，是指评价方法的科学。在有可能使用定量分析的地方，尽量使用定量分析。当然，我们并不是说定性分析就不科学。

值得欣慰的是，“中国保险公司竞争力与投资价值评价研究”课题组在寇业富教授的领导下，始终一贯地秉持了这一原则。当然，这些原则，并不阻碍课题组在研究指标和方法上的不断改进，也不排除对保险业其他研究领域的继续拓展研究，提高中国精算研究院这一重点研究基地的学术价值和社会地位。

一、主要内容

本报告是我们关于保险公司竞争力评价研究等方面的第14个年度的工作成果。随着中国的改革开放和国务院正式发布《关于加快发展现代保险服务业的若干意见》（国发〔2014〕29号），无论是规模数量还是发展质量，中国保险业的发展都进入了一个新的阶段，为中国保险公司竞争力的评价研究提出了更高的要求。

“保险公司竞争力与投资价值评价研究”是一个敏感的话题。我们从一开始就抱着谦虚谨慎、兢兢业业的精神对待这项工作。值得欣慰的是，多年来，在中央财经大学和中国精算研究院的大力支持下，在课题组成员的团结奋斗下，我们始终坚持“公开、客观、科学”的原则进行相关工作。

本报告主要包括五章内容：

第一章介绍了中国保险市场的发展概况。分别从中国保险业发展的宏观经济环境、我国保险业的发展情况分析、人身险保险市场发展、财产险保险市场等方面对中国保险业的发展情况做了介绍。

第二章首先给出了保险公司竞争力的定义；然后在分析国内外相关研究的基础上，我们选择主成分分析法进行竞争力研究，并对主成分分析法的内容、步骤等做了介绍；最后对保险公司竞争力的评价体系的原则、内容等做了简单介绍。

第三章给出了人身险公司竞争力的评价排名与得分。本部分共分四节。第一节主要阐明了人身险公司竞争力评价的指标内容、定义和计算方法，并对研究对象的选择进行了说明；第二节对65家人身险公司的综合竞争力进行评价与分析；第三节得到保险公司五个一级指标竞争力的评价排名与得分；并通过分析一级指标排名前十公司的排名与得分，以及各二级指标排名前十公司的得分对整个保险市场进行了分析；第四节运用现代多元统计分析方法，对人身险公司综合竞争力的评价结果进行了稳健性分析。我们从公司和指标两个角度对课题组的评价结果进行了检验，证明我们的评价结果是稳健的。

第四章给出了财产险公司竞争力的评价排名与得分。本部分共分四节。第一节对财产险公司竞争力评价的指标内容、定义、计算方法和研究对象等进行了说明；第二节对76家财产险公司的综合竞争力进行评价与分析；第三节得到保险公司五个一级指标的评价排名与得分，并对结果做了分析；并通过分析一级指标排名前十的公司的排名与得分，以及各二级指标排名前十公司的得分对整个保险市场进行了分析；第四节运用现代多元统计分析方法，对财产险公司综合竞争力的评价结果进行了稳健性分析。我们从公司和指标两个角度对课题组的评价结果进行了检验，证明我们的评价结果是稳健的。

第五章给出了中国保险公司投资价值评价的排名与得分。本部分共分四节。第一节阐述了保险公司投资价值的概念与评价方法，主要从保险公司投资价值的概念、国内外相关研究内容与评价方法，以及我们选定的中国保险公司投资价值评价方法，包括相关模型、熵值法、模糊数学方法和其他统计分析方法等现代应用数学方法的介绍等。第二节是保险公司投资价值的体系构建。主要包括对影响保险公司投资价值影响因素的分析，上市保险公司（集团）的选择、对标公司的选择，以及上市保险公司（集团）与对标公司的市场价值与投资价值的关系的比较分析等，为第三节、第四节的分析打下比较坚实的基础。第三节是中国人身险公司投资价值的评价分析，主要包括待评价对象的选择，投资价值评价指标的建立，人身险公司投资价值的初始评价分析；并依据待评价公司与对标公司的相似关系，得到待评价公司的投资价值绝对值；在此基础上，为了更好地反映各公司的投资效能，在不考虑公司股权质押、不考虑公司成立年限的情况下，我们引入了指标投资效能比（投资价值净资产比），为人身险公司的潜在投资者提供更为有价值的信息。第四节是中国财产险公司投资价值的评价分析，主要包括待评价对象的选择，投资价值评价指标的建立，财产险公司投资价值的初始评价分析；并依据待评价公司与对标公司的相似关系，得到待评价公司的投资价值绝对值；在此基础上，为了更好地反映各公司的投资效能，在不考虑公司股权质押、不考虑公司成立年限的情况下，我们引入了指标投资效能比（投资价值净资产比），为财产险公司的潜在投资者提供更为有价值的信息。

二、该报告的特色和主要创新

（1）在报告的第三章第四节和第四章第四节，对人身险公司综合竞争力和财产险公司综合竞争力的评价结果进行了稳健性检验。

在类似研究报告中，对评价结果进行稳健性检验的还没有发现。

通过稳健性检验，可以对我们的评价结果进行量化的可信性与稳健性度量，增加了评价结果的科学性、客观性。这是“中国保险公司竞争力与投资价值评价研究”课题组的一个创新性应用研究成果，提高了评价结果的科学性、可信性和逻辑的完备性。

（2）对保险公司的综合竞争力和各一级指标的评价结果进行了多种角度和方式的分析，提供了比较科学、全面的保险公司和保险行业的分析研究。

（3）与时俱进，依据中国保险市场的需求变化和监管精神，维护广大消费者利益，增加了中国保险公司投资价值评价分析的有关内容，为中国保险市场的潜在投资者提供有价值的信息，促进中国保险投资市场的健康稳定发展。

中央财经大学中国精算研究院是国家保险精算领域唯一的人文社科重点研究基地，一直对中国保险行业的发展密切关注。此专题部分的分析是中国精算研究院新的研究领域之一，我们欢迎国内外政府管理部门和业界、学界的专家学者与我们交流沟通！

《2024中国保险公司竞争力与投资价值评价研究报告》的著作权人寇业富享有因该著作出版和传播等而产生的相关权利和义务。

三、特别说明

（1）本报告分析尽量采用可获得的披露数据进行分析，并根据实质重于形式的原则，对发现个别公司披露数据存在错误或异样的年报信息进行调整或者在涉及该指标时进行批注说明。

（2）本报告分析采用的数据皆来源于已公开的资料或课题组成员的个人分析，但我们不保证上述信息的完整与准确性，中国精算研究院不因使用本报告而产生的一切后果承担责任，只以此作为学术研究以及学界和业界的信息交流与参考。同时本报告为课题组成员的个人观点，并不代表中国精算研究院的观点。

当然，对于中国保险公司竞争力与投资价值的分析评价工作，我们自己也认为有不尽如人意的地方。但是我们相信，在教育部和中央财经大学的大力支持下，在业界、学界等专家、学者的关怀帮助下，在我们自己的努力下，《中国保险公司竞争力与投资价值评价研究报告》会越来越好，会为保险业的发展和保险公司竞争力的提高发挥重要的作用，谢谢！

“中国保险公司竞争力与投资价值评价研究”课题组组长

中央财经大学中国精算研究院保险数据文献中心主任

寇业富

2024年7月16日

目录 Contents

第一章
2023 年中国保险市场分析

自 1805 年起步以来，中国保险业经过了两个多世纪的发展，特别是自 1979 年改革开放后，保险市场迅速成长，成为全球保险业的重要组成部分。2023 年，中国保险业站在了一个新的历史起点。这一年见证了监管体系的重大调整，原中国银行保险监督管理委员会（以下简称原银保监会）完成了向国家金融监督管理总局的转变，这标志着中国金融监管进入了一个更加专业化、系统化的“双峰监管”新时代。

2009—2022 年，中国保险市场在对外开放的进程中持续加速，通过深化国际合作与市场准入改革，吸引了更多海外资本和先进管理经验，促进了保险业的多元化发展。2023 年，中国保险业在此基础上进一步巩固成果，行业规模、产品创新和服务质量均取得了显著提升。

2023 年，中国保险市场继续保持稳定增长势头，保险密度和保险深度稳步提升，保险科技的应用日益广泛，不仅优化了保险产品的设计与销售，还提升了理赔效率和客户体验。保险资金的投资渠道更加多元化，投资收益保持稳定增长，行业整体的风险防控机制不断完善，展现出强劲的抗风险能力和可持续发展动力。

第一节　2023 年中国保险市场整体回顾

一、市场概况

2023 年，中国保险全行业共实现保费收入 51, 247 亿元（除特别说明之外，本书中的保费收入指原保险保费收入），比 2022 年的 46, 957 亿元增长了 9. 14%（本书中的增长或下降除特别说明以外，都表示同比变化情况）。其中，财产险公司保费收入增长了 6. 73%，人身险公司保费收入增长了 10. 25%；保险业赔付支出 18, 883 亿元，同比增长 21. 94%；保险业总资产 299, 573 亿元，较年初增长

7.69%。具体来看，市场运行呈现以下特点。

一是保费收入持续增长。2023年我国保险业提供的风险保障总额进一步提升，保费收入持续增长，实现原保险保费收入达到5.12万亿元，同比增长9.14%，显示出保险行业的稳健发展态势。尤其是在人身险领域，保费收入增长10.25%，反映了保险产品在满足民众多样化保障需求方面的积极作用。

二是业务结构优化。2023年，保险行业整体业务结构持续优化，人身险公司的业务结构转型持续推进。随着中国社会养老三支柱体系的不断完善，未来社会养老产业有望迎来持续向好发展。同时，车险业务有望保持高质量发展，农险、健康险等非车险业务为财产险公司业务拓展开辟新的发展空间。

三是市场竞争和分化。在监管体系逐步完善及资本市场较大波动的背景下，头部险企依托于在产品体系、销售渠道、品牌影响力、稳定的投资能力等方面的绝对优势，保持相对稳定的市场份额。未来一段时间内，行业分化效应仍将持续。

四是服务国家战略，支持实体经济发展。我国保险行业积极响应国家政策导向，加强对科技创新、乡村振兴、绿色低碳等领域的支持，通过保险手段有效分担风险，为经济社会发展提供坚实保障。

（一）1980—2023年保费收入

本部分简述了1980—2023年中国保险业发展概况，主要针对保费收入、保险密度、保险深度等数据进行梳理和讨论。根据最新可得的国际比较数据，2023年，中国保险业保费收入达到51,247亿元；总资产达到299,573亿元；保险密度为3,635元/人，同比增长9.3%；保险深度为4.07%，同比增长4.28%；赔款和给付18,883亿元，同比增长21.94%。中国保险业的国际地位大幅提升，世界排名从2010年的第六位上升至2023年的第二位，且连续七年保持这一地位。

表1-1显示了1980—2023年中国保费收入概况。1979年中国保险业恢复发展；1980年保费收入约为4.6亿元；1990年保费收入为178亿元；2000年保费收入为1,595亿元；2010年保费收入为14,528亿元；2023年保费收入达到51,247亿元，分别是1980年、1990年、2000年和2010年的11,141倍、288倍、32倍和3.5倍。

从人身险和财产险的结构来看，在20世纪80年代初期，财产险占绝大份额，随后比重逐渐下降。1997年人身险比重第一次超过财产险。此后，人身险比重逐渐上升，2008年最高达到75%，最近几年开始人身险和财产险市场格局开始稳定，基本维持在7∶3左右，2023年人身险占比73.45%。

表1－1　1980—2023年中国保费收入概况

年份	总保费（亿元）	人身险		财产险	
		保费（亿元）	占比（%）	保费（亿元）	占比（%）
1980	5	—	0.00	5	100.00
1981	8	—	0.00	8	100.00
1982	10	3	30.00	7	70.00
1983	13	0	0.00	13	100.00
1984	20	1	5.00	19	95.00
1985	33	4	12.12	29	87.88
1986	46	11	23.91	35	76.09
1987	71	13	18.31	58	81.69
1988	109	38	34.86	71	65.14
1989	142	46	46.48	76	53.52
1990	178	60	33.71	118	66.29
1991	236	83	35.17	153	64.83
1992	368	143	38.86	225	61.14
1993	500	—	—	—	—
1994	600	264	44.00	336	56.00
1995	683	262	38.36	421	61.64
1996	788	343	43.53	445	56.47
1997	1,087	607	55.84	480	44.16
1998	1,247	747	59.90	500	40.10
1999	1,393	872	62.60	521	37.40
2000	1,595	997	62.51	598	37.49
2001	2,109	1,424	67.52	685	32.48
2002	3,053	2,275	74.52	778	25.48
2003	3,880	3,011	77.60	869	22.40
2004	4,318	3,228	74.78	1,089	25.22
2005	4,927	3,697	75.04	1,230	24.96
2006	5,641	4,132	73.25	1,509	26.75
2007	7,036	5,038	71.60	1,998	28.40
2008	9,784	7,447	76.11	2,337	23.89
2009	11,137	8,261	74.18	2,876	25.82

续表

年份	总保费（亿元）	人身险		财产险	
		保费（亿元）	占比（%）	保费（亿元）	占比（%）
2010	14, 528	10, 632	73. 18	3, 896	26. 82
2011	14, 339	9, 721	67. 79	4, 618	32. 21
2012	15, 688	10, 157	64. 74	5, 531	35. 26
2013	17, 222	11, 010	63. 93	6, 212	36. 07
2014	20, 235	13, 031	64. 40	7, 203	35. 60
2015	24, 283	16, 288	67. 08	7, 995	32. 92
2016	30, 959	22, 235	71. 82	8, 724	28. 18
2017	36, 581	26, 746	73. 11	9, 835	26. 89
2018	38, 017	27, 247	71. 67	10, 770	28. 33
2019	42, 645	30, 996	72. 68	11, 649	27. 32
2020	45, 257	33, 329	73. 64	11, 929	26. 36
2021	44, 900	31, 224	69. 54	13, 676	30. 4
2022	46, 957	32, 091	68. 34	14, 867	31. 66
2023	51, 247	37, 640	73. 45	13, 607	26. 55

由图 1 -1 可以看出，中国的保费收入基本维持增长趋势，自 2000 年出现第一次快速上升，2006 年之后又出现一次快速上升，这两次上升均与新型人身保险产品（包括分红保险、投资连结保险、万能保险等）的引入和推动有关。2020 年以来，2023 年总保费增速最快，较 2022 年同比增长 9. 14%。

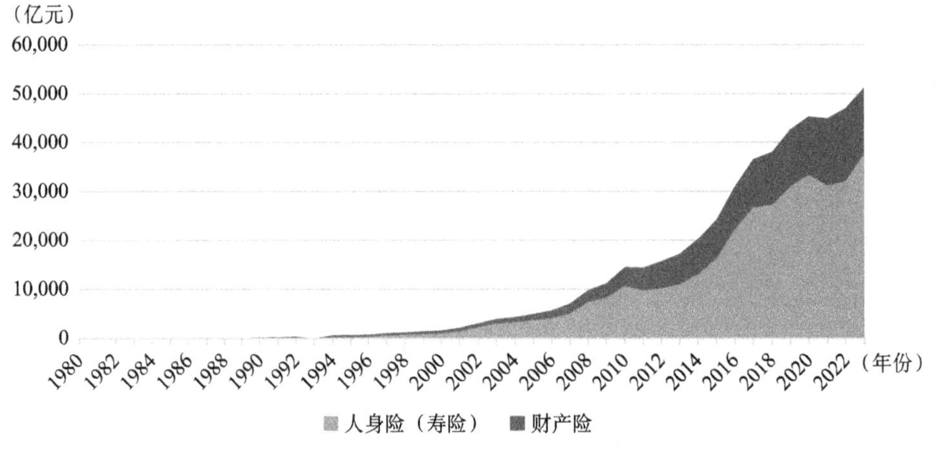

图 1 -1　1980—2023 年中国保费收入

表 1－2 对 1980—2023 年中国与世界保费名义增长率进行了对比。图 1－2 直观地展示了两者之间的对比情况。

表 1－2　　　1980—2023 年中国和世界保费名义增长率①

年份	中国保费（亿元）	名义增长率（%）	世界保费（亿美元）	名义增长率（%）
1980	5	—	5,015	—
1981	8	60	5,198	3.65
1982	10	25	5,405	3.99
1983	13	30	5,702	5.49
1984	20	53.85	6,158	8.00
1985	33	65	7,122	15.64
1986	46	39.39	9,459	32.82
1987	71	54.35	11,327	19.75
1988	109	53.52	13,241	16.90
1989	142	30.28	13,726	3.66
1990	178	25.35	15,253	11.12
1991	236	32.58	16,441	7.79
1992	368	55.93	18,110	10.15
1993	500	35.87	19,668	8.61
1994	600	20	21,204	7.81
1995	683	13.83	23,213	9.48
1996	788	15.37	23,052	-0.70
1997	1,087	37.94	23,304	1.09
1998	1,247	14.72	23,851	2.35
1999	1,393	11.71	25,746	7.95
2000	1,595	14.5	27,222	5.73
2001	2,109	32.23	27,064	-0.58
2002	3,053	44.76	29,509	9.03
2003	3,880	27.09	33,025	11.92
2004	4,318	11.29	36,346	10.06
2005	4,927	14.1	38,095	4.81

① 数据来源：寇业富主编，《2023 中国保险公司竞争力与投资价值评价研究报告》，中国财政经济出版社，2023 年 11 月；World insurance: strengthening global resilience with a new lease of life, Sigma, No. 3/2024, Swiss Re Institute.

续表

年份	中国保费（亿元）	名义增长率（%）	世界保费（亿美元）	名义增长率（%）
2006	5, 641	14. 49	40, 920	7. 42
2007	7, 036	24. 73	45, 584	11. 40
2008	9, 784	39. 06	46, 487	1. 98
2009	11, 137	13. 83	45, 590	-1. 93
2010	14, 528	30. 45	47, 807	4. 86
2011	14, 339	-1. 3	51, 069	6. 82
2012	15, 688	9. 41	51, 799	1. 43
2013	17, 222	9. 78	51, 994	0. 38
2014	20, 235	17. 5	54, 411	4. 65
2015	24, 283	20	53, 408	-1. 84
2016	30, 959	27. 49	54, 895	2. 78
2017	36, 581	18. 16	57, 898	5. 47
2018	38, 017	3. 93	61, 490	6. 20
2019	42, 645	12. 17	62, 926	2. 34
2020	45, 257	6. 13	62, 870	-0. 09
2021	44, 900	-0. 79	68, 606	9. 12
2022	46, 957	4. 58	67, 822	-1. 14
2023	51, 247	9. 14	71, 862	5. 96

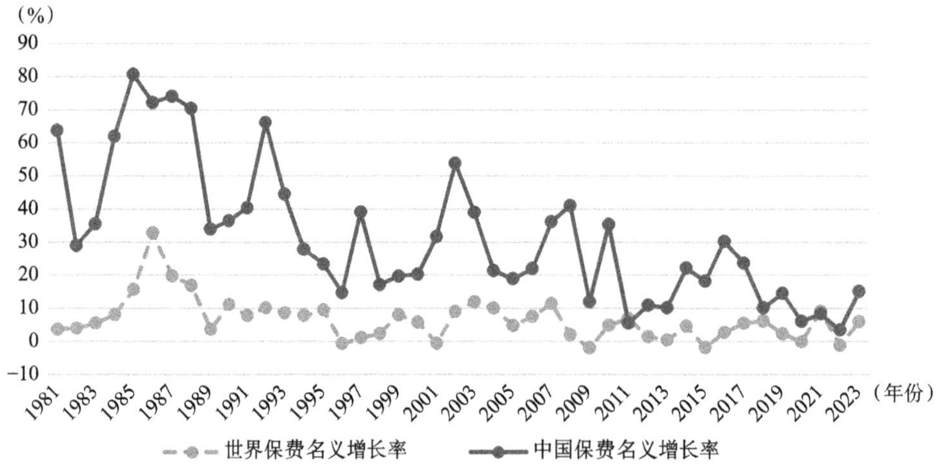

图1-2 1980—2023年中国和世界保费名义增长率的比较

由图1-2可以看出以下三个特点：第一，全球保费收入增长呈现出一定的周期性波动特征。1981—2023年的时间跨度内，大致可观察到四个明显的周期性波动阶段，每个阶段的长度不一。第二，尽管存在周期性的波动，但整体来看中国保费收入增长率表现出逐步降低的趋势。可能是市场竞争加剧、监管环境变化以及科技进步等因素共同作用的结果。保险行业也在不断地调整自身战略和运营模式，以应对新的挑战和机遇。第三，相较于全球平均水平，中国保费收入名义增长率在大多数年份里更高，并且这种差距有扩大的趋势。表明中国保险市场具有较高的活力和吸引力，吸引了更多的投资者和消费者参与其中。

由于过去 40 多年，与全球保险业相比，中国保险业的增长速度更快（见表 1－2），因此中国保费收入占世界份额逐年提高。

中国保险业的快速增长是建立在中国 GDP 快速增长基础上的，并且中国 GDP 与世界 GDP 相比保持了一个更快的增长速度（见表 1－3），图 1－3 直观地展示了这一变化趋势。

表 1－3　　1980—2023 年中国 GDP 与世界 GDP 的发展比较①

年份	中国 GDP（亿美元）	世界 GDP（亿美元）	中国 GDP 与世界 GDP 的比值（%）
1980	2,990.41	113,371.33	2.64
1981	2,820.64	117,284.14	2.40
1982	2,787.73	116,101.72	2.40
1983	3,031.84	118,404.81	2.56
1984	2,596.96	123,116.33	2.11
1985	2,835.00	128,971.79	2.20
1986	2,780.77	152,525.15	1.82
1987	3,262.74	173,729.59	1.88
1988	4,068.28	193,940.23	2.10
1989	3,629.09	202,666.64	1.79
1990	3,604.99	228,617.12	1.58
1991	4,039.36	238,344.54	1.69
1992	4,739.87	254,840.25	1.86

① 依据中国国民经济和社会发展统计公报，在 1991 年及以前，中国只公布国民生产总值（GNP），不公布国内生产总值（GDP）；1992 年至今，中国国民经济和社会发展统计公报只公布国内生产总值（GDP），不公布国民生产总值（GNP）。表 1－3 中 1980—1991 年的 GDP 数据均为推算数据，并且项目组认为并没有一个公认的、科学的、权威的方法来实现从 GNP 到 GDP 的推算，因此，项目组并不保证上述数据的准确性和科学性，如有引用请谨慎为之。如引用，项目组不为引用引起的各种质疑或分歧等承担责任。以下相关数据，如表 1－5 中的相关引用计算等，均参照本备注说明。

续表

年份	中国GDP（亿美元）	世界GDP（亿美元）	中国GDP与世界GDP的比值（%）
1993	6, 165. 97	259, 059. 02	2. 38
1994	5, 758. 50	278, 995. 68	2. 06
1995	7, 374. 89	310, 514. 99	2. 38
1996	8, 653. 91	317, 457. 25	2. 73
1997	9, 627. 89	316, 296. 95	3. 04
1998	10, 290. 68	315, 528. 54	3. 26
1999	10, 938. 39	327, 520. 12	3. 34
2000	12, 114. 93	338, 455. 83	3. 58
2001	13, 394. 77	336, 310. 13	3. 98
2002	14, 705. 32	349, 251. 17	4. 21
2003	16, 603. 48	391, 616. 45	4. 24
2004	19, 554. 18	441, 336. 16	4. 43
2005	23, 216. 94	477, 935. 88	4. 86
2006	28, 109. 71	517, 910. 96	5. 43
2007	36, 980. 71	583, 610. 97	6. 34
2008	46, 792. 91	641, 351. 93	7. 30
2009	51, 048. 42	608, 179. 20	8. 39
2010	62, 539. 91	666, 197. 82	9. 39
2011	77, 514. 80	738, 817. 40	10. 49
2012	86, 445. 27	755, 259. 49	11. 45
2013	97, 947. 31	776, 351. 52	12. 62
2014	103, 733. 58	797, 565. 17	13. 01
2015	106, 082. 64	752, 150. 63	14. 10
2016	107, 402. 70	764, 864. 55	14. 04
2017	127, 769. 65	814, 420. 49	15. 69
2018	133, 892. 79	865, 022. 24	15. 48
2019	141, 614. 54	877, 281. 02	16. 14
2020	154, 984. 40	852, 151. 51	18. 19
2021	180, 329. 04	968, 823. 98	18. 61
2022	174, 095. 43	1, 005, 620. 11	17. 31
2023	17, 7947. 82	1, 047, 910. 82	16. 98

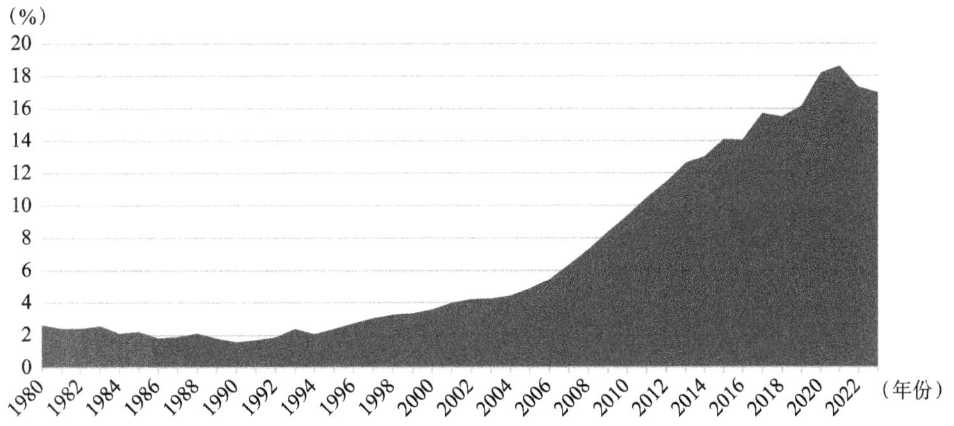

图1-3　1980—2023年中国GDP与世界GDP的比值分析

（二）1980—2023年保险密度

表1-4对比了1980—2023年中国保险密度和世界平均保险密度，图1-4直观地展示了两者的增长情况。

表1-4　1980—2023年中国保险密度和世界平均保险密度①

年份	中国保险密度（元/人）	世界平均保险密度（美元/人）	中国保险密度增长率（%）	世界平均保险密度增长率（%）
1980	0.47	111.00	—	—
1981	0.78	113.00	65.96	1.80
1982	1.01	116.00	29.49	2.65
1983	1.28	121.00	26.73	4.31
1984	1.92	128.00	50.00	5.79
1985	3.13	145.00	63.02	13.28
1986	4.26	189.00	36.24	30.34
1987	6.51	223.00	52.56	17.99
1988	9.86	255.00	51.74	14.35
1989	12.65	260.00	28.29	1.96
1990	15.61	284.00	23.39	9.23
1991	20.70	301.00	32.56	5.99

① 数据来源：寇业富主编，《2023中国保险公司竞争力与投资价值评价研究报告》，中国财政经济出版社，2023年11月；World insurance: strengthening global resilience with a new lease of life, Sigma, No. 3/2024, Swiss Re Institute.

续表

年份	中国保险密度（元/人）	世界平均保险密度（美元/人）	中国保险密度增长率（%）	世界平均保险密度增长率（%）
1992	32.26	326.00	55.88	8.31
1993	44.30	349.00	37.31	7.06
1994	52.57	371.00	18.67	6.30
1995	56.39	400.00	7.28	7.82
1996	63.40	392.00	12.44	-2.00
1997	87.36	391.00	37.78	-0.26
1998	100.67	395.00	15.24	1.02
1999	110.76	422.00	10.02	6.84
2000	125.91	440.00	13.68	4.27
2001	165.27	430.00	31.26	-2.27
2002	237.69	463.00	43.81	7.67
2003	300.28	511.00	26.33	10.37
2004	332.19	555.00	10.63	8.61
2005	376.83	574.00	13.44	3.42
2006	429.18	607.00	13.89	5.75
2007	532.49	667.00	24.07	9.88
2008	736.74	672.00	38.36	0.75
2009	834.57	650.00	13.28	-3.27
2010	1,083.44	672.00	29.82	3.38
2011	1,064.26	712.00	-1.77	5.95
2012	1,143.83	714.00	7.48	0.28
2013	1,265.67	707.00	10.65	-0.98
2014	1,479.35	728.00	16.88	2.97
2015	1,766.49	708.00	19.41	-2.75
2016	2,239.02	722.00	26.75	1.98
2017	2,631.58	753.00	17.53	4.29
2018	2,724.46	784.00	3.53	4.12
2019	3,045.95	792.00	11.80	1.02
2020	3,205.70	809.00	5.24	2.15
2021	3,179.08	874.00	-0.83	8.03
2022	3,326.16	853.00	4.63	-2.40
2023	3,635.37	889.00	9.30	4.22

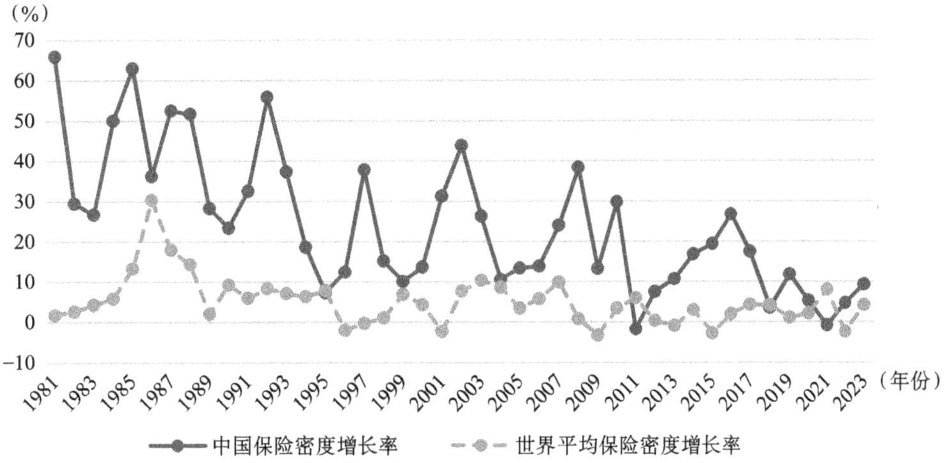

图1-4　1980—2023年中国保险密度和世界平均保险密度增长率的比较

由图1-4可以看出，世界平均保险密度在1984年和2011年出现了两次较快的增长，中国保险密度在过去40多年一直保持增长势头，2006年之后增长更为明显。2008年国际金融危机抑制了世界平均保险密度的增长，2009年世界保险密度甚至比2008年有所下降。即便如此，中国保险密度仍然在这一时期保持了快速增长的态势，这对于中国这样一个人口大国而言是十分不易的。根据2023年的数据，中国保险密度已经达到了世界平均水平的67.2%，相较于2022年有了显著提升。

（三）1980—2023年保险深度

表1-5对比了1980—2023年中国保险深度和世界平均保险深度。图1-5直观地展示了两者的增长情况。

表1-5　　1980—2023年中国保险深度和世界平均保险深度①　　单位：%

年份	中国保险深度	世界平均保险深度
1980	0.11	4.40
1981	0.16	4.60
1982	0.19	4.90
1983	0.22	5.00
1984	0.27	5.20

① 数据来源：寇业富主编，《2023中国保险公司竞争力与投资价值评价研究报告》，中国财政经济出版社，2023年11月；World insurance: strengthening global resilience with a new lease of life, Sigma, No. 3/2024, Swiss Re Institute.

续表

年份	中国保险深度	世界平均保险深度
1985	0.36	5.70
1986	0.44	6.50
1987	0.58	6.70
1988	0.72	6.80
1989	0.83	6.50
1990	0.95	6.30
1991	1.09	6.60
1992	1.39	7.10
1993	1.47	7.40
1994	1.30	7.50
1995	1.11	7.40
1996	1.08	7.20
1997	1.35	7.30
1998	1.47	7.40
1999	1.54	7.80
2000	1.59	8.00
2001	1.90	8.00
2002	2.51	8.40
2003	2.82	8.30
2004	2.67	8.10
2005	2.63	7.90
2006	2.57	7.80
2007	2.60	7.60
2008	3.06	7.10
2009	3.20	7.30
2010	3.53	7.00
2011	2.94	6.80
2012	2.88	6.80
2013	2.90	6.60
2014	3.14	6.70
2015	3.53	7.00
2016	4.15	7.10
2017	4.40	7.00

续表

年份	中国保险深度	世界平均保险深度
2018	4.14	7.00
2019	4.32	7.00
2020	4.45	7.40
2021	3.93	7.00
2022	3.88	6.80
2023	4.01	7.00

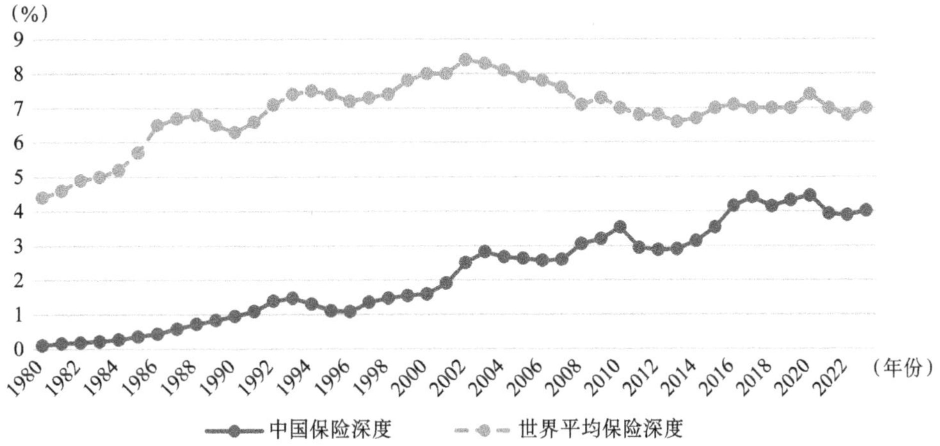

图1-5 1980—2023年中国保险深度与世界平均保险深度的比较

中国保险深度从1980年的0.11%稳步增长至2023年的4.01%。自2008年全球金融危机之后，中国保险深度的增长速度显著加快，反映了中国经济的韧性和保险市场的巨大潜力。与此同时，世界平均保险深度在同期也呈现出了波动性增长，从1980年的4.40%上升至2023年的7.00%，20世纪90年代中期至2012年，世界平均保险深度一度稳定在7%以上，但在2012年后略有下降，随后在2020年回升至7.40%。对比之下，2022年中国保险深度为3.88%，世界平均水平为6.80%，中国保险深度仅相当于世界平均水平的57.06%。2023年，中国保险深度升至4.01%，世界平均水平为7.00%，中国保险深度占比提升至约57.29%。这标志着中国保险市场持续稳健增长，与全球保险业的差距逐步缩小。

二、发展评价

（一）市场主体

1980年以来，我国保费规模从4.6亿元增长至2023年的51,247亿元，增长了超11,140倍。2023年末，保险业总资产约达299,573亿元，净资产约达27,348亿元。

截至2023年12月末，我国共有239家保险机构法人，与2022年的237家和2021年的235家相比，数量有所增长。其中，财产险公司89家，寿险公司75家，保险资产管理公司（含1家参照保险资产管理公司管理的养老保险公司）35家，养老保险公司9家，健康险公司7家，再保险公司7家，保险集团和控股公司有13家，政策性保险公司1家，其他类3家。

具体来看，2023年保险机构法人名单增加了深圳比亚迪财产保险有限公司、中汇人寿保险股份有限公司、海港人寿保险股份有限公司、瑞众人寿保险有限责任公司、中国渔业互助保险社、中邮保险资产管理有限公司等。

与此同时，易安财产保险股份有限公司、天安人寿保险股份有限公司、恒大人寿保险有限公司、华夏人寿保险股份有限公司、安邦财产保险股份有限公司等已不在2023年的保险机构法人名单中。值得注意的是，截至2023年底，我国共有2,566家保险专业中介机构法人。相较于2022年底，减少了16家。

（二）2023年中国保险业经营情况

2023年，我国保险业实现保费收入约达51,247亿元，同比增长9.14%。2022年和2023年保险业经营情况对比如表1-6所示。

表1-6　　2022年和2023年保险业经营情况对比　　单位：亿元、万件

项目	2023年	2022年	增长率（%）
原保险保费收入	51,247	46,957	9.14
1. 财产险	13,607	12,712	7.04
2. 人身险	37,640	34,245	10.25
原保险赔付支出	18,883	15,485	21.94
1. 财产险	9,171	7,757	18.23
2. 人身险	9,712	7,728	25.67
资金运用余额	276,738	250,509	10.47
其中：银行存款	27,243	28,348	-3.90
债券	125,661	102,530	22.56
股票和证券投资基金	33,274	31,829	4.54
资产总额	299,573	271,467	10.35
其中：再保险公司	7,471	6,719	11.19
资产管理公司	1,052	1,036	1.54
净资产	27,348	27,011	1.25

（1）从财产险和人身险公司来看，2023 年，财产险公司保费收入规模达 13,607 亿元，同比增长 7.04%；人身险保费收入规模达 37,640 亿元，同比增长 9.91%。

（2）2023 年赔款和给付支出达 18,883 亿元，同比增长 21.94%。其中，财产险业务赔款 9,171 亿元，同比增长 18.23%；人身险业务给付 9,712 亿元，同比增长 25.67%。

（3）2023 年资金运用余额为 276,738 亿元，较 2022 年增长 10.47%。其中，债券资金运用金额约为 125,661 亿元，占比约达 45.41%；银行存款资金运用金额约为 27,243 亿元，占比约达 9.84%；股票和证券投资基金资金运用金额约为 33,274 亿元，占比约达 12.02%。

（4）2023 年中国保险业资产总额为 299,573 亿元，较 2022 年增长 10.35%；净资产为 27,348 亿元，较 2022 年增长 1.25%。

（5）险种结构。表 1－6 为 2023 年中国保险市场的险种结构及同比变化，图 1－6 直观地展示了这一险种结构。

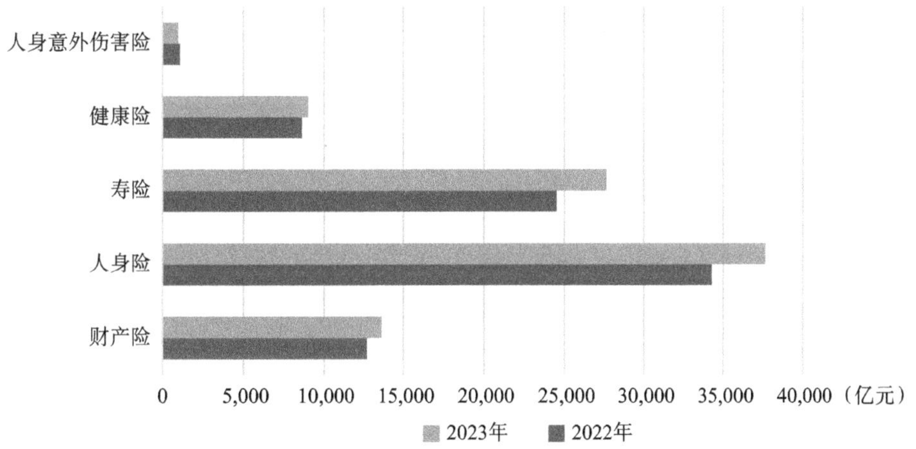

图 1－6　2022—2023 年中国保险市场的险种结构及同比变化

（6）地区结构。表 1－7 显示 2023 年中国保费收入的地区间分布。从中国大陆各省（自治区、直辖市）及计划单列市的份额结构看，2023 年保费收入排名位居前列的是广东、江苏、北京、山东、浙江，份额占比均超过 6%。其中，广东占比达 9.44%，江苏占比达 9.35%，北京占比达 6.25%，山东占比达 6.05%，浙江占比达 6.05%。

将上述地区划分为东部地区（北京、天津、河北、上海、江苏、浙江、宁波、福建、厦门、山东、青岛、广东、深圳、海南）；中部地区（安徽、江西、河南、湖北、湖南、山西）；西部地区（重庆、四川、贵州、云南、西藏、陕西、甘肃、青海、宁夏、新疆、内蒙古、广西）；东北部地区（辽宁、大连、吉林、黑龙江。）

表1-7　　2023年中国地区间保费收入及变化情况

省（自治区、直辖市）及计划单列市	2023年		2022年		市场占有率变化（%）
	保费收入（亿元）	占比（%）	保费收入（亿元）	占比（%）	
广　东	4,836	9.44	4,367	9.30	0.14
江　苏	4,790	9.35	4,318	9.20	0.15
北　京	3,205	6.25	2,758	5.87	0.38
山　东	3,100	6.05	2,908	6.19	-0.14
浙　江	3,099	6.05	2,713	5.78	0.27
四　川	2,484	4.85	2,298	4.89	-0.04
上　海	2,471	4.82	2,095	4.46	0.36
河　南	2,400	4.68	2,370	5.05	-0.37
河　北	2,136	4.17	2,043	4.35	-0.18
湖　北	2,118	4.13	1,952	4.16	-0.03
深　圳	1,720	3.36	1,528	3.25	0.11
湖　南	1,694	3.31	1,614	3.44	-0.13
安　徽	1,495	2.92	1,418	3.02	-0.10
福　建	1,212	2.36	1,104	2.35	0.01
陕　西	1,193	2.33	1,102	2.35	-0.02
辽　宁	1,118	2.18	1,001	2.13	0.05
山　西	1,107	2.16	1,013	2.16	0.00
重　庆	1,056	2.06	981	2.09	-0.03
黑龙江	1,026	2.00	982	2.09	-0.09
江　西	1,008	1.97	972	2.07	-0.10
广　西	845	1.65	810	1.72	-0.07
云　南	760	1.48	725	1.54	-0.06
天　津	731	1.43	670	1.43	0.00
新　疆	724	1.41	681	1.45	-0.04
吉　林	721	1.41	678	1.44	-0.03
内蒙古	719	1.40	667	1.42	-0.02
青　岛	541	1.06	502	1.07	-0.01
贵　州	538	1.05	504	1.07	-0.02
甘　肃	534	1.04	491	1.05	-0.01
宁　波	455	0.89	416	0.89	0.00
大　连	451	0.88	401	0.85	0.03
厦　门	297	0.58	270	0.58	0.00
宁　夏	245	0.48	216	0.46	0.02

续表

省（自治区、直辖市）及计划单列市	2023 年		2022 年		市场占有率变化（%）
	保费收入（亿元）	占比（%）	保费收入（亿元）	占比（%）	
海 南	210	0.41	201	0.43	-0.02
青 海	118	0.23	106	0.23	0.00
西 藏	47	0.09	39	0.08	0.01
集团、总公司本级	43	0.08	42	0.09	-0.01
全国合计	51,247	100.00	46,957	100.00	0.00

表 1-8 和图 1-7 直观地展示了 2023 年中国东部、中部、西部和东北部四大区域的保费收入状况和变化情况。从东、中、西、东北四大区域的份额结构看，2023 年东部、中部、西部、东北部的保费收入份额占比分别为 52.92%、23.33%、18.08%、5.59%，呈现明显的依次递减的现象。与 2022 年相比，2023 年中部地区有所上升，东部、西部和东北部略有下降。

表 1-8　2023 年中国各地区保费收入及同比变化

地区	2023 年		2022 年	
	保费（亿元）	占比（%）	保费（亿元）	占比（%）
东部	27,118	52.92	25,893	55.14
中部	11,958	23.33	9,339	19.89
西部	9,263	18.08	8,621	18.36
东北部	2,865	5.59	3,062	6.52
集团、总公司本级	43	0.08	42	0.09
全国合计	51,247	100.00	44,900	100.00

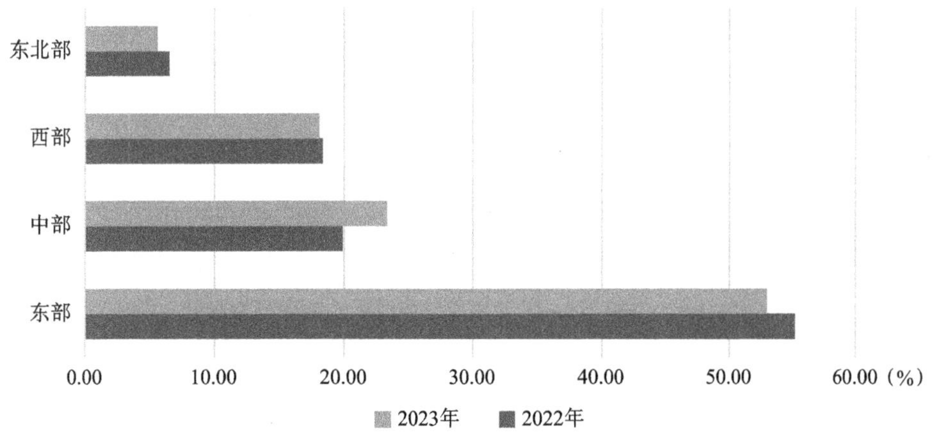

图 1-7　2022—2023 年中国各地区保费收入占比

第二节　2023年中国财产险市场回顾

2023年，财产险公司实现保费收入15,868亿元，同比增长6.73%；2023年财产险实现保险金额12,100.1万亿元；2023年，财产保险行业整体发展情况如下。

（1）财产险（不含财产险公司经营的意外险和短期健康险）保费收入13,607亿元，增长895亿元，同比增长7.04%。其中，健康险保费收入1,751.69亿元，同比增长10.86%；农业保险保费收入1,429.66亿元，同比增长17.25%；责任保险保费收入1,268.46亿元，同比增长10.54%。

（2）机动车辆保险保费收入8,672.6亿元，增长462.42亿元，同比增长5.63%。

（3）财产险累计赔款支出10,694亿元，同比增长17.8%。

一、基本分析

（一）保费收入

1. 全国财产险市场保费规模及增长

图1－8为2003—2023年全国保险市场与财产险市场保费规模对比。2023年，财产险公司实现保费收入15,868亿元，增长6.73%。

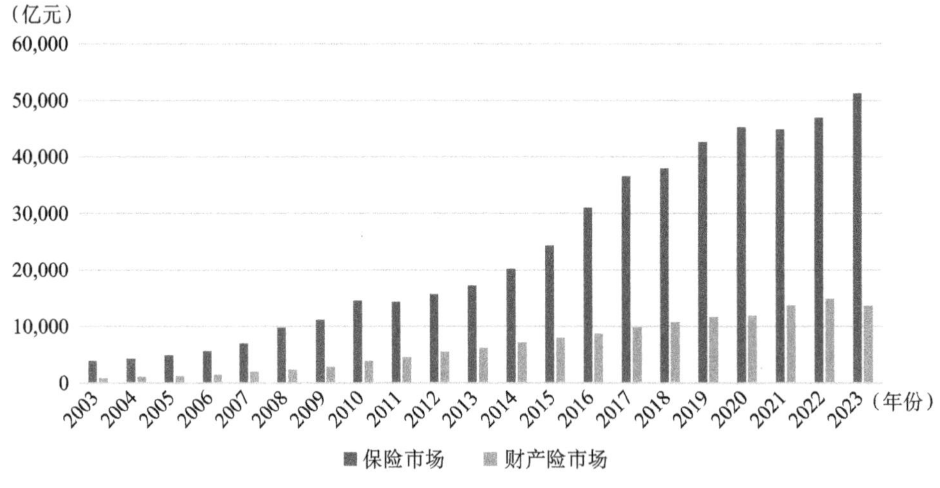

图1－8　2003—2023年保险市场整体与财产险市场保费规模对比

图1－9为2003—2023年全国保险市场与财产险市场保费规模增速对比。2023年国内财产险市场保费收入实现正增长。从横向比较来看，2023年，财产险市场的保费收入增速为6.73%，同期全国保险市场保费收入增速为9.14%，略低于全

国保险市场保费收入增速。从纵向比较来看，2023 年财产保险市场的保费收入增速低于 2022 年。

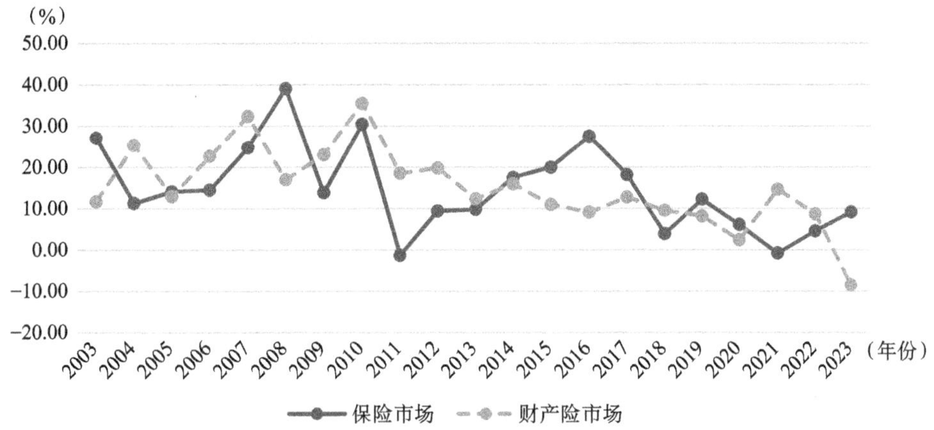

图 1-9　2003—2023 年全国保险市场与财产险市场保费规模增速对比

2. 地区间财产险市场保费规模及增长

2023 年，我国各地区财产险市场保费规模及增长情况如表 1-9 所示。

表 1-9　2023 年各地区财产险市场保费规模及增长情况

地区	保费收入（亿元）	保费占比（%）	占比排名	保费增速（%）	增速排名
广　东	1,237	9.09	1	7.77	16
江　苏	1,193	8.77	2	6.13	25
浙　江	881	6.48	3	7.55	18
山　东	764	5.61	4	5.99	27
上　海	640	4.71	5	15.48	1
四　川	634	4.66	6	5.98	28
河　北	626	4.60	7	6.02	26
河　南	618	4.54	8	6.66	23
北　京	518	3.81	9	8.09	11
安　徽	514	3.78	10	5.59	30
湖　南	465	3.42	11	8.22	10
湖　北	463	3.40	12	9.41	5
深　圳	443	3.25	13	5.93	29
辽　宁	328	2.41	14	5.23	31
江　西	328	2.41	15	7.67	17
陕　西	294	2.16	16	7.84	15

续表

地区	保费收入（亿元）	保费占比（%）	占比排名	保费增速（%）	增速排名
福　建	292	2.15	17	4.41	32
云　南	286	2.10	18	3.05	35
广　西	284	2.09	19	8.58	7
山　西	267	1.96	20	7.24	19
新　疆	250	1.84	21	7.89	13
贵　州	245	1.80	22	6.76	21
重　庆	244	1.80	23	7.84	14
内蒙古	242	1.78	24	8.42	8
黑龙江	239	1.75	25	9.29	6
吉　林	200	1.47	26	6.75	22
宁　波	198	1.45	27	3.75	34
天　津	167	1.23	28	6.50	24
甘　肃	151	1.11	29	7.91	12
青　岛	143	1.05	30	-7.08	37
大　连	97	0.71	31	4.31	33
海　南	86	0.63	32	8.35	9
厦　门	80	0.59	33	1.01	36
宁　夏	79	0.58	34	11.96	4
青　海	51	0.37	35	13.16	3
西　藏	32	0.24	36	15.19	2
集团、总公司本级	28	0.20	37	-10.34	38
全国合计	13,607	100.00	—	7.04	20

从保费规模来看，广东、江苏、浙江和山东位列前四名，与2022年前四位一致，保费规模均超过750亿元，上海、四川、河北、河南、北京、安徽保费规模超过500亿元，保费规模高于500亿元的城市较2022年有所上涨，上述十个地区保费超过7,625亿元；宁夏、青海和西藏保费规模位列后三位，合计规模仅为162亿元。就保费规模的横向比较而言，各地区之间规模差距较大，规模最小的西藏保费规模仅为规模最大的广东保费规模的2.59%，保费规模位列后三位的宁夏、青海和西藏的总保费仅为位列前三名的广东、江苏和浙江的4.89%。

从保费规模占全国财产险市场的比重来看，规模前三位的广东、江苏、浙江占全国财产险市场的比重分别达到了9.09%、8.77%和6.48%，规模后三位的宁夏、青海和西藏占全国财产险市场的比重分别为0.58%、0.37%和0.24%。

（二）赔款支出

2023年，财产险公司赔款支出累计达到10,694亿元。表1－10展示了2023年财产险公司保费收入和赔款支出情况；图1－10展示了2023年各月财产险业务赔款与保费收入占比情况。

表1－10　　2023年财产险公司保费收入和赔款支出情况

月份	保费收入（亿元）	保费占比（%）	赔付支出（亿元）	赔付占比（%）	赔付率（%）
1	1,829	17.98	706	36.68	38.60
2	1,111	28.66	725	52.20	65.26
3	1,830	33.19	868	53.65	47.43
4	1,232	34.44	783	60.00	63.56
5	1,831	42.03	807	58.31	44.07
6	1,674	31.64	866	56.64	51.73
7	1,832	43.39	867	60.46	47.33
8	1,154	36.44	960	60.00	83.19
9	1,833	42.62	942	58.58	51.39
10	1,049	39.72	895	61.55	85.32
11	1,834	53.22	1,064	61.47	58.02
12	1,307	39.19	1,211	63.54	92.65

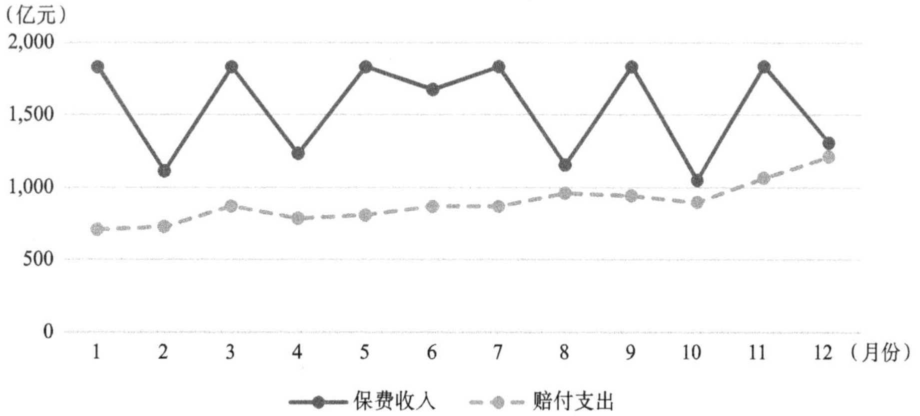

图1－10　2023年财产险业务月度保费收入与赔付支出

二、竞争态势

（一）经营主体数量

2023 年，共有 89 家财产险公司（本书中 89 家财产险公司的简称使用国家金融监督管理总局网站公布的名称），如图 1－11 所示。

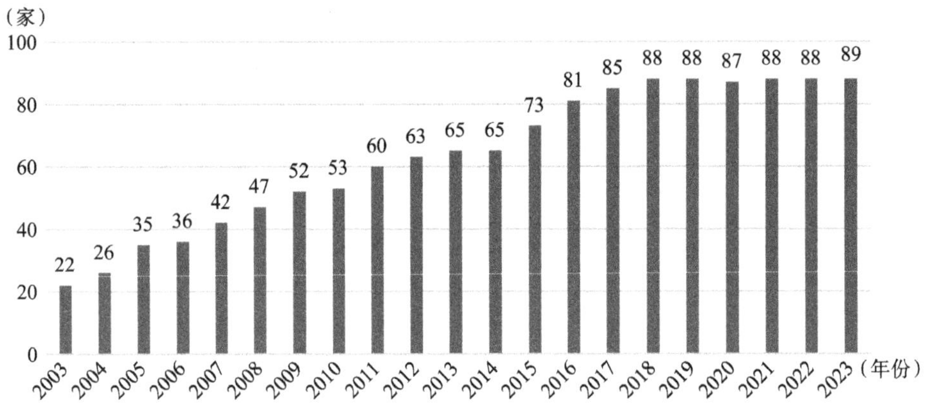

图 1－11　2003—2023 年财产险公司数量

（二）市场份额

目前，国内财产险市场上的保险公司市场份额大多小于1%，中小型财产险公司数目众多。纵观整个国内财产险市场的市场份额，基本形成了“一超两强”为主导的市场格局。“一超”指中国人民财产保险股份有限公司（以下简称人保财险）；“两强”指中国平安财产保险股份有限公司（以下简称平安财险）和中国太平洋财产保险股份有限公司（以下简称太保财险），其余财产险公司份额都低于10%。2023 年国内财产险公司市场份额排名前十的公司如表 1－11 所示。

表 1－11　　2023 年国内财产险公司市场份额排名前十的公司

序号	公司名称	保费收入（亿元）	同比增长（%）	市场份额（%）
1	人保财险	4,572.0	－6.21	28.81
2	平安财险	3,134.6	5.15	19.75
3	太保财险	1,771.3	3.95	11.16
4	国寿财险	1,061.0	7.94	6.69
5	中华财险	652.5	8.20	4.11
6	大地保险	493.6	7.07	3.11
7	阳光财险	454.9	12.59	2.87

续表

序号	公司名称	保费收入（亿元）	同比增长（%）	市场份额（%）
8	太平财险	291.8	1.68	1.84
9	众安在线	275.2	16.63	1.73
10	华安保险	172.5	3.31	1.09

市场份额居第11—20名的保险公司分别是：英大财险、国任财险、泰康在线、紫金财险、永安保险、华泰财险、国元农险、大家财险、永诚财险、鼎和财险。

市场份额居第21—30名的保险公司分别是：国泰产险、安华农险、中银保险、安盛天平、亚太保险、中原农险、安联财险、安诚财险、华农财险、阳光农险。

（三）市场集中度

市场集中度（Concentration Ratio，CR）是衡量整个行业市场结构集中程度的测量指标，用来衡量企业的数目和相对规模的差异，是反映市场垄断程度的重要量化指标。此处对于国内财产险行业市场集中度的分析是以前三家财产险公司的市场份额之和（CR3）为标准衡量国内财产险市场集中度。

从表1-12中的数据可以看出，2004—2008年国内财产险市场集中度有所下降，2008—2011年国内财产险市场集中度持续上升，2012年开始市场集中度又有所下降，但是下降幅度较小。2023年，中国财产险市场集中度（59.72%）较2022年有所下降。总体来看，近年来市场集中度基本维持在60%—65%，这说明国内财产险市场仍然趋向于垄断，整体竞争程度不够。具体来看，近年来约60%的市场份额仍然由三大财产险公司贡献，而且人保财险一直稳居首位；平安财险的市场份额从2009年起超越太保财险，排名次席。

表1-12　　2004—2023年国内财产险市场集中度

年份	市场份额前三（由大到小）	集中度（CR3,%）
2004	人保、太保、平安	79.9
2005	人保、太保、平安	72.6
2006	人保、太保、平安	67.3
2007	人保、太保、平安	64.0
2008	人保、太保、平安	63.9
2009	人保、平安、太保	64.2
2010	人保、平安、太保	66.5

续表

年份	市场份额前三（由大到小）	集中度（CR3，%）
2011	人保、平安、太保	66.6
2012	人保、平安、太保	65.4
2013	人保、平安、太保	64.8
2014	人保、平安、太保	64.7
2015	人保、平安、太保	64.0
2016	人保、平安、太保	65.6
2017	人保、平安、太保	63.5
2018	人保、平安、太保	64.1
2019	人保、平安、太保	64.1
2020	人保、平安、太保	65.46
2021	人保、平安、太保	64.69
2022	人保、平安、太保	64.30
2023	人保、平安、太保	59.72

三、发展层次

（一）保险密度

保险密度是指按照当地人口计算的人均保费，它与保费收入总量从不同角度反映了保险的规模程度，同时也体现了一个国家或地区保险的普及程度。财产险市场的保险密度说明该地财产险产品的普及程度，是衡量财产险市场发展情况的一项重要指标。

2023年，国内财产险市场的保险密度约1,126元/人，较2022年增长6.92%。从近20年的保险密度来看，国内保险市场的保险密度增长迅速，从2003年的67元/人增长到1,126元/人，增加了16.7倍（见表1－13和图1－12）。

表1－13　　2003—2023年国内财产险市场保险密度

年份	财产险保费收入（亿元）	人口数量（万人）	财产险保险密度（元/人）
2003	869	129,227	67.25
2004	1,089	129,988	83.78
2005	1,230	130,756	94.07
2006	1,509	131,448	114.80
2007	1,998	132,129	151.22
2008	2,337	132,802	175.98

续表

年份	财产险保费收入（亿元）	人口数量（万人）	财产险保险密度（元/人）
2009	2, 876	133, 450	215. 51
2010	3, 896	134, 091	290. 55
2011	4, 618	134, 735	342. 75
2012	5, 531	135, 404	408. 48
2013	6, 212	136, 072	456. 52
2014	7, 203	136, 782	526. 60
2015	7, 995	137, 462	581. 62
2016	8, 724	138, 271	630. 93
2017	9, 835	139, 008	707. 51
2018	10, 770	139, 538	771. 83
2019	11, 649	140, 005	832. 04
2020	11, 929	141, 178	844. 93
2021	13, 676	141, 260	968. 14
2022	14, 867	141, 212	1, 052. 81
2023	15, 868	140, 967	1, 125. 65

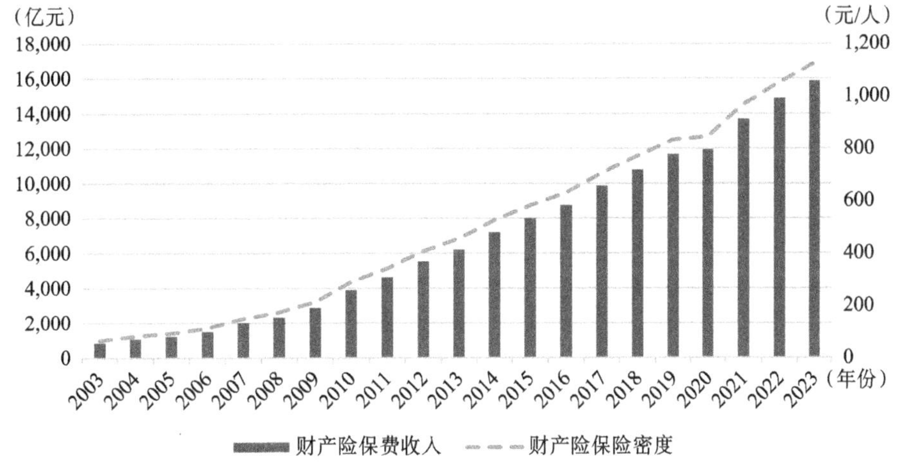

图 1-12　2003—2023 年国内财产险市场保险密度

（二）保险深度

保险深度是指保费收入占该地区国内生产总值（GDP）之比，它反映该地区保险业在国民经济中所处的地位。财产险市场的保险深度，即财产险保费占该地区国内生产总值之比，说明财产险市场在国民经济中的重要程度。

2023 年，国内财产险市场保险深度达到了 1.26%，从近 21 年保险深度的变化趋势来看，国内财产险市场的保险深度表现为较为稳定的增长，从 2003 年的

0.63%增长到2023年的1.26%（见表1-14和图1-13），增加了2倍。

表1-14　　2003—2023年国内财产险市场保险深度

年份	财产险保费收入（亿元）	国内生产总值（亿元）	财产险保险深度（%）
2003	869	137, 422	0.63
2004	1, 089	161, 840	0.67
2005	1, 230	187, 319	0.66
2006	1, 509	219, 438	0.69
2007	1, 998	270, 092	0.74
2008	2, 337	319, 245	0.73
2009	2, 876	348, 518	0.83
2010	3, 896	412, 119	0.95
2011	4, 618	487, 940	0.95
2012	5, 531	538, 580	1.03
2013	6, 212	592, 963	1.05
2014	7, 203	643, 563	1.12
2015	7, 995	688, 858	1.16
2016	8, 724	746, 395	1.17
2017	9, 835	832, 036	1.18
2018	10, 770	919, 281	1.17
2019	11, 649	986, 515	1.18
2020	11, 929	1, 015, 986	1.17
2021	13, 676	1, 143, 670	1.20
2022	14, 867	1, 210, 207	1.23
2023	15, 868	1, 260, 582	1.26

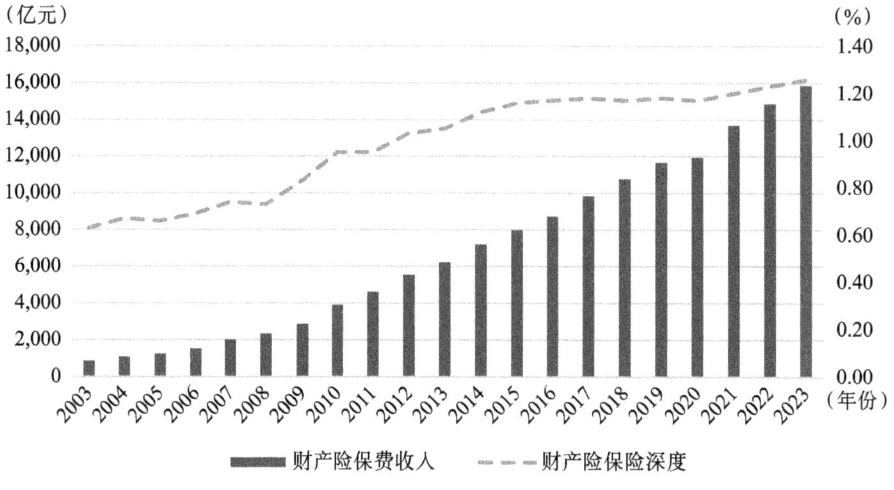

图1-13　2003—2023年国内财产险市场保险深度

第三节　2023 年中国人身险市场回顾

2023 年，人身险行业保费收入为 35, 379 亿元，同比增长 10. 25%；保险金额 1, 302. 7 万亿元，同比增长 6. 67%；赔付支出 8, 189 亿元，同比增长 27. 81%。其中，寿险公司原保费收入 27, 646 亿元，同比增长 12. 76%。2023 年，人身险行业整体发展情况如下。

（1）人身险业务保费收入 35, 379 亿元（含财产险公司经营的意外险和短期健康险），同比增长 10. 25%。其中，寿险业务 27, 646 亿元，同比增长 12. 76%，占人身险业务的比率为 78. 1%；健康险业务 7, 283 亿元，同比增长 2. 97%，占人身险业务的比率 20. 59%；意外险业务 450 亿元，同比降低 9. 92%，占人身险业务的比率为 1. 27%。

未计入保险合同核算的保户投资款和独立账户本年新增交费 6, 096 亿元，同比增长 4. 30%。

（2）人身险公司保户投资款本年新增交费 5, 956 亿元，同比增长 5. 9%。人身险公司投连险独立账户新增交费 140 亿元，同比下降 36. 55%。

（3）人身险业务赔款与给付支出 8, 189 亿元，同比增长 27. 81%。

（4）人身险公司保单件数为 79, 779 万件，增长率为 -11. 83%。

一、基本分析

（一）保费收入

1. 总体保费情况

2023 年，中国人身险市场实现保费收入 35, 379 亿元。其中，寿险实现保费收入 27, 646 亿元；健康险实现保费收入 7, 283 亿元；意外险实现保费收入 450 亿元。图 1 - 14 为 2003—2023 年全国保险市场与人身险市场保费规模对比。

图 1 - 15 为 2003—2023 年全国保险市场与人身险市场保费增速对比情况。2023 年国内人身险市场保费收入呈现正增长。从横向比较来看，2023 年，人身险市场的保费收入增速为 10. 25%，高于同期中国保险市场的保费收入增速。从纵向比较来看，2023 年中国人身险市场的保费收入增速远远高于 2022 年。

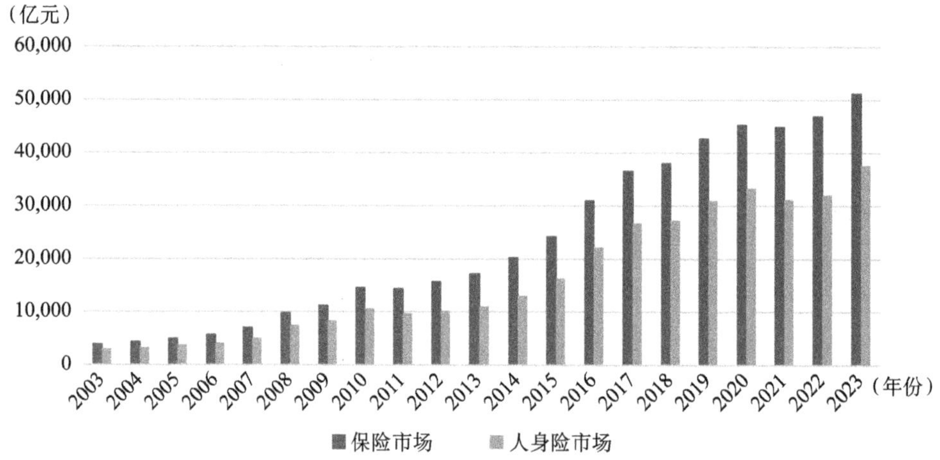

图1－14 2003—2023年全国保险市场与人身险市场保费规模对比

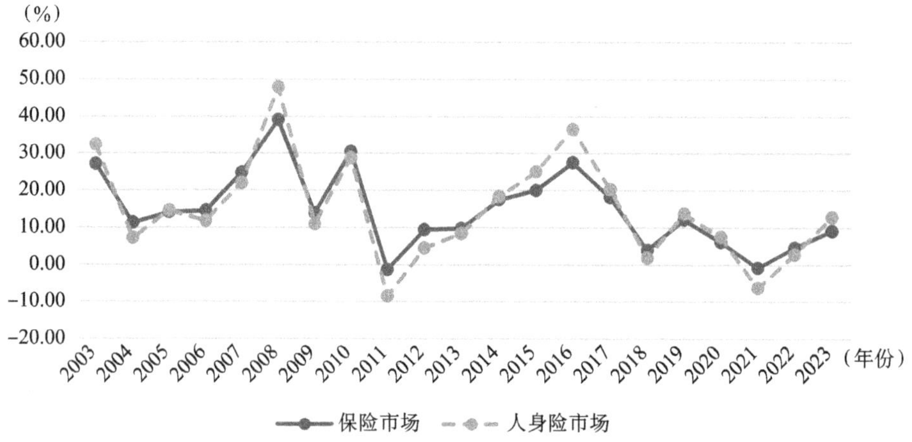

图1－15 2003—2023年全国保险市场与人身险市场保费增速对比

2. 保费收入的地区差异

2023年，我国各地区寿险保费规模及增长情况如表1－15所示，寿险保费规模居前五位的地区是江苏、广东、北京、浙江、山东。

表1－15 2023年各地区寿险保费规模及增长情况

地区	保费收入（亿元）	保费占比（%）	占比排名	保费增速（%）	增速排名
江　苏	2,829	10.23	1	14.69	15
广　东	2,678	9.69	2	14.82	13
北　京	2,080	7.52	3	20.62	3
浙　江	1,683	6.09	4	20.18	5
山　东	1,649	5.96	5	9.59	24
上　海	1,412	5.11	6	24.66	1

续表

地区	保费收入（亿元）	保费占比（%）	占比排名	保费增速（%）	增速排名
四　川	1,315	4.76	7	8.61	29
河　南	1,308	4.73	8	2.33	36
湖　北	1,193	4.32	9	8.90	28
河　北	1,118	4.04	10	7.44	31
湖　南	876	3.17	11	7.18	32
深　圳	844	3.05	12	22.23	2
安　徽	688	2.49	13	6.49	33
陕　西	673	2.43	14	8.48	30
山　西	652	2.36	15	12.56	18
福　建	645	2.33	16	14.70	14
重　庆	578	2.09	17	11.18	21
辽　宁	565	2.04	18	16.76	9
黑龙江	534	1.93	19	2.17	37
江　西	487	1.76	20	2.39	35
天　津	442	1.60	21	14.87	12
广　西	380	1.38	22	4.75	34
吉　林	364	1.32	23	10.36	23
内蒙古	339	1.23	24	11.37	20
新　疆	326	1.18	25	9.26	26
云　南	300	1.09	26	10.67	22
大　连	289	1.05	27	18.43	7
青　岛	286	1.04	28	19.96	6
甘　肃	284	1.03	29	9.11	27
宁　波	198	0.72	30	16.23	11
贵　州	197	0.71	31	12.30	19
厦　门	166	0.60	32	17.14	8
宁　夏	123	0.45	33	20.48	4
海　南	91	0.33	34	9.46	25
青　海	48	0.17	35	13.80	16
西　藏	6	0.02	36	16.24	10
集团、总公司本级	0	0.00	37	0.00	38
全国合计	27,646	100.00	—	12.76	17

2023年，东部地区保费收入达15,292亿元，同比增长10.24%，占比55.31%；中部地区保费收入达6,322亿元，同比增长29.20%，占比22.87%；西部地区保费收入达4,569亿元，同比增长9.46%，占比16.53%；东北部地区保费收入达1,463亿元，同比下降-7.41%，占比5.29%（具体见表1-16和图1-16）。

表1-16　　2023年东、中、西及东北部地区人身险保费收入占比

年份	2023		2022	
地区	保费（亿元）	地区占比（%）	保费（亿元）	地区占比（%）
东部地区	15,292	55.31	13,872	56.58
中部地区	6,322	22.87	4,893	19.96
西部地区	4,569	16.53	4,174	17.02
东北部地区	1,463	5.29	1,580	6.44

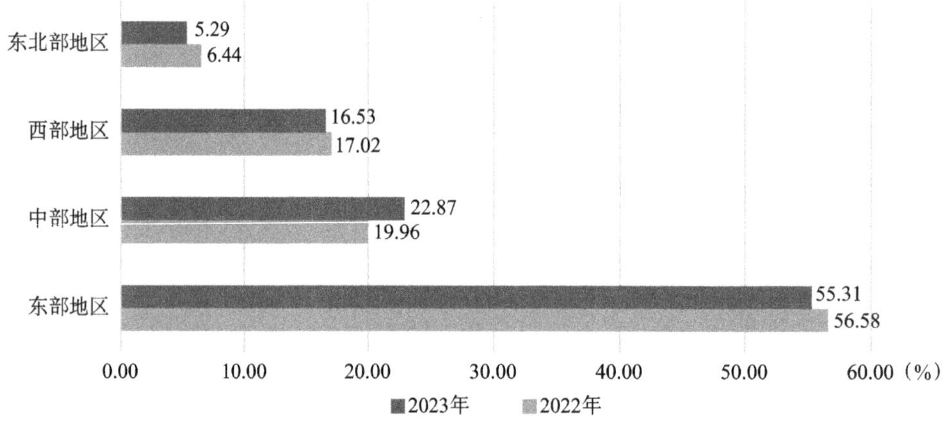

图1-16　2022—2023年东、中、西及东北部地区人身险保费收入分布

（二）赔付支出

2023年，人身险业务赔款与给付支出8,189亿元，增加27.81%。表1-17展示了2023年月度人身险保费收入和赔款与给付支出。图1-17展示了2023年人身险业务赔款与保费收入占比情况。

表1-17　　2023年月度人身险保费收入和赔款与给付支出

月份	保费收入（亿元）	保费收入占比（%）	赔付支出（亿元）	赔付支出占比（%）	赔付率（%）
1	8,341	82.02	1,219	63.32	14.61
2	2,765	71.34	664	47.80	24.01

续表

月份	保费收入（亿元）	保费收入占比（%）	赔付支出（亿元）	赔付支出占比（%）	赔付率（%）
3	3,683	66.81	750	46.35	20.36
4	2,345	65.56	522	40.00	22.26
5	2,525	57.97	577	41.69	22.85
6	3,617	68.36	663	43.36	18.33
7	2,390	56.61	567	39.54	23.72
8	2,013	63.56	640	40.00	31.79
9	2,468	57.38	666	41.42	26.99
10	1,592	60.28	559	38.45	35.11
11	1,612	46.78	667	38.53	41.38
12	2,028	60.81	695	36.46	34.27

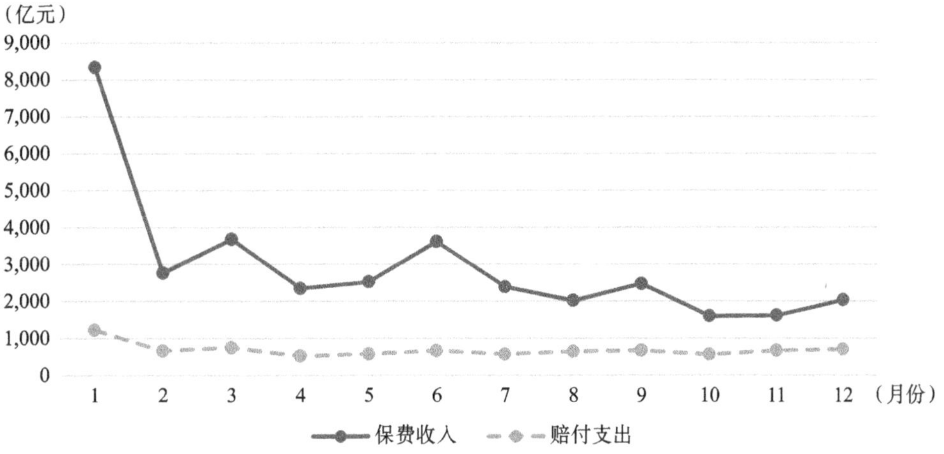

图1－17　2023年人身险业务月度保费收入与赔付支出

二、竞争态势

（一）经营主体数量

2002年底，人身险公司仅为23家。但到了2006年底，全国已发展到48家，其中，中资人身险公司23家，外资公司25家；综合性人身险公司41家，专业健康险公司4家，专业养老金公司3家。截至2023年底，全国人身险公司达到94家，（含养老保险公司9家，健康险公司7家，参照保险资产管理公司管理的养老保险公司1家），人身险公司数量如图1－18所示。

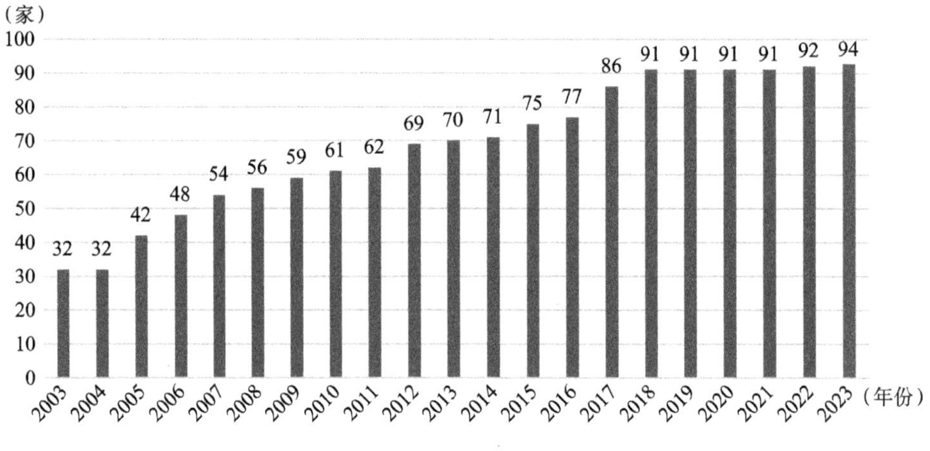

图1-18 2003—2023年人身险公司数量

（二）市场份额

2023年，各人身险公司的保费规模及市场份额如表1-18所示。

表1-18 2023年人身险公司保费规模及市场份额

序号	公司名称	保费收入（亿元）	同比增长（%）	市场占有率（%）
1	中国人寿	6,413.80	4.26	18.13
2	平安人寿	1,942.50	-55.78	5.49
3	中邮人寿	1,098.66	20.20	3.11
4	人保寿险	1,006.34	10.83	2.84
5	太保寿险	854.61	-62.07	2.42
6	友邦人寿	607.61	19.14	1.72
7	太平人寿	492.10	-68.05	1.39
8	新华人寿	480.44	-70.54	1.36
9	人保健康	452.08	28.43	1.28
10	工银安盛	404.95	-17.53	1.14
11	国华人寿	403.78	6.82	1.14
12	建信人寿	397.13	-20.57	1.12
13	招商信诺	346.46	30.74	0.98
14	中信保诚人寿	315.82	1.22	0.89
15	农银人寿	301.64	-8.87	0.85
16	泰康养老	260.16	18.79	0.74
17	中银三星	248.68	43.74	0.70
18	中意人寿	233.62	17.99	0.66

续表

序号	公司名称	保费收入（亿元）	同比增长（%）	市场占有率（%）
19	中宏人寿	231.87	58.82	0.66
20	长城人寿	230.38	56.72	0.65
21	幸福人寿	224.88	13.57	0.64
22	利安人寿	220.16	13.49	0.62
23	交银人寿	216.67	—	0.61
24	泰康人寿	200.36	-88.27	0.57
25	光大永明	194.73	13.87	0.55
26	英大人寿	192.13	9.79	0.54
27	中美联泰	182.41	11.91	0.52
28	中英人寿	161.71	43.11	0.46
29	平安健康	148.09	-6.27	0.42
30	平安养老	145.42	-21.40	0.41
31	招商仁和	145.01	-5.84	0.41
32	阳光人寿	143.94	-78.93	0.41
33	民生人寿	119.61	1.37	0.34
34	弘康人寿	119.01	45.14	0.34
35	中荷人寿	118.19	31.32	0.33
36	渤海人寿	95.65	-4.35	0.27
37	东吴人寿	95.38	19.23	0.27
38	信美人寿	90.84	35.58	0.26
39	财信吉祥人寿	88.76	—	0.25
40	横琴人寿	85.20	6.50	0.24
41	国联人寿	84.34	40.56	0.24
42	爱心人寿	74.93	31.46	0.21
43	华泰人寿	73.12	2.99	0.21
44	汇丰人寿	73.11	97.58	0.21
45	同方全球人寿	61.87	-12.86	0.17
46	陆家嘴国泰	60.60	55.39	0.17
47	太平养老	57.68	-19.89	0.16
48	北京人寿	57.44	22.21	0.16
49	中华人寿	57.39	-11.70	0.16
50	安联人寿	53.87	—	0.15
51	北大方正人寿	48.59	15.68	0.14

续表

序号	公司名称	保费收入（亿元）	同比增长（%）	市场占有率（%）
52	华贵人寿	46.98	20.47	0.13
53	复星保德信	43.46	81.08	0.12
54	复星联合健康	41.25	5.76	0.12
55	长生人寿	32.39	1.21	0.09
56	国富人寿	30.68	2.28	0.09
57	鼎诚人寿	28.67	36.55	0.08
58	国宝人寿	24.04	71.71	0.07
59	中韩人寿	23.80	70.02	0.07
60	和泰人寿	23.25	29.19	0.07
61	君龙人寿	21.99	57.05	0.06
62	太保安联健康	19.13	—	0.05
63	瑞泰人寿	15.97	-11.27	0.05
64	瑞华健康	15.17	-34.05	0.04
65	德华安顾	11.70	-26.87	0.03
66	海保人寿	11.29	41.10	0.03
67	三峡人寿	4.06	-32.34	0.01
68	新华养老	0.00	—	0.00

2023年，根据披露的信息，保费规模超过100亿元的有35家公司，市场份额合计为54.42%；保费规模在10亿元至100亿元的有31家公司，市场份额合计为4.38%；保费规模在1亿元至10亿元的有1家公司，市场份额合计为0.01%；保费规模在1亿元以下的有1家公司，市场份额合计为0（见表1-19）。

表1-19 2023年人身险公司保费收入分布情况

保费规模	公司数目（家）		市场份额合计（%）	
	2023年	2022年	2023年	2022年
大于100亿元	35	37	54.42	94.26
介于10亿元与100亿元	31	34	4.38	5.69
介于1亿元与10亿元	1	3	0.01	0.06
小于1亿元	1	2	0	0

（三）市场集中度

2023年，中国人身险保险市场格局相比2022年也发生了一些变化，中邮人寿成为市场份额占比第三名的人身险公司，人保寿险第四名，太保寿险第五名。2004年，中国人寿的人身险保费占总保费的46.9%，其他四家人身险公司（平安人寿、太保寿险、新华人寿、泰康人寿）的人身险保费分别占比17.2%、10.8%、5.9%、5.5%，排名前五的公司市场份额合计超过86%。2023年，排名前五的公司总市场份额为31.98%，较2022年有所下降。2004—2023年国内排名前五的人身险公司市场占有份额如表1－20所示。

表1－20　2004—2023年国内排名前五的人身险公司市场占有份额　单位：%

年份 \ 公司	中国人寿	平安人寿	太保寿险	新华人寿	泰康人寿	合计
2004	46.9	17.2	10.8	5.9	5.5	86.3
2005	44.1	16.1	9.9	5.8	4.9	80.8
2006	45.3	17.0	9.3	6.6	5.1	83.3
2007	39.7	16.0	10.2	6.6	6.9	79.5
2008	40.3	13.8	9.0	7.6	7.9	78.5
2009	36.2	16.2	8.3	8.2	8.2	77.2
2010	31.7	15.2	8.8	8.9	8.3	72.8
2011	33.3	12.4	9.8	9.9	7.1	72.5
2012	32.4	12.9	9.4	9.8	6.2	70.7
2013	32.2	14.4	9.4	10.2	6.0	72.2
年份 \ 公司	中国人寿	平安人寿	太保寿险	新华人寿	人保寿险	合计
2014	26.1	13.7	7.8	8.7	6.2	62.5
2015	23.0	13.1	7.1	6.9	5.6	54.6
年份 \ 公司	中国人寿	平安人寿	太保寿险	大家人寿	新华人寿	合计
2016	19.9	12.7	6.3	5.3	5.2	49.3
年份 \ 公司	中国人寿	平安人寿	大家人寿	太保寿险	泰康人寿	合计
2017	19.7	14.2	7.3	6.7	4.4	52.2
年份 \ 公司	中国人寿	平安人寿	太保寿险	华夏人寿	新华人寿	合计
2018	20.4	17.0	7.7	6.0	4.7	55.8

续表

公司 年份	中国人寿	平安人寿	太保寿险	华夏人寿	太平人寿	合计
2019	19.2	16.7	7.2	6.2	4.7	53.9
公司 年份	中国人寿	平安人寿	太保寿险	新华人寿	华夏人寿	合计
2020	19.4	15.0	6.6	5.0	4.6	50.6
公司 年份	中国人寿	平安人寿	华夏人寿	太保寿险	新华人寿	合计
2021	19.85	14.64	8.16	6.71	5.24	54.6
公司 年份	中国人寿	平安人寿	太保寿险	泰康人寿	新华人寿	合计
2022	21.25	15.18	7.79	5.90	5.63	55.8
公司 年份	中国人寿	平安人寿	中邮人寿	人保寿险	太保寿险	合计
2023	18.13	5.49	3.11	2.84	2.42	31.98

三、发展层次

（一）保险密度

2023 年，国内人身险市场的保险密度达到了 2,510 元/人。从近年的保险密度来看，国内保险市场的保险密度增长迅速，从 2003 年的 233 元/人增长到 2023 年的 2,510 元/人，增幅达到 10.77 倍（见表 1－21 和图 1－19）。

表 1－21　　2003—2023 年国内人身险市场保险密度

年份	人身险保费收入（亿元）	人口数量（万人）	人身险保险密度（元/人）
2003	3,011	129,227	233
2004	3,228	129,988	248
2005	3,697	130,756	283
2006	4,132	131,448	314
2007	5,038	132,129	381
2008	7,447	132,802	561
2009	8,261	133,450	619

续表

年份	人身险保费收入（亿元）	人口数量（万人）	人身险保险密度（元/人）
2010	10, 632	134, 091	793
2011	9, 721	134, 735	721
2012	10, 157	135, 404	750
2013	11, 010	136, 072	809
2014	13, 031	136, 782	953
2015	16, 288	137, 462	1, 185
2016	22, 235	138, 271	1, 608
2017	26, 746	139, 008	1, 924
2018	27, 247	139, 538	1, 953
2019	30, 996	140, 005	2, 214
2020	33, 329	141, 178	2, 361
2021	33, 229	141, 260	2, 352
2022	34, 245	141, 212	2, 425
2023	35, 379	140, 967	2, 510

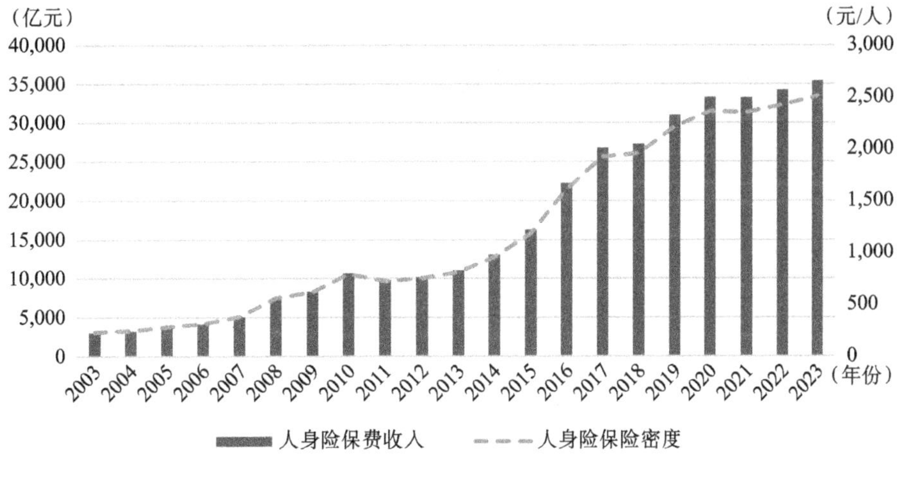

图1－19　2003—2023年国内人身险市场保费收入及保险密度

（二）保险深度

2023年国内人身险保险深度为2.81%。从这20年保险深度的变化趋势来看，国内人身险市场的保险深度波动性较大，从2003年的2.19%逐年增长到2010年的2.58%，自2011年又逐年下降，2020年上涨到3.28%，2020—2023年又有所下降，降到2.81%（见表1－22和图1－20）。

表 1 – 22　　2003—2023 年国内人身险市场保险深度

年份	人身险保费收入（亿元）	国内生产总值（亿元）	人身险保险深度（%）
2003	3, 011	137, 422	2. 19
2004	3, 228	161, 840	1. 99
2005	3, 697	187, 319	1. 97
2006	4, 132	219, 438	1. 88
2007	5, 038	270, 092	1. 87
2008	7, 447	319, 245	2. 33
2009	8, 261	348, 518	2. 37
2010	10, 632	412, 119	2. 58
2011	9, 721	487, 940	1. 99
2012	10, 157	538, 580	1. 89
2013	11, 010	592, 963	1. 86
2014	13, 031	643, 563	2. 02
2015	16, 288	688, 858	2. 36
2016	22, 235	746, 395	2. 98
2017	26, 746	832, 036	3. 21
2018	27, 247	919, 281	2. 96
2019	30, 996	986, 515	3. 14
2020	33, 329	1, 015, 986	3. 28
2021	33, 229	1, 143, 670	2. 91
2022	34, 245	1, 210, 207	2. 83
2023	35, 379	1, 260, 582	2. 81

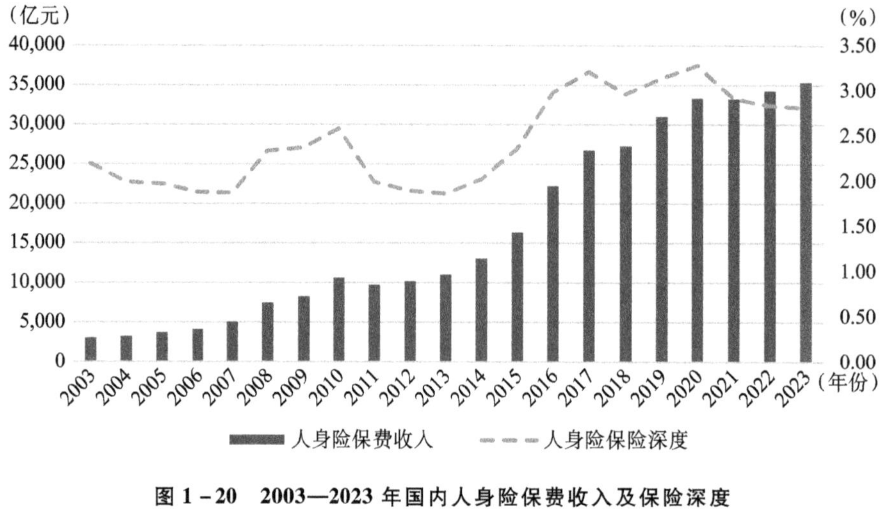

图 1 – 20　2003—2023 年国内人身险保费收入及保险深度

第四节　2024 年中国保险业发展展望

一、发展环境

近年来，我国经济迅速发展，国内生产总值以极快的速度增长（见表 1－23），从 2000 年至 2023 年，23 年的时间，我国国内生产总值就已经增长了 12.57 倍，而 2023 年我国人均国内生产总值达到 89,358 元。从图 1－21 中看出，近 5 年来我国国内生产总值增长率稳中有降，2020 年增速已达 23 年间新低，2021 年增速又有所回升，此后虽然增长率有所下降，但经济运行尚在合理区间，经济结构进一步优化，转型升级进一步加快，新兴动力进一步积聚，人民生活进一步改善。总的来看，2023 年我国保险业在多方面均显示出积极的发展态势和广阔的发展潜力。

表 1－23　　2000—2023 年我国国内生产总值和人均国内生产总值

年份	GDP（亿元）	人均 GDP（元）	GDP 增幅（%）	人均 GDP 增幅（%）
2000	100,280	7,942	8.49	9.86
2001	110,863	8,717	8.34	9.75
2002	121,717	9,506	9.13	9.06
2003	137,422	10,666	10.04	12.20
2004	161,840	12,487	10.11	17.07
2005	187,319	14,368	11.39	15.06
2006	219,438	16,738	12.72	16.49
2007	270,092	20,494	14.23	22.44
2008	319,245	24,100	9.65	17.59
2009	348,518	26,180	9.40	8.63
2010	412,119	30,808	10.64	17.68
2011	487,940	36,302	9.55	17.83
2012	538,580	39,874	7.86	9.84
2013	592,963	43,684	7.77	9.56
2014	643,563	47,173	7.43	7.99
2015	688,858	50,237	7.04	6.50

续表

年份	GDP（亿元）	人均 GDP（元）	GDP 增幅（%）	人均 GDP 增幅（%）
2016	746,395	54,139	6.85	7.77
2017	832,036	60,014	6.95	10.85
2018	919,281	66,006	6.75	9.98
2019	986,515	70,581	6.00	6.93
2020	1,015,986	71,965	2.30	1.96
2021	1,143,670	80,976	12.57	12.52
2022	1,210,207	85,701	5.82	5.84
2023	1,260,582	89,358	4.16	4.27

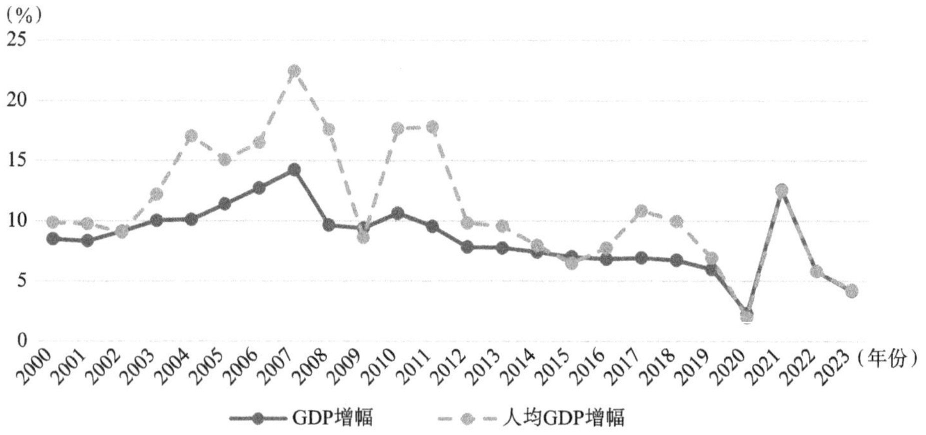

图 1-21 2000—2023 年中国 GDP 增速与人均 GDP 增幅

回顾2023年，我国保险业不断深化改革，在严格执行“报行合一”政策背景下，走出了一条向高质量发展进发的路径。2023年10月，中央金融工作会议明确保险业功能定位，要求发挥保险业的经济减震器和社会稳定器功能。2023年12月8日，中共中央政治局召开会议，为2024年经济工作定下基调：“要坚持稳中求进、以进促稳、先立后破”“要深化重点领域改革，为高质量发展持续注入强大动力”“要持续有效防范化解重点领域风险，坚决守住不发生系统性风险的底线”。

2023年，我国保险业复苏明显，保险业长期向好的趋势不变，并拥有巨大的增长空间。2023年12月6日，惠誉评级表示，2024年中资寿险和非寿险行业的信用前景展望均为中性，并表明“修改后的监管规定将支持中资保险公司2024年优质增长和底层信用基本面向好”。具体来看，人身险业负债端持续复苏，保费收入、新业务价值、人均新业务价值等核心业绩数据均有不俗表现。2024年负债端的复苏有望得到延续，面对投资端的承压，人身险亟须打造出穿越低利率环境的高质量发展模式。财产险业则继续保持着较高水平的保费增速。展望 2024 年，“稳中有升”仍有望成为行业发展的主基调。

从行业竞争角度分析，2023 年我国保险行业的市场集中度仍然较高，主要市场份额被几家大型保险公司占据。中国人保、中国平安、中国太保、中国人寿、新华保险等头部公司占据了显著的市场份额，且这些公司的竞争力较强。尽管市场竞争激烈，但 2023 年保险业整体仍实现了显著增长。保费收入和市场份额的增长表明，行业整体呈现出健康的发展态势。

从保险资金运用角度分析，2023 年，中国保险业在资金运用方面呈现出显著的增长与调整。根据金融监管总局发布的数据显示，截至 2023 年年末，保险资金运用余额为 28.16 万亿元（包括独立账户和非独立账户，不含部分风险处置机构），同比增长 11.05%；2023 年的财务投资收益率为 2.23%，综合投资收益率为 3.22%，这表明保险行业在资金运用规模上迅速扩张。在资产配置上，债券类资产的配置余额约为 12.57 万亿元，占比首次突破 45%，创下近 10 年来的新高，反映了保险公司在面对权益市场走弱时的策略调整。

从保险公司偿付能力角度分析，截至 2023 年年末，保险公司的综合偿付能力充足率为 196.5%，核心偿付能力充足率为 127.8%，大多数保险公司具备充足的偿付能力。然而，部分中小型保险公司由于连续多年亏损和公司治理问题，偿付能力充足率较低，如渤海人寿由于连续亏损，其偿付能力充足率持续下降，导致公司净资产大幅缩减。为提高偿付能力，2023 年 9 月 10 日监管机构发布了《关于优化保险公司偿付能力监管标准的通知》，对最低资本进行了差异化调节，同时鼓励保险公司通过股东增资、发行债券等方式补充实际资本，提升偿付能力充足率。这些措施一是差异化调节最低资本要求；二是引导保险公司回归保障本源；三是引导保险公司支持资本市场平稳健康发展；四是引导保险公司支持科技创新。

整体来看，未来一段时间，中国保险行业的发展呈现出多元化和复杂性。行业正在经历从高速增长向高质量发展的转型，面临保费增长放缓、价值修复缓慢、资产端风险加剧以及偿付能力普遍下滑的挑战。尽管如此，保险业的长期向好趋势不变，2023 年保险业复苏明显，前三季度原保险保费收入达 4.3 万亿元，同比增长 11%，显示出行业的健康发展和巨大的增长空间。保险资产规模增长至 30 万亿元，连续 7 年居世界第二大保险市场，得益于疫情消退、预定利率调整、银保渠道发力等因素的影响。储蓄险的吸引力可能进一步提升，重疾险保障需求仍待挖掘，车险有望维持一定增速。在渠道方面，银保渠道的增长逻辑仍在，个险渠道侧重提升代理人队伍质量。资产端压力有望部分缓解，负债端方面，储蓄险、重疾险和银保渠道的需求依然旺盛。我国保险行业在面临转型和挑战的同时，也展现出长期向好的发展趋势，保险公司需要适应市场变化，通过创新和优化产品与服务来推动行业的可持续发展。

二、发展展望

（一）寿险打造穿越周期的高质量发展模式

2024 年，中国寿险业面临着重大挑战和转型机遇。寿险业正面临承保业务增速放缓和投资收益下降的双重困境，这促使行业寻找高质量转型的方向和出路。2023 年 10 月召开的中央金融工作会议明确指出，要做好科技金融、绿色金融、普惠金融、养老金融、数字金融五篇大文章，助推我国金融业的高质量发展。国务院也发布了《关于推进普惠金融高质量发展的实施意见》，提出支持保险服务多样化养老需求。鼓励保险公司开发各类商业养老保险产品，并在风险有效隔离的基础上，支持保险公司以适当方式参与养老服务体系建设，探索实现长期护理、风险保障与机构养老、社区养老等服务有效衔接。

2023 年，我国寿险业负债端持续复苏，保费收入、新业务价值、人均新业务价值等核心业绩数据均有不俗表现。展望 2024 年，负债端的复苏有望得到延续，面对投资端的承压，寿险亟须打造出穿越低利率环境的高质量发展模式。低利率的环境下，更考验寿险公司资产负债协同管理的能力。

新业务价值有望延续增长，中长期来看需要从资负两端协同发力打造穿越低利率环境的高质量发展模式。价值率方面，看好“报行合一”政策背景下渠道费率改善，有望带动 NBVM（新业务价值倍数）优化。新单保费方面，从需求端来看，当前居民稳健投资需求仍然旺盛，储蓄险需求空间仍然广阔；从供给端来看，随着渠道改革成效的逐步显现，代理人队伍人均产能有望进一步优化。

在产品端，保险公司正在开发各类商业养老保险产品，以满足日益增长的养老需求。在服务端，保险公司正将实体医养康宁服务与传统寿险结合，形成“支付 + 服务 + 投资”三端协同的新寿险模式，不仅增强了寿险业的民生属性，还更好地服务了实体经济。

（二）保险业科技革新与数字化转型

2024 年，中国保险业迎来科技创新和数字化转型的浪潮，这将深刻影响保险行业的未来发展。随着技术的不断进步和市场环境的变化，保险行业正从传统的业务模式向更加现代化、科技化的方向转型。

内生增长与外生扩张成为保险行业发展的双轮驱动模式，保险公司不仅要依靠自身的能力和资源来实现增长，还要通过与外部合作伙伴的合作，拓展业务范围和市场影响力。这种模式有助于保险公司在新一轮变革中赢得先机，提高其在市场上的竞争力。

保险行业的数字化转型正在不断加速。2018—2023 年，中国保险行业的数字化整体水平显著提升。保险机构正利用数字技术加快产品和服务创新，提升服务质量和效率。这种趋势与保险市场的发展相辅相成，尤其是在合规与安全方面。保险机构通过数字化转型，能够更好地满足客户的需求，提高服务效率，降低运营成本。

科技金融与保险的深度融合也是保险行业的重要趋势。保险业将重点关注科技金融的发展，包括加强数字金融基础设施建设，促进数据共享流通与合法利用，以及推动保险与科技深度合作，发挥风险分担作用。这种合作旨在提升保险服务的精准性、便捷性和普惠性，为保险行业的发展注入新的活力。

保险科技正逐渐成为保险业发展的内生动力，包括提供基于新风险的解决方案、利用科技赋能业务减量风险，以及提升数字化服务水平。这些趋势将直接影响保险公司的竞争力，使其能够更好地应对市场变化和客户需求。

（三）健康险和养老险市场扩张

我国保险市场在健康险和养老险市场扩张方面展现出明显的趋势和潜力。随着社会对健康保障需求的增加，健康险市场正在迅速扩张。保险公司正通过产品创新和服务优化来满足市场需求。同时，随着人口老龄化的加剧，养老险市场的发展潜力巨大。保险公司通过开发适合不同年龄段人群的养老年金产品，以及提供养老社区和专业护理服务，来满足老年人的养老需求。保险公司也在积极探索“保险 + 信托”管理模式，以帮助客户实现财富的有效传承。

2023 年度保险业的重要政策也体现了对于健康险与养老险市场的重要支持，例如，2023 年 3 月 31 日发布的《关于开展人寿保险与长期护理保险责任转换业务试点的通知》，通过明确各类型人身保险产品信息披露的具体要求，全面规范保险公司产品信息披露行为，加大公司信息披露力度，不断提升保险产品的透明度，保护消费者的合法权益。

2023 年 7 月 6 日发布的《关于适用商业健康保险个人所得税优惠政策产品有关事项的通知》有利于推动适用个人所得税优惠政策的商业健康保险的发展，促进多层次医疗保障有序衔接，有效降低医疗费用负担。

2023年9月5日发布的《关于个人税收递延型商业养老保险试点与个人养老金衔接有关事项的通知》对税延养老保险试点与个人养老金衔接过程中的工作要求、业务调整、产品管理、保单转移等进行明确，对中国银行保险信息技术管理有限公司统筹做好客户信息确认、加强系统建设，以及税延养老保险试点保险公司业务操作、公告通知、信息报送等提出要求，有利于推进个人税收递延型商业养老保险试点与个人养老金的衔接。

第二章
中国保险公司竞争力评价的理论与方法

第一节　保险公司竞争力的定义

中国对保险公司竞争力的实证研究方面还处于初级阶段，国际上目前对保险公司竞争力还没有一个比较明确的、较为广泛接受的定义。竞争力是参与者双方或多方的一种角逐或者比较而体现出来的综合能力，它是一种相对指标，通过竞争表现出来。MBA 百科把企业竞争力定义为：在竞争性市场条件下，通过培育自身资源和能力，获取外部可获得资源，并综合加以利用，在为顾客创造价值的基础上，实现自身价值的综合性能力。

姚壬元（2004）将保险公司竞争力定义为：保险公司在市场机制的作用下，合理充分地运用自身拥有的资源，提供适应市场经济要求和保险业发展规律的产品和服务，使之在市场竞争中相对于其竞争对手所表现出的长久和持续发展的能力。姚壬元认为，保险公司的竞争力是一个包括资源、能力、环境三要素在内的综合系统，每个要素又分解为不同的能力和指标体系，通过对指标赋予权重，实现对保险公司竞争力的评价。指标权重的准确性在很大程度上影响了保险公司竞争力评价结果的科学性和正确性。

王成辉和江生忠（2006）指出，保险竞争力是一个保险行为主体与其他保险行为主体竞争保险资源的能力，它既指某一保险产品竞争力，也指某一保险公司的竞争力，还指保险行业竞争力和保险业的国际竞争力。他们认为，国内对保险公司的竞争力并没有形成定论，大多数研究是从定性分析的角度进行的。

由《21 世纪经济报道》、21 世纪研究院金融研究中心联合美国加州大学组成的课题组（2009）认为，保险公司的竞争力是指在同一市场环境下，同业竞争者实现其经营目标的综合实力。保险公司的经营目标是满足保险经营的各利益参与者（所有者、投资者、管理者和客户）的利益，并且为保险公司自身创造持续、安全和稳健的价值。

王小平（2005）指出，人身险公司的核心竞争力，就是人身险公司长期形成的，建立在先进的经营要素（如客户关系、产品开发、销售体系、员工队伍等）基础上的相互融通、相互依存、相互促进、整体运作的能力。借助这一能力，人身险公司能够按国内寿险行业的一流标准销售保单、提供服务，使其保费收入和盈利能力领先其他人身险公司。

冯占军和李秀芳（2012）主要基于中国保险年鉴的相关数据，提出了保险企业竞争力“三段式”评价分析模型。魏伟（2012）认为，保险公司的核心竞争力是指其能够经受国内外激烈竞争考验，具有显著竞争优势、扩展应用潜力和竞争对手难以模仿的整合各种资源的能力。其中，创新能力是保险公司的重要核心竞争力，包括科研和开发能力、技术和开发成果转化为产品和提高业务规模和业务质量的能力、组织协调公司内各种资源进行有效经营的能力，以及公司为应对制度环境、市场变化和不可预测因素的应变能力。

周毅（2013）在讨论我国中小型财产保险公司核心竞争力的提升策略时指出，保险公司的核心竞争力主要包括五个方面：组织学习能力、险种研发能力、市场开拓能力、风险管理能力和企业文化的影响能力。其中，险种研发与风险控制能力、公司品牌意识与服务水平是制约中小型财产险公司提升核心竞争力的主要因素。

瞿娟娟（2014）指出，保险公司竞争力是企业参与市场竞争时，在适应内、外部环境的前提下，通过有效地协调、整合企业的各种资源和能力，进而形成的使企业能够获得持续竞争优势、长久稳定发展的综合能力。

孔婷婷（2015）认为，构成保险企业核心竞争能力包括市场开拓、信息吸收、协调整合、开发创新和组织学习能力，保险企业核心竞争能力不是单一的某种能力，而是面对市场、面对环境所表现出的一种综合能力。施淑蓉（2015）认为，寿险公司的核心竞争力既表现在公司的经营状况与投入产出效率等显性实力，也体现为支撑起整个寿险公司运行的潜在能力。

李德立和于佳睿（2017）利用价值链分析法评价我国寿险公司核心竞争力时认为，保险公司的核心竞争力来源于企业内部，是外在力量与内部控制相结合的产物。它包括了公司对内部资源的整合与协调能力，以及对外部环境变化的适应能力。陈炯远（2017）认为，保险企业的核心竞争力是在企业的经营过程中形成的，短期不易被模仿且内置于企业中，能够为企业带来较高价值的要素的总和，具有价值性、延展性、整合性和突出性兼具、资源依赖性、动态性和异质性的特点，是整体性的正向力量。

李宁（2019）从三个角度对企业竞争力的内涵进行界定。从外部表现的角度来看，企业竞争力是其在市场竞争中的一种表现力，也是指企业在与其他企业进行物质交换时表现出的比较优势；从竞争对手的角度来看，企业生产经营过程中，通过有效的资源配置、累积市场份额和降低相对成本等途径比竞争对手更具有竞争优势就是企业竞争力的体现；从企业内部存在的核心能力出发，企业竞争力是企业发挥自身产品优势、优化生产方式，并且与市场环境有效地进行交互，以达到更好的生产经营效果的能力。

刘永党（2020）认为，核心竞争力就是企业在长期经营过程中与其他企业竞争时展示出的各种能力的集合。主要包括市场占有能力、创新能力、经营管理能力、风险控制能力和盈利能力等，是支持企业在经营过程中获得胜利的以上这些能力的综合。

李柯（2021）认为，竞争力源于对企业持续竞争优势的研究，不仅涉及企业外部环境如政治、经济、法律、文化等方面，还关系到企业内部环境如经营管理、要素结构、盈利能力等不同层面，是一种动态变化的发展性能力。能力是企业在内部生产经营和外部市场竞争中不断积累、创新、发展、提升而形成的能动性、适应性，是企业竞争力的外在表现；绩效是企业竞争力的结果呈现，通常以企业经济效益、社会效益等形式展现出来，是衡量企业竞争力的结果性标准。

综合以上结果并结合我们的经验和理解，我们对保险公司竞争力给出如下定义：

保险公司竞争力是在市场经济环境中，保险公司根据行业和自身特点综合运用人力、物力、财力等各种资源，获得相对于竞争对手所表现出来的更强的生存能力、创新能力和持续发展能力的总和，是保险企业综合能力的体现。竞争力是一个相对的概念，强调的是保险行业内竞争者之间的比较。

原中国银行保险监督管理委员会于2018年4月颁布的《保险公司信息披露管理办法》，绝大部分保险公司都按照此文件的规定对公司信息进行了披露。我们主要是根据保险公司据此披露的信息，以及保险年鉴、国家金融监督管理总局官网、中国保险行业协会官网、各保险机构官网网站等方面的有关公开信息，将生存能力、创新能力和持续发展能力细化为五个可度量的部分，即盈利能力、资本管理能力、经营能力、风险管理能力和业务发展潜力，然后通过这五个方面来评价保险公司竞争力。

第二节 保险公司竞争力研究方法综述

石新武（2004）在其博士后的研究报告《开放条件下的保险竞争力》中把保险公司的竞争力指标分为三级，一级指标为权重20%的直接指标和权重80%的间接指标，直接指标为市场份额，间接指标包括规模实力（10%）、运营能力（20%）、成长能力（15%）、偿付能力（10%）、盈利能力（15%）和经营安全（10%）六项二级指标，每个二级指标下有一到三项三级指标。

姬便便（2005）应用标杆测定法对我国财产险保险公司的竞争力进行研究，把财产公司竞争力的构成要素分为外部市场要素、内部市场要素和外部政策环境，根据这三个要素分别构造评价指标，得出影响我国财产保险公司竞争力的主要因素。

冯占军和李秀芳（2012）认为，企业的竞争力主要体现在对市场地位的竞争、对市场要素的竞争、对盈利水平的竞争以及综合性的发展竞争等方面，在《2012中国保险企业竞争力研究》一书中用竞争力绩效评价指标、竞争力状况评价指标和竞争力成因分析指标对中国保险企业的竞争力进行评价。

鲁维丽和谢晓迎等在《2017亚洲保险公司竞争力评价研究报告》中，主要基于保险公司财务实力来评估保险公司的竞争力，财务实力通过市场规模、资本金充足性、赔付准备金充足性、盈利能力、流动性和稳定性测试六部分数据来衡量。此外，该报告尽管参考了 A. M. Best、Weiss 和 Fitch 三大评级机构对保险公司的评级模型，在此基础上衍生出评估体系中所使用财务比率的主要类别和估算方法。但是，该报告对各国保险公司采用相同的评价方法、权重设定等，没有考虑不同的经济制度、财务制度和发展阶段等。

由于保险公司竞争力指标是保险企业在整个社会经济现象中多面性、复杂性和交叉性的客观反映，不能人为地、主观地去掉或保留哪些指标，所以必须运用科学的、严格的定性和定量相结合的分析理论。国内文献中关于筛选、综合、优化保险公司竞争力指标体系的分析方法主要分为以下几种。

一、主成分分析法和因子分析法

这两种方法都通过简化数据结构达到降低维数的目的，把多个存在相关关系的指标化成少数几个互不相关的新的综合性指标。或者对原众多指标，按一定“原则”寻求原始指标的某种线性组合而形成新的综合指标（主成分变量）；或者试图把原始指标分解为公因子和特殊因子的线性组合（有时可忽略特殊因子）。这些新产生的主成分和公因子最大限度上反映了原始指标的信息（涵盖量达85%以上），之间互不相关，去除了重叠信息，个数又较少，而且层次较高，综合性较强，使形成的新指标体系达到最优。

在综合评价中，优化指标体系多用该类方法，即主成分分析法和因子分析法。这两种方法既有联系又有本质的区别，应用范围也不尽相同。主成分分析法和因子分析法简化数据结构的机理不同，主成分分析法是对具有复杂相关关系的原始指标 $X=(x_1,\cdots,x_p)$，寻求投影向量 a，选择具有方差最大或较大的新的线性组合变量，而舍去方差较小的变量，重新组合成个数较少、互不相关，但又最大限度上反映原始指标信息的主成分向量 $Y=(y_1,\cdots,y_m)(m<p)$，于是由原始评价指标 $x_1,\cdots,x_p$ 简化并优化为综合性指标 $y_1,\cdots,y_m$。

而因子分析法的实质不是对数据进行数学变换，而是对于具有复杂相关关系的原始指标（变量）$X=(x_1,\cdots,x_p)$，通过寻找原始变量的共同方面来简化存在于原始变量之间的复杂关系，把各个测量本质相同的变量归入一个因子（公因子），这些公因子对原始变量起着重要的支配作用，公因子之间不相关，往往不可测，个数比原始变量个数要少（如 m 个，$m<p$），是所有变量共同具有的公共因素。这样 p 个原始变量 $x_1,\cdots,x_p$ 和每一原始变量独自具有的特殊因子 e 两部分来描述或解释，（通常只考虑公因子，忽略特殊因子）。进而达到简化数据结构的目的，即把原始评价指标化为 m 个公因子（综合指标），形成优化的指标体系。因子分析法最大优势在于各综合因子的权重不是主观赋值，而是根据各自的方差贡献率大小来确定的，方差越大的变量越重要，从而具有较大的权重；相反，方差越小的变量所对应的权重也就越小。这就避免了人为确定权重的随意性，使评价结果唯一，而且较为客观合理。

叶欣（2007）通过运用主成分分析法构建评价模型，对上海主要中外资保险公司的竞争力进行排名和比较分析。王成辉和江生忠（2006）在建立我国保险业竞争力指标体系的基础上，应用因子分析法，结合我国保险市场的实际数据，对竞争力进行了实证分析，并分别对我国财产险和人身险公司进行了竞争力比较和排名。胡永红（2007）利用因子分析法对我国人寿保险公司竞争力进行了研究。张晶（2011）运用因子分析法对我国保险市场中的28家保险企业的竞争能力进行了排序。吴成浩（2012）在现有关于上市公司，特别是保险类上市公司竞争力指标体系的研究基础上，选取证监会分类的4家国内保险类上市的2011年财务数据，利用因子分析法来构建竞争力评价指标体系。王光毅（2013）利用综合指标选择方法，综合利用聚类分析、相关性分析、主成分分析等多元统计分析方法，并根据保险年鉴数据，选取代表性公司，对保险公司竞争力评价指标进行选择和精简，最终构造出由3个综合指标，6个分项指标组成的评价指标体系。刘祥祥（2013）利用因子分析法，使用2010年的数据选取9个指标对我国保险市场上各财产险公司的竞争力进行实证分析，来衡量不同财产险企业的竞争力。胡宏兵（2013）运用因子分析法和聚类分析法，对我国保险业核心竞争力进行了实证分析，文中构建了17项指标来综合分析我国保险公司的核心竞争力，包括保费收入水平、资产总额、资本充足率和资产负债率等。张永杰（2015）基于2013年和2014年我国寿险业数据，运用因子分析法对我国寿险企业的核心竞争力进行了实证分析。文中从市场运营管理、资金管理、风险管控和人力资源管理等维度选取了17项评价指标。仝明望（2015）以已赚保费为标准从《中国保险年鉴2014》中依次选取了24家保险公司的数据作为样本，从中选取了10项指标来构造指标评价体系，对其进行因子分析，从原有的10个指标中提取了三个公因子，并将其命名为公司规模因子、收益能力因子和发展能力因子。陈炯远（2017）构建了评价我国中型财产险公司核心竞争力的指标体系，运用因子分析法和熵值法按照构建的指标体系进行实证分析，同时与我国三家大型财产险公司进行比较分析，评价我国中型财产险公司的核心竞争力情况。李宁（2019）选取了平安财险2007—2017年的数据指标，进行因子分析测算出其历年竞争力水平，并且基于跨境经营视角对其竞争力的变化进行解释分析两者之间的具体关联。刘永党（2020）构建了包含保费收入、保费收入增长率、市场占有率、赔付率、退保率和有效保单件数在内的寿险公司核心竞争力评价指标体系，从44家河南省寿险公司中选取了30家样本公司，从2015—2019年的《中国保险年鉴》中选择合适的数据运用SPSS软件进行因子分析，并从规模因子、经营能力因子、风险控制因子和综合实力四个方面分析了河南省寿险公司的核心竞争力。

在经济领域，如果综合评价所基于的是反映客观社会经济现象数量特征的客观性指标体系，一般用主成分分析法；如果综合评价基于的指标体系是反映人们的心理感受、主观愿望、满意程度等方面的主观性指标形成的指标体系，则用因子分析法。

二、其他方法

（一）数据包络分析法

数据包络分析（Data Envelopment Analysis，DEA）是美国著名运筹学家

A. Charnes 等以相对效率概念为基础发展起来的一种效率评价方法，它是研究同类型生产决策单元相对有效性的有力工具。它主要采用数学规划方法，利用观察到的有效样本数据，对决策单元（DMU）进行生产有效性评价。DEA 模型可同时计算决策单元的多项投入和多项产出的相对效率。每一个决策单元的各项投入和产出权重都是由模型根据最优原则计算出来的，而不是由决策者主观给定的，可避免主观随意性。但是，DEA 模型的理论假设是：投入越少，产出越大，那么效率就越高。但实践中，有些产出是越少越好，如污染环境的物质。

对于数据包络分析法（DEA）用于产出效率的分析，虽然投入产出指标的权重是通过模型计算出来的，但由于模型中没有对各权重的取值范围加以限制，因此有时会出现不切实际的权重分配，从而导致权重取值的任意性。此外，数据包络分析法只能从效率的角度评价分析竞争力。但我们知道，竞争力的评价分析必须从效能和效率两个角度进行，否则其评价分析就不是完整和系统的。

恽敏（2003）使用数据包络分析法，综合考虑投入和产出以及它们之间的关系，考察目前保险公司的核心竞争实力，并且为如何提高核心竞争力提出相关建议；姚树洁、冯根福和韩钟伟（2005）基于 1999—2002 年 22 家我国主要保险公司的数据资料，用两阶段法分析影响保险公司效率的重要因素；孙林和李光金（2005）基于 DEA 方法对我国保险公司竞争力进行了分析；赵瑊和尹成远（2009）运用 DEA 法的“超效率”模型，基于 2000—2007 年我国 18 家主要财产险公司的数据资料，测度其技术效率、纯技术效率、规模效率，并对影响其效率的因素进行分析，给出相关的政策建议；李杭蔚和刘强（2010）利用熵权和 TOPSIS 法相结合，对 4 家上市保险公司进行了实证分析；张春海（2011）利用 DEA 三阶段分析方法，对 2009 年我国财产险业的 46 家公司的经营效率进行分析。李保华（2012）对于产品投资绩效，采用的 DEA 分析方法，从寿险产品的角度探讨了中国 26 家寿险公司的投资绩效，将寿险业投资绩效进行技术效率与规模效率的分解，得出中国寿险公司投资绩效存在规模效应、投资技术较低、难以应对市场波动等结论。施淑蓉（2015）将寿险公司核心竞争力分为显在和潜在两部分，分别运用超效率 DEA 分析和因子分析对它们分别进行评分，从而得到了寿险公司核心竞争力综合得分，并对外资、合资、中资寿险公司的核心竞争力进行了排名。

（二）模糊综合评价法

有的学者认为，企业核心竞争力的评价具有模糊性：一是核心竞争力等级的分类具有模糊性，通常把核心竞争力强度分为优、良、中和差四个等级，但很难界定各等级的标准；二是企业核心竞争力的影响因素具有模糊性，如产品美誉度等。因此，简金平（2004）采用模糊物元综合评价法来评价保险公司的综合竞争力。闫春和赵明清（2007）利用2003年7家财险公司的营业数据运用模糊聚类分析法对财产险公司偿付能力进行分类分析和研究。张洪涛和甄贞和马驰（2014）基于成对比较矩阵方法对保险企业的核心竞争力进行评价。

（三）层次分析法

用层次分析法对保险公司进行的综合性评价，可以按照得分情况对保险公司进行排序。具体操作过程是：（1）去除指标量纲的影响；（2）将指标按重要程度排序；（3）列出判别矩阵和权重向量；（4）对矩阵进行一致性检验；（5）计算最终分值。将指标值与权重之积进行加权相加，就可以计算出保险公司竞争力的最终分值。钱璐和郑少智（2005）在对我国保险公司竞争力的评价方法上采用层次分析法（简称AHP法），主要用来对二级指标的权重大小进行设置。

（四）均值—方差法

有的专家按照每个指标对研究对象独立作用的大小（或者叫方差贡献的大小），通过进行统计检验和数学变换等，筛选掉作用小的不重要指标，保留作用大的重要指标，最后形成由原指标体系中的部分重要指标组成的优化指标体系。

由《21世纪经济报道》、21世纪研究院金融研究中心联合美国加州大学组成的课题组（2010）在《2010亚洲保险公司竞争力排名研究报告》中运用“均值—方差法”进行相关研究，将保险公司的财务实力通过划分为六个主要部分衡量，即市场规模、资本充足性、赔款准备金充足率、盈利能力、流动性和稳定性测试，每一部分包含若干个因素，并人为规定每个因素在该部分中所占重要性比例（如50%），再分别评分。通过计算所有因素的平均值和标准差，得到公司的总体评价。为了获得比较合理的比率范围，首先将每一指标得分标准化，标准化后的变量分布变为新的分布；然后根据指标特性调整其Z（得分），并将其得分进行计算，得到保险公司的竞争力得分。

秦川杰（2014）从盈利能力、偿付能力和承保能力等方面的10个指标构建了综合竞争力评价体系，运用变异系数法（均值—方差法）对我国12家中资财产险公司和8家外资财产险公司进行了核心竞争力分析。在变异系数法中，通过判断变异系数的大小，对评价指标赋予不同的权重，克服了主观赋权而造成的评价结果失真的影响，且操作简便、有较好的实用性。

（五）熵权法

熵权法主要用来确定指标权重值的大小，其中的“熵”是用来衡量研究总体无序程度大小的。当指标提供的信息量比较大时，该指标的信息熵就会比较小，所以它在综合评价中所起作用就大，在进行评价时所赋权重就应该高。

李杭蔚和刘强（2010）从盈利能力、流动能力、规模优势、发展能力、经营能力及人力资源六个方面构建一个比较全面而系统的保险业竞争力指标体系，利用熵权法与 TOPSIS 法相结合，对 4 家上市保险公司进行了实证分析，并深入比较了各保险公司竞争力的优势与不足。谢琛（2016）利用熵权法对 4 家财产险公司财务报表中得到的评价指标赋予权重，进行综合评分，从而得出财产险公司的竞争力评价。

（六）回归分析法

石红莲和董蕊（2018）根据 1990—2016 年的时间序列数据，构建 VAR 模型，对影响我国保险服务贸易国际竞争力的相关因素展开了实证探究，发现保险业总资产、保险从业人数、城镇居民人均可支配收入、保险费率、货物贸易出口额和外商直接投资等在一定程度上都会影响到保险服务贸易竞争力。

代建军和陈晓霞（2018）引入面板数据模型，选取 2015—2017 年内蒙古重乡重镇保险市场数据，建立旗县中心镇、国家级重点镇、国家级贫困及省级贫困旗县覆盖镇等几个截面，对重乡重镇保险市场竞争力进行实证分析，探索影响乡镇保险市场竞争力的相关因素。

总之，在保险公司竞争力研究的相关文献中，常用的、公认度较高的评价分析方法主要有主成分分析法和因子分析法；使用过但研究成果较少的方法有模糊综合评价法、数据包络分析法（DEA）；其他在个别文献中出现的方法包括均值—方差法、回归分析法等。由于主成分分析法的原理比较容易理解，建模步骤明确，局限性和主观性较小，且能够使用 SPSS 等统计软件直接进行计算，因而我们选用主成分分析法进行保险公司竞争力的评价研究。

第三节 保险公司竞争力评价指标体系的原则与构建

根据保险公司竞争力的定义和保险公司负债经营的特征，我们首先通过构建盈利能力、资本管理能力、经营能力、风险管理能力和发展潜力五个一级指标反映保险公司竞争力的不同方面；然后在每个一级指标下面构建若干个二级指标；最后通过对所有二级指标的综合分析得到保险公司综合竞争力的评价。同时，通过对一级指标下面的二级指标的分析得到保险公司一级指标竞争力的评价。

由于人身险公司和财产险公司的经营模式、发展思路、监管要求等方面都有所区别，因此在构建二级指标时，这两类公司的指标有所不同。

一、保险公司竞争力评价指标构建的原则

保险公司竞争力是反映公司生存能力、创新能力和持续发展能力的一个综合性指标。因此在构建指标时，必须能够反映保险公司的经营特点，并能够全面地体现竞争力的定义。

1. 可得性原则

可得性原则，是指具体指标的可量化和可计算性，又指具体数据的可得性。

在进行保险公司竞争力评价时，各种指标的建立和定义不可避免。此时既要考虑各种指标的具体量化和计算方法，又要考虑各种数据的可获得性。近年来，虽然我国的信息化建设取得了飞速发展，原中国保监会于2010年6月12日起颁布施行了《保险公司信息披露管理办法》；原中国银保监会于2018年4月重新颁布了《保险公司信息披露管理办法》，做了补充完善。此外，保险行业协会、各公司的官网等为相关研究提供了比较权威和系统的数据，但面临各种具体研究时，在数据方面仍然感到捉襟见肘。

2. 客观性原则

在构建指标时，既要客观反映人身险公司和财产险公司在经营模式、发展思路、监管要求等方面的区别，又要体现出保险业的发展特点、并真实反映保险公司竞争力的各个不同方面。

3. 均衡性原则

课题组把二级指标分为三类：规模性指标、结构性指标和比率性指标。

规模性指标是指保费收入、资产规模等反映公司经营规模的指标。

结构性指标是指反映公司当年的经营思路和发展水平的指标，它是由公司当年的经营业绩指标计算得到，与公司往年的表现和其他公司无关，如综合费用率、综合赔付率、退保率等。

比率性指标是指反映公司经营业绩年度变化情况的指标，如保费收入增长率、净利润增长率等。

毋庸讳言，以上各类指标对于不同类别公司竞争力的评价影响是不同的。规模

性指标的设立对于成立时间较长的大型保险公司的竞争力评价结果比较有利；比率性指标对于成立时间较短、发展比较迅速的保险公司竞争力的评价结果有利。因此，在设立指标时，需要考虑各类指标间的均衡性问题，特别是运用主成分分析法、因子分析法等进行保险公司竞争力评价时，均衡性原则尤其重要。

值得欣慰的是，中央财经大学“中国保险公司竞争力与投资价值评价研究”课题组注意到了相关问题。除了在指标设立时，考虑到了均衡性原则外，我们还运用现代多元统计分析方法，从公司和指标两个角度，对评价结果进行了 Wilcoxon 符号检验，做稳健性分析。这也是我们课题组的一个创新性研究。

二、保险公司竞争力评价指标的构建

盈利能力是指企业获取利润的能力。利润是投资者取得投资收益、债权人收取本息的最终来源，是管理者经营业绩和管理效能的集中体现，也是职工集体福利不断完善的重要保障。因此，企业盈利能力分析十分重要。盈利能力包括总资产增长率、总资产收益率、净资产增长率等二级指标。

资本管理能力是指资本的筹集、分配及运用的能力，主要表现在偿付能力充足率上。偿付能力一直是保险业监管的重心，保险公司偿付能力是指保险公司偿还债务的能力。2008 年 7 月 10 日，原中国保监会正式发布了《保险公司偿付能力管理规定》，其中第三条指出，保险公司应当具有与其风险和业务规模相适应的资本，确保偿付能力充足率不低于 100%。资本管理能力主要包括偿付能力充足率、认可资产负债率等二级指标。

经营能力是一个系统的概念，它指公司根据本身的内外部条件制定经营战略与计划的决策能力，以及进行各种活动的组织管理能力的总和。保险公司经营能力的强弱表明了资产的利用程度及使用效率，这在很大程度上决定了保险公司的经营效益，以及由此产生的对债务偿付的保障程度。经营能力主要包括资本利用率、综合赔付率、综合费用率等二级指标。

风险管理能力是对风险的识别、衡量和控制的能力，也可以指经济主体用以降低风险负面影响的动态连续过程，其目的是直接、有效地推动组织目标的实现。保险公司风险管理的总体目标是实现企业价值最大化，而企业价值最大化将通过风险成本最小化实现。在经济全球化、金融一体化迅猛发展的今天，保险公司所面临的风险越来越大，因此，加强对保险公司风险管理能力的监管是十分必要的。风险管理能力包括流动性比率、融资比例等二级指标。

发展潜力关系到公司的发展前景，如保险公司未来的业务发展规模、市场份额占有状况、公司的发展潜力等。因此，该项指标是衡量保险公司未来可持续发展能力的一个重要指标，应该重视对保险公司发展潜力的监管。影响保险公司业务发展的因素很多，主要包括原保费收入增长比率、发展系数等二级指标。

三、保险公司竞争力评价结果的科学性

1. 数据信息的公开性原则

数据信息的公开、客观和准确是一切公司评价的基础。为了保证《中国保险公司竞争力与投资价值评价研究报告》结果的科学性和可验证性，我们进行保险公司评价的数据都是来源于公开渠道：既有各保险公司的年度信息披露报告、保险公司网站信息，也有国家金融监督管理总局网站、中国保险行业协会网站以及中国保险年鉴等。这样在讨论评价结果时，就有一个可以共同讨论的数据基础。

同时，为了保证数据的可信性、合规性，我们在第二章专门分析了我国保险公司的信息披露质量，这也为完善我们的评价工作提供了一个很好的数据支撑和准备。

2. 评价方法的稳定性原则

即使用同样的数据，评价方法不同，其结果往往也不同，有时候甚至千差万别。

为了保证评价结果的对标较性，评价方法的稳定性至关重要。这里的稳定性有两方面的含义：一是评价方法一旦确定后，就尽量保持不变或者不做大的调整，保持评价结果的继承性和对标较性，使被评价对象对自己的评价结果有一个直观的认识和比较，这也有助于增加评价结果的说服力；二是评价方法能够适用于具体评价的对象、行业或区域，不同类别的公司、行业或者区域，可能选用不同的评价方法或者设置不同的参数。具体问题具体分析，没有一成不变的适用所有类别的公司、行业或者区域的评价方法。

3. 评价结果的稳健性原则

稳健性最早来源于财务管理，往往指公司的财务应对各种风险的能力；在这里，稳健性主要考察的是评价方法和指标解释能力的强壮性，也就是当改变某些参数时，评价方法和指标是否仍然对评价结果保持一个比较一致、稳定的解释，即如果改变参数设定以后，结果发生了显著性改变，则说明不是稳健性的，需要寻找问题的所在。

当然，不同的评价方法，参数的设定也有所不同。对于非参数统计方法，人们往往是通过改变指标或者改变部分参选对象来评价结果的稳健性。《2024 中国保险

公司竞争力与投资价值评价研究报告》通过运用模糊聚类分析法，对一些特殊的保险公司、特殊的评价指标进行剔除，并对剔除前后的结果进行非参数检验的方法，分析评价结果的稳健性。

在国内外各种对经营单位进行的评价研究报告中，运用稳健性方法检验评价结果有效性的做法还不多见，这也是我们评价工作的一个鲜明特色和创新之处。

第四节　主成分分析法与模糊聚类分析法介绍

一、主成分分析法

在各个领域的科学研究中，往往需要对反映事物的多个变量进行大量的观测，收集大量数据以便进行分析寻找规律。多变量大样本无疑会为科学研究提供丰富的信息，但也在一定程度上增加了数据采集的工作量，更重要的是在大多数情况下，许多变量之间可能存在相关性而增加了问题分析的复杂性，同时对分析带来不便。如果分别分析每个指标，分析又可能是孤立的，而不是综合的。盲目减少指标会损失很多信息，容易产生错误的结论。因此需要找到一个合理的方法，减少分析指标的同时，尽量减少原指标包含信息的损失，对所收集的资料作全面的分析。由于各变量间存在一定的相关关系，因此有可能用较少的综合指标分别综合存在于各变量中的各类信息。主成分分析就是把多个指标化为少数几个综合指标的统计分析方法，它通过几个综合因子（主成分）来代表原来众多的变量，使这些主成分尽可能多地反映原来变量的信息，而且彼此之间互不相关。

主成分分析的步骤如下：

设有 p 项指标的 n 个样本构成矩阵 X：

$$X = \begin{bmatrix} x_{11} & x_{12} & \cdots & x_{1p} \\ x_{21} & x_{22} & \cdots & x_{2p} \\ \vdots & \vdots & & \vdots \\ x_{n1} & x_{n2} & \cdots & x_{np} \end{bmatrix}$$

（1）进行原始数据的标准化：

$$Z_{ij} = \frac{X_{ij} - \overline{X}_j}{S_j},\ i = 1, 2, \cdots, n;\ j = 1, 2, \cdots, p$$

其中，$\overline{X}_j = \frac{1}{n}\sum_{i=1}^{n} X_{ij}$ 为第 j 个变量的均值；$S_j^2 = \frac{1}{n-1}\sum_{i=1}^{n}(X_{ij} - \overline{X}_j)^2$ 为第 j 个变量的样本方差。

（2）计算样本的相关系数矩阵 R：

$R = (r_{ij})_{p \times p}$

其中，$r_{ij} = \frac{1}{n-1}\sum_{k=1}^{n} Z_{ki}Z_{kj}$，$i,j = 1,2,\cdots,p$

（3）求矩阵 R 的特征值 $\lambda_1 \geqslant \lambda_2 \geqslant \cdots \geqslant \lambda_p$ 和特征向量 $U = (u_{ij})_{p \times p}$：

特征值 λ_i 是特征方程 $|R - \lambda E| = 0$ 的根，它的大小反映了各个主成分在描述所评价对象上所起的作用的大小，λ_i 对应的特征向量 U_{*j} 由方程（$R - \lambda_i E) U_{*j} = 0$ 给出。

第 i 个主成分可以表示为 $F_i = \sum_{j=1}^{p} U_{ij} Z_{*j}$，$i = 1,2,\cdots,p$

（4）选取主成分数目的判定准则：

第 i 个主成分的方差贡献率表示该主成分能解释的原始变量的信息量，$\alpha_i = \frac{\lambda_i}{\sum_{i=1}^{p}\lambda_i}$，对于一般的主成分分析，通常约定累计方差贡献率 $q \geqslant 85\%$，对于约定的累计方差贡献率 q_0，如果有如下关系成立：$\frac{\sum_{i=1}^{k-1}\lambda_i}{\sum_{i=1}^{p}\lambda_i} < q_0 \leqslant \frac{\sum_{i=1}^{k}\lambda_i}{\sum_{i=1}^{p}\lambda_i}$，则取前 k 个主成分进行分析评价。

（5）利用主成分得分进行评价分析：

利用所得到的前 k 个主成分 F_i 作为变量，相应的方差贡献率 λ_i 作为权重，得到主成分加权平均后的得分 $G = \frac{\sum_{i=1}^{k}\lambda_i F_i}{\sum_{i=1}^{k}\lambda_i}$，根据分数的高低可以对各个样本进行排名。

二、模糊聚类分析法

聚类分析是按照一定的要求和规律将事物进行分类的一种数学方法，它原来是数量统计中多元分析的一个分支（许海洋、汪国安和王万森，2005）。从应用数学的角度来看，在某种程度上对公司的财务和经营状况评价，本质上是一个排名和分类工作，即在多大程度上与最优标准（或理想状况）处于同一个层次（寇业富和李晓林，2009）。因此，模糊聚类分析法从另一种角度对保险公司的业务结构和质量进行分析。

模糊聚类分析的步骤如下（寇业富和李晓林，2009）：

（1）确立指标体系并对指标数据进行预处理。

在选择指标时，为了保证分析结果的科学性和适用性，应该将反映保单以及公司经营状况的全部重要特性囊括进来。

在实际应用中，即使选用了一个较好的算法进行分析研究，但是由于各数据的性质以及数量级的不同，会出现有的指标数据，主要是大数量级的指标会“吃掉”小数量级的指标，影响分析的有效性。为弥补这一不足，需要进行数据的预处理。

其中，对于指标的数量级不同以及量纲单位的不同，可以选用极差化法，即对于数据矩阵的第 j 列，计算：

$$M_j = \max_{1\leqslant i\leqslant n} x_{ij}, m_j = \min_{1\leqslant i\leqslant n} x_{ij}, j = 1,\cdots,m$$

然后，对原数据作变换：

$$x'_{ij} = \frac{x_{ij} - m_j}{M_j - m_j}, i = 1,\cdots,n, j = 1,\cdots,m$$

通过这种方法可以将所有指标的量纲单位消除，变为无量纲量，从而可以消除数额、时间、百分率等单位的不同。

（2）聚类分析。

设 $Z = \{x_1, x_2, \cdots, x_n\}$ 是 n 个对象集合，每个对象的特征数据表示为 $x_i = (x_{i1}, x_{i2}, \cdots, x_{im}), i = 1,2,\cdots,n$，利用标定方法，可以得到 2 个对象 x_i 和 x_j 的模糊相似程序 r_{ij}，于是就得到模糊相似矩阵 R。

$$R = \begin{bmatrix} r_{11} & r_{12} & \cdots & r_{1n} \\ r_{21} & r_{22} & \cdots & r_{2n} \\ \vdots & \vdots & & \vdots \\ r_{n1} & r_{n2} & \cdots & r_{nn} \end{bmatrix}_{n\times n}$$

其中，$r_{ii}=1$，$r_{ij}=r_{ji}$，$j=1, 2, \cdots, n$。

定理设 R 是模糊相似矩阵，则存在一个最小自然数 $k(k\leqslant n)$，使 $t(R)=R^k$，并且对一切大于 k 的自然数 q，均有 $R^q=R^k$。

该定理说明了从一个模糊相似矩阵 R 通过求 R 的传递闭包，可构造一个模糊等价矩阵，并且运算有限次，即不超过 n 次。为了提高运算速度，可以用平方法 $R \to R^2 \to R^4 \to \cdots \to R^{2K}$，经过有限次运算后，一定有一个自然数 $k(2^k \leqslant n)$，使 $R^{2^k} = R^{2^{k+1}}$，于是 $t(R) = R^{2^k}$。利用截关于对 R^{2^k} 进行等价分类，从而得到诸对象的评价结果。

对于众多公司来讲，由于其规模、发展定位和思路的不同，因此，对其进行业务结构的相似性分析及其聚类研究具有实际意义。

第三章
中国人身险公司竞争力评价分析

保险公司竞争力评价研究都是基于公开、客观和科学的原则，即研究方法、评价指标、数据来源等坚持公开、客观和科学的原则。

我们坚持评价过程和目标要客观有效，避免或者尽量减少人为主观因素的干扰；考虑到结果的敏感性，在有可能使用定量分析的地方，使用定量分析；尽量避免或者减少涉及权重选择等主观性问题的评价方法。

一、信息来源说明

保险公司竞争力评价研究的数据主要来源于各个保险公司的年度信息披露报告，少部分指标来源于历年的中国保险年鉴和国家金融监督管理总局、保险学会、保险行业协会以及各公司自己的网站信息，即全部数据都是来源于公开渠道。

保险公司的 2023 年年报信息披露报告主要包括以下五个方面内容：公司简介、年度财务报告及其附注、风险管理状况、产品信息和偿付能力信息。本研究主要从以上报表获取数据。

二、研究对象

根据国家金融监督管理总局网站，截至 2023 年 12 月 31 日，中国人身险公司共有 94 家，其中，中资公司 65 家，外资保险公司共有 29 家。其中，国寿养老、长江养老、人保养老仅经营养老保障管理、企业年金、职业年金等业务，暂不经营负债型的人寿保险业务，不适用偿付能力的监管要求；国民养老、瑞众人寿距离 2023 年底，成立营业不到 2 年。对这 5 家人身险公司不进行评价。

截至 2024 年 5 月 31 日，没有披露 2023 年年度信息披露报告或者披露内容不完整，或者部分指标数据异常的，共有 21 家公司，分别是国寿存续、珠江人寿、大家养老、弘康人寿、小康人寿、复星保德信、合众人寿、上海人寿、和谐健康、百年人寿、大家人寿、前海人寿、华汇人寿、恒安标准人寿、恒大人寿、富德生命人寿、天安人寿、中融人寿、君康人寿、信泰人寿、昆仑健康。此外，净资产为负的公司，主要包括鼎诚人寿、瑞华健康、横琴人寿，对这 3 家公司也不进行评价。

公司的部分指标数据异常，并不意味着公司经营绩效的“优”或“劣”。由于采用主成分分析、因子分析方法进行竞争力运算，为了避免少数公司的部分指标异常对其他公司的评价结果引起重大、异常的影响，从而使评价结果不合常理，我们通过剔除部分公司的方式避免这种情况，这是我们进行的必要前期数据处理。

上述 29 家公司，如果有任何问题、建议或者意见，请与中国保险公司竞争力与投资价值评价研究课题组联系。

最后，课题组共对 65 家人身险公司进行竞争力评价。

三、特别说明

（1）本研究都是采用公开发布的披露数据进行分析，我们根据实质重于形式的原则，对发现个别公司披露数据存在错误或异样的年报信息进行调整，或者在涉及该指标时进行批注说明。

（2）本研究采用的数据皆来源于已公开的资料或课题组成员的个人分析，但我们不保证上述信息的完整与准确性。中国精算研究院不对因使用本报告而产生的一切后果承担责任，只以此作为学术研究以及学界和业界的信息交流与参考。同时，本研究分析为课题组成员的个人观点，并不代表中国精算研究院的观点。有关问题的来源、讨论或争议，请使用电话或电子邮件的方式与我方联系。

（3）评价指标中，有的指标取值是越大越好，可以称为正向指标；有的指标取值是越小越好，可以称为逆向指标；有的指标取值是位于中间的某个值为好。

对于逆向指标，我们在本报告中都已经逆向化处理，即逆向化后的指标数据的取值也是越高越好；对于有的指标取值是位于中间的某个值为好，此时我们往往是通过构建系数的方式，对此类指标进行处理，经过系数化后的指标取值也是越大越好。

第一节　人身险公司竞争力指标体系的构建

一、评价指标体系说明

目前，国内外还没有一个比较明确的、被广泛接受的“保险公司竞争力”的定义。我们综合国内外相关研究，结合自己的经验和理解，给出保险公司竞争力的定义：保险公司竞争力是在市场经济环境中，保险公司根据行业和自身特点，综合运用人力、物力、财力等各种资源，获得相对于竞争对手所表现出来的更强的生存能力、创新能力和持续发展能力的总和，是保险企业综合能力的体现。同时竞争力也是一个相对的概念，强调的是保险行业内竞争者之间的比较。

我们进行的保险公司竞争力评价研究是以保险公司为出发点和落脚点，根据保险公司负债经营的特征以及当前国家金融监督管理总局的监管重点，我们构建了保险公司的盈利能力、资本管理能力、经营能力、风险管理能力和发展潜力五个一级指标，来反映保险公司竞争力的不同方面。我们首先在每个一级指标下建立个数不等的二级指标，共有 59 个二级指标；然后通过对二级指标定量分析得到保险公司一级指标的评价结果；最后对全部二级指标进行定量分析，得到保险公司竞争力的综合评价结果。

二、指标体系构建①

1. 盈利能力指标

盈利能力指标共有 10 个二级指标，包括 8 个比率分析指标和 2 个规模性指标，即包括总资产收益率、净资产收益率、投资收益率、净投资收益率、承保利润率、人均净利润、综合收益率等指标。

2. 资本管理能力

资本管理能力共有 15 个二级指标，包括 14 个比率和结构性分析指标、1 个规模性指标，即包括资本管理系数、认可资产负债率、资产认可率、认可资产增长率、资本回报率、风险调整资本利润率等指标。

3. 经营能力

经营能力共有 12 个二级指标，包括 11 个比率和结构性分析指标、1 个规模性指标，即包括可运用资金收益率、净资产周转率、总资产周转率、综合费用率、综合赔付率、险种集中度系数等指标。

4. 风险管理能力

风险管理能力共有 11 个二级指标，包括 11 个比率和结构性分析指标，即包括偿付能力充足率、流动性比率、准备金安全率、保险负债占总资产比、收现比等指标。

5. 发展潜力

发展潜力共有 11 个二级指标，包括 9 个比率分析指标和 2 个规模性指标，即包括发展系数、综合收益增长率、总资产增长率、净资产增长率、市场拓展能力、人均产能、万张保单投诉量等指标。

---

① 各项指标的计算方法可以参考《2023 中国保险公司竞争力与投资价值评价研究报告》等著作。

第二节 2023年中国人身险公司综合竞争力评价结果与分析

在确定了指标和提取数据后，为了保证对保险公司竞争力评价的客观性和科学性，首先，根据指标的正向和逆向，进行数据的预处理、统一，使处理后的全部指标数据为正向，即其数据越大越好；其次，指标数据中有些是比率指标、有些是数值指标，为了避免“以大欺小”以及避免指标单位对评价结果的影响，我们对全部数据进行归一化处理，即全部指标数据都在0—1取值；最后，在运用主成分分析法进行综合竞争力评价时，我们对全部59个二级指标数据进行分析处理。因此，二级指标与一级指标的隶属关系不影响对综合竞争力的评价结果。

为了便于对公司的业绩进行比较，我们对以下披露的各个公司的二级指标数据都进行了逆向化处理，即得分高者意味着对一级指标具有更大的“正向”作用，得分低者对于一级指标具有较低的“负向”作用。同时，根据综合运用主成分分析、因子分析方法得到的对保险公司综合竞争力以及一级指标的评价结果，设定最高分不超过100分，最低分不低于40分。

一、2023年中国人身险公司综合竞争力的排名与得分

数据预处理后，我们得到了65家人身险公司的59个二级指标数据。为了更好地反映保险公司竞争力的实际情况，并根据保险业发展阶段和监管要求，课题组选择5个指标进行了加权处理，这样就得到一个65×64数据矩阵。利用主成分分析法，共选取17个主成分，其累计解释率达到86.76%，每个主成分都是这些二级指标的线性组合（见图3-1）。

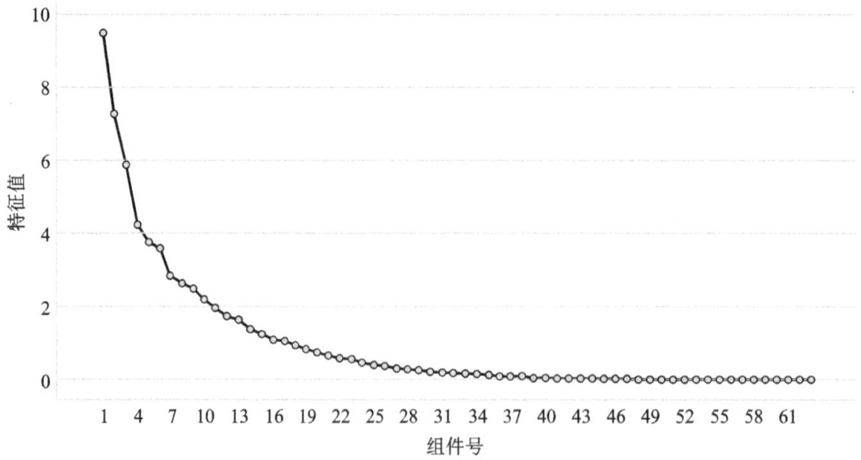

图3-1 人身险公司综合竞争力分析的陡坡图（碎石图）

选取这 17 个主成分后，各保险公司综合竞争力排名与得分如表 3 – 1 所示。

表 3 – 1　　2023 年中国人身险公司综合竞争力排名与得分

公司名称	排名	得分（百分制）	公司名称	排名	得分（百分制）
中国人寿	1	100.0	平安养老	34	81.1
平安人寿	2	97.1	光大永明	35	81.1
泰康人寿	3	93.7	国富人寿	36	80.7
中银三星	4	93.0	幸福人寿	37	80.6
友邦人寿	5	92.9	新华人寿	38	80.5
陆家嘴国泰	6	92.4	中信保诚人寿	39	80.0
太保寿险	7	92.3	利安人寿	40	80.0
中宏人寿	8	91.9	和泰人寿	41	79.9
中英人寿	9	90.7	国联人寿	42	79.8
太平人寿	10	90.1	国华人寿	43	79.7
财信吉祥人寿	11	90.0	东吴人寿	44	78.7
长城人寿	12	89.8	招商仁和	45	78.7
中荷人寿	13	89.2	太平养老	46	78.5
复星保德信	14	89.1	安联人寿	47	78.1
招商信诺	15	88.9	华泰人寿	48	77.5
泰康养老	16	88.6	中邮人寿	49	77.3
交银人寿	17	88.5	复星联合健康	50	77.1
人保寿险	18	88.4	汇丰人寿	51	76.6
国宝人寿	19	87.7	英大人寿	52	76.3
人保健康	20	87.7	建信人寿	53	76.0
中意人寿	21	85.6	长生人寿	54	76.0
君龙人寿	22	85.4	海保人寿	55	75.5
北京人寿	23	85.2	同方全球人寿	56	75.3
中韩人寿	24	84.6	阳光人寿	57	74.5
太平洋健康	25	84.6	爱心人寿	58	74.0
华贵人寿	26	84.5	中华人寿	59	72.8
中美联泰	27	84.1	瑞泰人寿	60	72.8
平安健康	28	84.1	三峡人寿	61	69.9
农银人寿	29	83.9	北大方正人寿	62	69.6
工银安盛	30	83.3	渤海人寿	63	66.2
弘康人寿	31	83.1	德华安顾	64	63.1
民生人寿	32	82.2	新华养老	65	40.0
信美人寿	33	81.3			

二、结论与分析

本报告在2023年研究的基础上，根据影响当前中国人身险公司的发展和国家金融监督管理总局的监管要求等各方面因素，修改完善了人身险公司竞争力评价指标体系。我们根据此评价指标体系，应用主成分分析法对中国人身险公司的竞争力进行了经验分析。随着国际经济金融危机和我国经济结构的调整，中国保险业的发展逐渐克服了一些困难和瓶颈。2023年，全国人身险公司原保费收入为35,379亿元，比上年增加3.31%；人身险公司保险金额为1,302.7万亿元，比上年（1,221.2万亿元）增加6.67%；人身险公司资产总额25.93万亿元，比上年（23.37万亿元）增加10.95%。

基于公开的数据和课题组的评价体系，2023年中国人身险公司综合竞争力评价的基本情况如下。

（一）盈利能力方面

这65家人身险公司的盈利能力表现差别不大，但是与往年比，在中外资结构上变化较大，整体来看外资保险公司占有一定的优势。

在盈利能力竞争力排名前十的公司中，有7家外资保险公司，分别是友邦人寿、中意人寿、工银安盛（分别排名第二、第三、第四）、陆家嘴国泰、交银人寿（分别排名第六、第七），安联人寿、中美联泰（分别排名第九、第十）；其余3家（平安人寿、中国人寿、太保寿险）是中资保险公司。在盈利能力排名前十的保险公司中，外资保险公司的盈利能力占有较大的优势，相比较而言，中资保险公司的盈利能力尚有待加强，其在应对国内经济形势和宏观经济波动情况的经验、技术等方面还存在很大的不足，还有很多地方需要向外资保险公司学习的地方。

（二）资本管理能力方面

2023年，中国人身险公司的资本管理能力得到大幅度提高。其中，中资人身险公司的资本管理能力今年表现比较突出，占有比较明显的优势。说明中资保险在资本实力、资本管理能力等方面取得了比较明显的发展。

在资本管理能力方面，有的保险公司的资本管理系数远低于1，主要是这些公司的偿付能力充足率太高，资本运用太不充分。

在资本管理能力竞争力排名前十的公司中，8家为中资保险公司，2家为外资保险公司（德华安顾和中银三星，分别排名第六和第十）。通过与前两年的比较，在资本管理能力方面，外资保险公司也呈现出一定的突破，在资本实力、资本管理、保护公司权益等方面，中资人身保险公司都占有比较明显的优势，但是优势已经不像前两年那么明显。

（三）经营管理能力方面

2023年人身险各公司整体综合成本率居高不下，基本在100%左右，因此承保利润形势严峻。整体相比而言，各公司间综合赔付率和综合费用率相对差异不大，多于一半公司的综合成本率高于95%。

在经营能力竞争力方面，排名前十的保险公司中有7家是中资保险公司，中国人寿和平安人寿分别排名第一、第二；3家外资保险公司中，中银三星、友邦人寿、交银人寿分别排名第三、第五和第九。与前两个年度的经营管理能力评价进行比较，入围前十的中资保险公司基本稳定在7—8家，说明中资保险公司的经营管理能力建设比较稳健，近几年的公司建设和监管取得了比较明显的成效。

（四）风险管理能力方面

根据2023年的人身险公司风险管理能力评价结果，从中外资公司数目比例上来看，属于“平分秋色”。在风险管理能力竞争力排名前十的公司中，中外资保险公司各有5家入围。中资公司中，泰康人寿、新华养老、三峡人寿、复星联合健康、财信吉祥人寿分别排名第一、第二、第四、第六、第八；外资保险公司中，北大方正人寿、同方全球人寿、中意人寿、中英人寿、安联人寿分别排名第三、第五、第七、第九和第十。2021年和2022年风险管理能力排名前十的中资保险公司基本在7家左右，2023年的评价结果显示中资保险公司在风险管理能力建设方面还有许多需要学习和改进的地方。

（五）发展潜力方面

在发展潜力方面，中资保险公司与外资保险公司也属于“平分秋色”，与前两年进行比较，中资保险公司在发展潜力方面有所退步。在发展潜力排名前十的公司中，泰康人寿排名第一，泰康养老、国宝人寿、太保健康、长城人寿分别排名第三、第六、第七、第九；排名前十的外资保险公司中，中银三星排名第二、陆家嘴国泰排名第四、中宏人寿排名第五、中英人寿排名第八、君龙人寿排名第十。

基于上述5个方面，65家人身保险公司中，相比于外资保险公司，中资保险公司的综合竞争力略占优势，但是优势并不明显，特别是与前两年评价结果相比较，中资保险公司的优势地位有比较明显的下降。在排名前十的人身险公司中有5家是中资保险公司，5家是外资保险公司，其中，中国人寿、平安人寿、泰康人寿分别排名第一、第二、第三。

第三节　2023年人身险公司综合竞争力一级指标的评价结果与分析

根据定义，人身险公司的综合竞争力评价含有盈利能力、资本管理能力、经营能力、风险管理能力和发展潜力五个一级指标。各一级指标下含有数量不等的二级指标。我们基于二级指标，运用主成分分析法对各公司一级指标的表现情况进行评价和分析。

一、2023年人身险公司盈利能力排名与分析

数据预处理后，我们根据65家人身险公司的10个二级指标数据，得到一个65×10数据矩阵；根据主成分分析法，选取了6个主成分，方差贡献解释率为87.99%，每个主成分都是这10个二级指标的线性组合（见表3-2）。

从表3-2可以看出，2023年人身险市场中盈利能力排名前三的依次是平安人寿、友邦人寿和中意人寿，在百分制基准下，得分分别为100分、97.0分和96.7分。

参评的65家人身险公司中，盈利能力的最高分为平安人寿（100分），最低分为渤海人寿（40.0分），平均得分为76.4分，得分高于平均分（含平均分）的公司有35家，占比53.8%。其中，90分以上的公司有14家，80—90分的有14家，70—80分的有16家，60—70分的有14家，60分以下的有7家。

图3-2显示了盈利能力排名前十的人身险公司得分情况，从高到低依次是平安人寿、友邦人寿、中意人寿、工银安盛、中国人寿、陆家嘴国泰、交银人寿、太保寿险、安联人寿、中美联泰。

表 3-2　　人身险公司盈利能力排名与得分

公司名称	排名	得分（百分制）	公司名称	排名	得分（百分制）
平安人寿	1	100.0	汇丰人寿	34	78.0
友邦人寿	2	97.0	太保安联健康	35	76.6
中意人寿	3	96.7	国富人寿	36	76.4
工银安盛	4	96.4	德华安顾	37	75.9
中国人寿	5	94.5	幸福人寿	38	75.0
陆家嘴国泰	6	93.4	长城人寿	39	73.9
交银人寿	7	92.0	中信保诚人寿	40	73.3
太保寿险	8	91.9	复星联合健康	41	72.4
安联人寿	9	91.2	国联人寿	42	71.3
中美联泰	10	90.8	爱心人寿	43	70.9
平安健康	11	90.8	建信人寿	44	70.4
中银三星	12	90.7	国宝人寿	45	69.9
中英人寿	13	90.6	泰康养老	46	69.6
农银人寿	14	90.4	中华人寿	47	67.4
中荷人寿	15	89.6	同方全球人寿	48	67.2
中宏人寿	16	88.1	华泰人寿	49	66.5
太平人寿	17	87.9	北大方正人寿	50	66.4
财信吉祥人寿	18	87.6	君龙人寿	51	65.6
平安养老	19	87.4	信美人寿	52	65.3
民生人寿	20	86.4	中韩人寿	53	65.0
招商信诺	21	86.2	太平养老	54	65.0
人保健康	22	84.6	瑞泰人寿	55	64.5
长生人寿	23	83.3	英大人寿	56	63.2
光大永明	24	83.1	国华人寿	57	61.5
复星保德信	25	81.0	和泰人寿	58	60.7
泰康人寿	26	80.9	海保人寿	59	56.4
利安人寿	27	80.8	华贵人寿	60	53.8
招商仁和	28	80.3	东吴人寿	61	52.9
人保寿险	29	79.3	新华养老	62	51.9
新华人寿	30	79.1	三峡人寿	63	49.6
阳光人寿	31	78.7	中邮人寿	64	44.4
北京人寿	32	78.6	渤海人寿	65	40.0
弘康人寿	33	78.5			

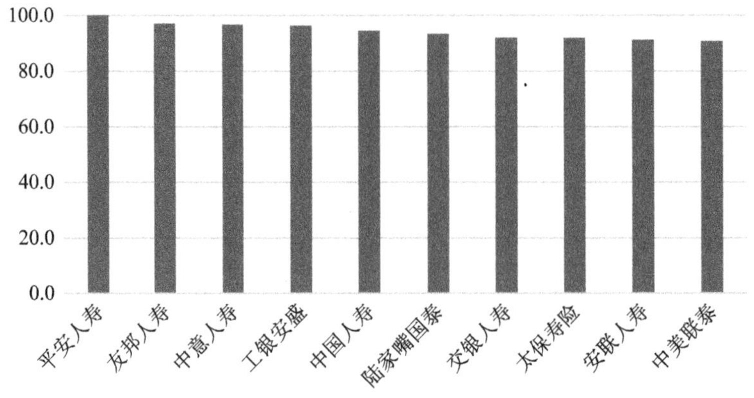

图3-2 盈利能力排名前十的人身险公司得分情况

总体来看，排名前十的公司得分相差不大，分布比较均衡，说明其盈利能力没有明显区别。

（一）盈利能力排名前十的人身险公司各项二级指标的排名与得分

盈利能力是反映保险公司竞争力的一项重要指标，表3-3具体分析了盈利能力排名前十的人身险公司各项二级指标的情况，给出了盈利能力体系下的10个二级指标的排名与得分。此表格为分析这10家公司的盈利情况提供了一个可以进行比较分析的平台。

平安人寿在盈利能力排名中位列第一，主要是因为其在盈利能力的大多数指标得分均处于65家的中上游水平，且部分指标表现优异。其各项指标中，总资产收益率、净资产收益率、投资收益率、净投资收益率、净利润、净利润增长率、综合收益率七项指标均位列65家公司中的前三名，其中投资收益率、净利润、净利润增长率、综合收益率四项指标位列第一。其他指标中，人均净利润排名第二十五，承保利润率排名第六十、投资资产占总资产的比率排名第六十五。

友邦人寿在盈利能力排名中位列第二，主要是因为其在净利润增长率、总资产收益率、净资产收益率分别排名第二、第三、第四，除净投资收益率排名较低外，其他指标均位列中等以上水平。

中意人寿在盈利能力排名中位列第三，主要是因为在总资产收益率、净资产收益率、净利润增长率、投资资产占总资产的比率这四项指标排名前十，除了承保利润率这项指标排名比较靠后外，其他指标全都位于30名前，总体表现良好。

从整体上看，这些盈利能力排名前十的公司在总资产收益率、净资产收益率、投资收益率、投资资产占总资产的比率、净利润、净利润增长率、人均净利润和综合收益率等指标上的表现都比较优良，多数进入65家公司的前25名。说明这10

表 3-3　　盈利能力排名前十的人身险公司各项二级指标的排名与得分

公司名称	总资产收益率		净资产收益率		投资收益率		净投资收益率		承保利润率		投资资产占总资产的比率		净利润		净利润增长率		人均净利润		综合收益率	
	排名	得分	排名	得分	排名	得分	排名	得分	排名	得分	排名	得分	排名	得分	排名	得分	排名	得分	排名	得分
平安人寿	2	99.7	2	85.9	1	100	2	90.5	60	99.9	65	40.0	1	100.0	1	100	25	81.3	1	100
友邦人寿	3	96.8	4	83.0	29	71.9	47	66.5	28	99.9	18	84.9	6	73.0	2	93.1	32	80.5	30	71.5
中意人寿	7	93.1	7	80.5	20	79.3	17	77.3	37	99.9	10	88.2	11	65.5	5	86.5	22	81.9	14	77.9
工银安盛	20	84.2	23	75.0	2	92.4	6	84.3	27	99.9	35	73.5	17	63.2	18	80.1	6	86.2	5	94.5
中国人寿	16	86.5	18	75.9	49	60.5	33	71.2	36	99.9	27	79.2	3	95.6	16	80.8	39	79.5	33	67.8
陆家嘴国泰	18	85.4	26	74.8	4	87.8	12	80.4	41	99.9	24	81.6	25	62.5	23	78.6	36	80.0	8	84.5
交银人寿	31	83.4	29	74.4	21	78.6	14	79.1	46	99.9	9	88.2	23	62.5	22	78.7	8	85.3	13	78.0
太保寿险	6	93.6	3	83.2	42	62.1	59	47.1	59	99.9	49	57.2	2	97.0	3	87.6	33	80.2	50	60.2
安联人寿	9	90.7	11	77.8	23	77.0	36	70.4	51	99.9	16	85.5	18	63.2	6	85.2	31	80.7	31	71.2
中美联泰	12	87.5	14	76.6	14	80.0	44	67.9	22	99.9	14	86.4	15	63.3	12	81.3	37	79.7	20	74.9

家公司的投资能力和经营水平总体上相当不错。但其中部分指标存在两极分化现象，如净投资收益率、承保利润率指标中，多数公司表现较差而少数几家公司得分进入前十名。

在净投资收益率这一指标上，10 家公司的表现差别较大，盈利能力排名前十的公司中，得分最高的平安人寿（第 2 名，90.5 分）与得分最低的太保寿险（第 59 名，47.1 分）相差 43.4 分。在承保利润率指标上，这 10 家公司的得分差距很小，但是排名差距较大，其中排名最高的中美联泰（第 22 名，99.9 分），最低的为平安人寿（第 60 名，99.9 分）。

（二）盈利能力下各项二级指标排名与得分前十的人身险公司情况

表 3 -4 反映了盈利能力下各项二级指标排名前十的人身险公司及其得分情况。

由表 3 -4 可以看出，承保利润率排名前十的得分都在 100 分，说明这些人身险公司尽管有差别，但在该指标上的差异并不明显。

2023 年，中国各家人身险公司的盈利能力差距比较明显。差异较大的主要是净利润（从平安人寿的 100 分至泰康人寿的 65.8 分）这项指标，表明净利润指标对各家人身险公司盈利能力的排名影响较大；各家人身险公司的投资资产占总资产比率、承保利润率、总资产收益率这三个指标得分差距并不明显，分值集中于 88.2—100 分；平安人寿在投资收益率、净利润增长率、综合收益率这三项指标上均领先于其他各家公司。

（三）盈利能力的模糊聚类等价分析

聚类分析是数理统计中的一种多元分析方法，它是用数学方法定量地确定研究对象的亲疏关系，从而客观地划分类型以及度量研究对象之间的相似程度。事物之间的界限，有些是确切的，有些则是模糊的。当聚类涉及事物之间的模糊界限时，需运用模糊聚类分析法。

我们根据保险公司在这些指标上的指标得分，运用模糊聚类法分析各公司之间的相似程度，为各公司之间的盈利能力比较提供一个新的方法和视角。同时，模糊聚类分析是一种基于“物以类聚、人以群分”的观念进行各公司之间经营结构上近似程度的比较分析，不是优劣评价。

由表 3 -5 可以看出，处于主对角线上的值均为 1，显然，各家人身险公司和自己的相似与贴近程度为 100%。盈利能力排名前十的人身险公司之间各项指标的相似度差别较大，介于 37%—98%，相似度的最低值同比有所下降，最高值同比

表 3－4　　盈利能力下各项二级指标排名与得分前十的人身险公司

二级指标 / 排名	总资产收益率	净资产收益率	投资收益率	净投资收益率	承保利润率	投资资产占总资产的比率	净利润	净利润增长率	人均净利润	综合收益率
	公司名称（得分）	公司名称（得分）	公司名称（得分）	公司名称（得分）	公司名称（得分）	公司名称（得分）	公司名称（得分）	公司名称（得分）	公司名称（得分）	公司名称（得分）
1	平安养老（100）	德华安顾（100）	平安人寿（100）	平安养老（100）	海保人寿（100）	复星联合健康（100）	平安人寿（100）	平安人寿（100）	中银三星（100）	平安人寿（100）
2	平安人寿（99.7）	平安人寿（85.9）	工银安盛（92.4）	平安人寿（90.5）	国华人寿（100）	人保寿险（91.9）	太保寿险（97.0）	友邦人寿（93.1）	民生人寿（98.2）	君龙人寿（96.3）
3	友邦人寿（96.8）	太保寿险（83.2）	复星保德信（91.5）	君龙人寿（89.3）	利安人寿（100.0）	海保人寿（91.8）	中国人寿（95.6）	太保寿险（87.6）	信美人寿（89.9）	和泰人寿（96.1）
4	人保健康（96.5）	友邦人寿（83.0）	陆家嘴国泰（97.7）	和泰人寿（86.0）	长生人寿（100.0）	建信人寿（91.2）	太平人寿（86.1）	太平人寿（86.6）	人保健康（89.0）	北大方正人寿（95.3）
5	太平人寿（93.9）	人保健康（82.2）	中英人寿（84.5）	财信吉祥人寿（85.0）	阳光人寿（100.0）	英大人寿（90.3）	新华人寿（81.6）	中意人寿（86.5）	新华养老（87.8）	工银安盛（94.5）
6	太保寿险（93.6）	太平人寿（81.0）	财信吉祥人寿（84.4）	工银安盛（84.3）	君龙人寿（100.0）	农银人寿（90.0）	友邦人寿（73.0）	安联人寿（85.2）	工银安盛（86.2）	复星保德信（92.6）
7	中意人寿（93.1）	中意人寿（80.5）	国宝人寿（83.9）	弘康人寿（84.1）	幸福人寿（100.0）	太平人寿（88.6）	阳光人寿（70.4）	阳光人寿（84.6）	平安养老（86.0）	国富人寿（86.9）
8	阳光人寿（91.2）	爱心人寿（79.3）	长生人寿（83.1）	国富人寿（82.0）	人保寿险（100.0）	招商仁和（88.5）	平安养老（66.6）	弘康人寿（83.9）	交银人寿（85.3）	陆家嘴国泰（84.5）
9	安联人寿（90.7）	阳光人寿（78.7）	中荷人寿（83.0）	利安人寿（82.0）	同方全球人寿（100.0）	交银人寿（88.2）	人保健康（66.1）	新华人寿（83.7）	爱心人寿（85.2）	财信吉祥人寿（83.0）
10	新华人寿（89.7）	新华人寿（77.9）	国富人寿（82.9）	太平养老（81.3）	中华人寿（100.0）	中意人寿（88.2）	泰康人寿（65.8）	人保健康（82.9）	北京人寿（84.9）	中银三星（80.6）

有所上升。

表 3－5　　盈利能力排名前十的公司的模糊聚类等价分析矩阵

	平安人寿	友邦人寿	中意人寿	工银安盛	中国人寿	陆家嘴国泰	交银人寿	太保寿险	安联人寿	中美联泰
平安人寿	1.00	0.44	0.43	0.42	0.42	0.41	0.39	0.38	0.37	0.37
友邦人寿	0.44	1.00	0.97	0.94	0.95	0.94	0.83	0.69	0.90	0.90
中意人寿	0.43	0.97	1.00	0.94	0.95	0.94	0.83	0.69	0.89	0.90
工银安盛	0.42	0.94	0.94	1.00	0.96	0.98	0.83	0.69	0.89	0.89
中国人寿	0.42	0.95	0.95	0.96	1.00	0.96	0.84	0.69	0.90	0.90
陆家嘴国泰	0.41	0.94	0.94	0.98	0.96	1.00	0.83	0.69	0.89	0.89
交银人寿	0.39	0.83	0.83	0.83	0.84	0.83	1.00	0.76	0.89	0.89
太保寿险	0.38	0.69	0.69	0.69	0.69	0.69	0.76	1.00	0.70	0.69
安联人寿	0.37	0.90	0.89	0.89	0.90	0.89	0.89	0.70	1.00	0.98
中美联泰	0.37	0.90	0.90	0.89	0.90	0.89	0.89	0.69	0.98	1.00

盈利能力指标表现相似程度较高的是安联人寿和中美联泰，相似度达到98%；中意人寿、友邦人寿的相似度为97%。这几家都属于很高的相似度水平。此外，工银安盛、中意人寿、友邦人寿、中国人寿之间的相似度也达到95%左右，说明这几家公司的盈利能力和模式具有较高的相似性和对标性。

比较有特点的公司是平安人寿，它与其余9家排名进入前十的人身险公司的相似度介于37%—44%，位于矩阵中的最低分数段，说明该公司与其他9家人身险公司的盈利能力对标性相对较弱。这是一个值得进一步关注和研究的现象。

从表3－5的数据来看，各家人身险公司的盈利能力和模式的相似度差别较大，可比性相对较低，这也从另一个方面说明中国人身险公司的盈利能力和水平仍需进一步提高。在国际经济危机和国内经济结构调整的过程中，中国人身险企业如何提升自身的盈利能力，在市场中发现和挖掘盈利模式，仍然是中国人身险业面临的一个严峻的问题。

二、2023年人身险公司资本管理能力排名与分析

数据预处理后，我们根据65家人身险公司的15个二级指标数据，得到一个65×15数据矩阵；根据主成分分析法，选取了7个成分，方差贡献解释率为86.61%，每个主成分都是这15个二级指标的线性组合（见表3－6）。

表 3 - 6　　人身险公司资本管理能力排名与得分

公司名称	排名	得分（百分制）
中国人寿	1	100.0
太平人寿	2	97.0
平安人寿	3	93.4
信美人寿	4	93.4
爱心人寿	5	88.7
德华安顾	6	88.0
国联人寿	7	85.6
和泰人寿	8	80.3
利安人寿	9	79.2
中银三星	10	78.9
弘康人寿	11	75.9
友邦人寿	12	75.5
英大人寿	13	75.0
光大永明	14	73.5
招商信诺	15	72.8
人保寿险	16	72.2
幸福人寿	17	70.7
中邮人寿	18	70.7
中意人寿	19	70.5
太保寿险	20	70.5
工银安盛	21	70.2
长城人寿	22	70.1
华贵人寿	23	69.8
复星保德信	24	69.6
人保健康	25	69.1
交银人寿	26	69.0
建信人寿	27	68.8
中宏人寿	28	68.8
国宝人寿	29	68.2
财信吉祥人寿	30	68.1
招商仁和	31	67.9
中荷人寿	32	67.8
中信保诚人寿	33	67.3
陆家嘴国泰	34	67.0
新华人寿	35	67.0
农银人寿	36	66.4
汇丰人寿	37	66.3
北京人寿	38	65.9
中华人寿	39	65.3
中英人寿	40	64.9
国华人寿	41	64.3
安联人寿	42	64.1
泰康养老	43	63.7
国富人寿	44	63.7
长生人寿	45	63.4
北大方正人寿	46	62.9
华泰人寿	47	62.7
民生人寿	48	62.4
君龙人寿	49	62.1
复星联合健康	50	62.0
平安养老	51	61.6
瑞泰人寿	52	60.4
中美联泰	53	58.5
平安健康	54	58.5
阳光人寿	55	58.3
东吴人寿	56	57.5
同方全球人寿	57	55.5
海保人寿	58	54.5
中韩人寿	59	53.0
渤海人寿	60	52.8
三峡人寿	61	49.9
太平养老	62	49.7
泰康人寿	63	46.3
太保安联健康	64	45.9
新华养老	65	40.0

由表3－6可以看出，2023年中国人身险市场上资本管理能力排名前三的保险公司依次是中国人寿、太平人寿、平安人寿。在百分制基准下，它们的得分分别为100分、97.0分和93.4分。

在参评的65家人身险公司中，资本管理能力得分最高的是中国人寿（100分），得分最低的是新华养老（40.0分），平均得分为67.7分，得分高于平均分的人身险公司共有32家，占比约为49.2%，说明分值分布比较均匀。得分在90分以上的人身险公司有4家，得分在80—90分的人身险公司有4家，得分在70—80分的人身险公司有14家，得分在60—70分的人身险公司有30家，60分以下的人身险公司有13家。

图3－3显示了资本管理能力排名前十的人身险公司得分情况，它们依次是中国人寿、太平人寿、平安人寿、信美人寿、爱心人寿、德华安顾、国联人寿、和泰人寿、利安人寿、中银三星。

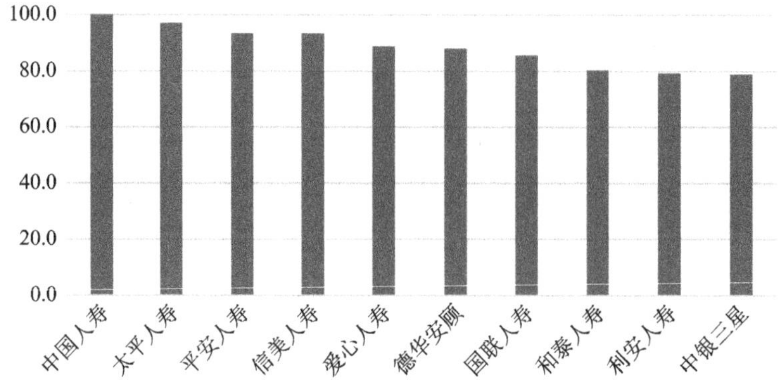

图3－3 资本管理能力排名前十的人身险公司得分情况

其中，第一名中国人寿的得分为100分；第二名太平人寿的得分为97.0；第三名平安人寿的得分为93.4分，第四名信美人寿的得分为93.4分。资本管理能力排名前四的优势比较明显，第五名（爱心人寿，88.7分）至第十名（中银三星，78.9分）分差并不显著。

（一）资本管理能力排名前十的人身险公司各项二级指标的排名与得分

表3－7列明了资本管理能力排名前十的人身险公司的情况，即这些人身险公司在资本管理能力15项二级指标中的具体排名与得分。

中国人寿的资本管理能力位列第1名（100分），主要得益于其在资本管理系数（第1名，100分）、准备金保费比率（第1名，100分）方面的优异表现。该公司在资本运用率（第61名）、所有者权益（第49名）、资本利用率（第53名）方面还有很大的发展空间。

表 3－7　　资本管理能力排名前十的人身险公司各项二级指标的排名与得分

公司名称	资本管理系数		认可资产负债率		资产认可率		资本利用率		资金成本率		认可资产增长率		所有者权益		准备金保费比率		资产杠杆系数		资本运用率		资本回报率		风险调整资本利润率		风险调整资本回报率		资本管理绩效增长率		可运用资金收益率	
	排名	得分	排名	得分	排名	得分	排名	得分	排名	得分	排名	得分	排名	得分	排名	得分	排名	得分	排名	得分	排名	得分	排名	得分	排名	得分	排名	得分	排名	得分
中国人寿	1	100	43	69.2	27	42.9	53	42.1	39	68.4	18	75.4	49	46.7	1	100.0	19	92.4	61	41.1	58	98.3	14	54.5	14	99.8	45	43.8	39	68.4
太平人寿	1	100	65	40.0	2	72.6	56	41.0	58	47.4	19	75.1	1	100.0	6	77.7	30	86.7	64	40.4	2	99.3	7	55.1	2	100.0	35	44.3	58	47.4
平安人寿	1	100	50	65.6	52	42.8	58	40.9	24	78.5	28	67.7	58	45.4	2	100.0	28	87.7	65	40.0	1	100.0	33	54.3	4	100.0	37	44.2	24	78.5
信美人寿	1	100	5	80.5	22	42.9	8	53.5	2	99.8	26	69.7	3	58.7	54	40.5	56	40.0	46	45.4	54	98.4	29	54.3	33	99.6	8	53.5	2	99.8
爱心人寿	1	100	2	82.8	5	43.2	3	67.1	19	81.4	49	58.3	2	59.2	62	40.2	56	40.0	29	55.8	38	98.7	32	54.3	10	99.9	4	66.0	19	81.4
德华安顾	1	100	6	79.9	57	42.8	1	100.0	3	98.1	54	56.7	16	51.1	65	40.0	56	40.0	4	97.3	19	98.9	58	50.8	62	98.8	1	100.0	3	98.1
国联人寿	1	100	42	69.2	58	42.8	2	94.8	11	90.0	15	79.7	24	50.2	64	40.1	56	40.0	32	52.9	49	98.5	46	53.7	37	99.6	2	81.4	11	90.0
和泰人寿	1	100	12	77.6	9	43.0	10	51.1	1	100.0	45	60.9	19	50.7	63	40.2	56	40.0	22	58.9	33	98.8	61	50.2	50	99.5	9	52.2	1	100.0
利安人寿	1	100	20	74.9	8	43.0	7	53.6	10	90.0	24	71.1	27	49.7	43	41.3	56	40.0	34	51.7	45	98.6	23	54.3	47	99.5	7	53.6	10	90.0
中银三星	1	100	26	73.3	6	43.1	9	53.4	29	76.4	6	98.6	9	52.8	42	41.5	56	40.0	51	43.5	57	98.3	21	54.3	25	99.7	10	50.1	29	76.4

太平人寿的资本管理能力列第2名（97.0分），主要是因为该公司在资本管理系数（第1名，100分）、资产认可率（第2名，72.6分）、所有者权益（第1名，100分）、准备金保费比率（第6名，77.7分）、风险调整资本利润率（第7名，55.1分）方面的优异表现。该公司在认可资产负债率（第65名）、资金成本率（第58名）、资本运用率（第64名）方面还有很大的发展空间。

平安人寿的资本管理能力列第3名（93.4分），主要得益于其在资本管理系数（第1名，100分）、准备金保费比率（第2名，100分）、资本回报率（第1名，100分）方面的优异表现。该公司在资本利用率（第58名）、所有者权益（第58名）、资本运用率（第65名）方面还有很大发展空间。

整体来看，资本管理能力排名前十的公司在资本管理系数、认可资产负债率、资金成本率、认可资产增长率、资本运用率指标上的表现都比较优秀，大部分指标处于65家人身险公司的中上游水平。

在所有者权益、准备金保费比率、资产杠杆系数、风险调整资本利润率指标中，除个别公司以外，这10家公司排名普遍靠后，得分也普遍偏低。这10家人身险公司在这些指标方面仍有待提高。

（二）资本管理能力下各项二级指标排名与得分前十的人身险公司情况

表3-8列出了资本管理能力下各项二级指标排名前十的人身险公司及其得分情况。

资本管理能力各项二级指标排名前十的人身险公司在资本管理系数和资产杠杆系数指标上的表现几乎没有明显差别，得分均为满分100分。参与评估的65家人身险公司中，资本管理系数指标得分为100分的人身险公司有60家，分别为中国人寿、太保寿险、平安人寿、泰康人寿、太平人寿、新华人寿、泰康人寿、太平人寿等。资本管理系数的计算是基于公司偿付能力充足率，这60家公司的资本管理系数得到100分，说明这些公司在资本管理上既满足了偿付能力充足率的要求，也充分利用了公司的资本，没有对公司的资本资源造成浪费。资产杠杆系数指标得分为100分的人身险公司有12家，分别为民生人寿、平安养老、太平养老、东吴人寿、财信吉祥人寿、三峡人寿、海保人寿、国宝人寿、中英人寿、陆家嘴国泰、君龙人寿、中韩人寿。

资本管理系数和资产杠杆系数指标反映了公司财务状况的稳定性。上述结果表明，人身险公司在这两项指标上的差别并不明显，没有能力和水平上的差距。

风险调整资本回报率反映的是基于最低资本的公司收益情况，排名第一到第十的公司得分介于99.9—100，基本没有什么差距。

表 3－8 资本管理能力下各项二级指标排名前十的人身险公司及其得分

二级指标 / 排名	资本管理系数	认可资产负债率	资产认可率	资本利用率	资金成本率	认可资产增长率	准备金保费比率	所有者权益	资产杠杆系数	资本运用率	资本回报率	风险调整资本利润率	风险调整资本回报率	资本管理绩效增长率	可运用资金收益率
	公司名称（得分）	公司名称（得分）	公司名称（得分）	公司名称（得分）	公司名称（得分）	公司名称（得分）	公司名称（得分）	公司名称（得分）	公司名称（得分）	公司名称（得分）	公司名称（得分）	公司名称（得分）	公司名称（得分）	公司名称（得分）	公司名称（得分）
1	中国人寿 (100.0)	太平养老 (100.0)	友邦人寿 (100.0)	德华安顾 (100.0)	和泰人寿 (100.0)	招商信诺 (100.0)	太平人寿 (100.0)	中国人寿 (100.0)	民生人寿 (100.0)	平安养老 (100.0)	平安人寿 (100.0)	新华养老 (100.0)	新华人寿 (100.0)	德华安顾 (100.0)	和泰人寿 (100.0)
2	太保寿险 (100.0)	爱心人寿 (82.8)	太平人寿 (72.6)	国联人寿 (94.8)	信美人寿 (99.8)	弘康人寿 (100.0)	爱心人寿 (59.2)	平安人寿 (100.0)	平安养老 (100.0)	新华养老 (100.0)	太平人寿 (99.3)	平安养老 (56.4)	太平人寿 (100.0)	国联人寿 (81.4)	信美人寿 (99.8)
3	平安人寿 (100.0)	华贵人寿 (82.4)	华贵人寿 (43.6)	爱心人寿 (67.1)	德华安顾 (98.1)	友邦人寿 (99.9)	信美人寿 (58.7)	太保寿险 (93.8)	太平养老 (100.0)	太平养老 (99.9)	新华人寿 (99.2)	安联人寿 (55.4)	太保寿险 (100.0)	弘康人寿 (67.9)	弘康人寿 (67.9)
4	新华人寿 (100.0)	弘康人寿 (81.0)	太保健康 (43.5)	弘康人寿 (57.4)	国宝人寿 (96.8)	中宏人寿 (99.7)	国宝人寿 (55.5)	新华人寿 (87.7)	东吴人寿 (100.0)	德华安顾 (97.3)	太保寿险 (99.2)	中意人寿 (55.3)	平安人寿 (100)	爱心人寿 (66.0)	国宝人寿 (96.8)
5	泰康人寿 (100.0)	信美人寿 (80.5)	爱心人寿 (43.2)	英大人寿 (55.9)	财信吉祥 (95.5)	中信保诚 (98.9)	君龙人寿 (54.4)	泰康人寿 (86.8)	财信吉祥 (100.0)	太保健康 (97.0)	太保健康 (99.1)	人保健康 (55.2)	友邦人寿 (100)	英大人寿 (56.8)	财信吉祥 (95.5)
6	太平人寿 (100.0)	德华安顾 (79.9)	中银三星 (43.1)	中邮人寿 (55.6)	平安养老 (95.2)	中银三星 (98.6)	华贵人寿 (54.3)	太平人寿 (77.7)	三峡人寿 (100.0)	阳光人寿 (95.2)	新华养老 (99.1)	太保寿险 (55.2)	中英人寿 (100.0)	中邮人寿 (54.8)	平安养老 (95.2)
7	建信人寿 (100.0)	渤海人寿 (79.1)	渤海人寿 (43.1)	利安人寿 (53.6)	复星保德信 (93.3)	中美联泰 (86.4)	汇丰人寿 (53.5)	人保寿险 (58.4)	海保人寿 (100.0)	三峡人寿 (93.8)	三峡人寿 (99.0)	太平人寿 (55.1)	招商信诺 (100.0)	利安人寿 (53.6)	复星保德信 (93.3)
8	光大永明 (100.0)	安联人寿 (78.8)	利安人寿 (43.0)	信美人寿 (53.5)	国富人寿 (92.5)	平安健康 (86.4)	同方全球 (52.8)	阳光人寿 (58.1)	国宝人寿 (100.0)	中韩人寿 (91.5)	中韩人寿 (99.0)	新华人寿 (54.9)	瑞泰人寿 (100.0)	信美人寿 (53.5)	国富人寿 (92.5)
9	民生人寿 (100.0)	英大人寿 (78.6)	和泰人寿 (43.0)	中银三星 (53.4)	陆家嘴国泰 (91.3)	中意人寿 (86.1)	中银三星 (52.8)	国华人寿 (53.2)	中英人寿 (100.0)	君龙人寿 (86.7)	平安养老 (99.0)	中美联泰 (54.8)	太保健康 (99.9)	和泰人寿 (52.2)	陆家嘴国泰 (91.3)
10	平安养老 (100.0)	华泰人寿 (78.2)	英大人寿 (43.0)	和泰人寿 (51.1)	利安人寿 (90.0)	中英人寿 (83.3)	长城人寿 (52.7)	平安养老 (52.8)	陆家嘴国泰 (100.0)	海保人寿 (84.6)	君龙人寿 (99.0)	平安健康 (54.8)	爱心人寿 (99.9)	中银三星 (50.1)	利安人寿 (90.0)

在所有者权益指标中，第1名分别为中国人寿（100分）、平安人寿（100分），第3至第10名的得分介于52.8—93.8，说明它们在所有者权益方面差距明显。

（三）资本管理能力的模糊聚类等价分析

聚类分析是数理统计中的一种多元分析方法，它是用数学方法定量地确定研究对象的亲疏关系，从而客观地划分类型和度量研究对象之间的相似程度。事物之间的界限，有些是确切的，有些则是模糊的。当聚类涉及事物之间的模糊界限时，需运用模糊聚类分析法。

本书试图根据保险公司在这些指标上的指标得分，运用模糊聚类法分析各公司之间的相似程度，为各公司之间的盈利能力比较提供一个新的方法和视角。同时它体现的是一种“物以类聚、人以群分”的观念，实现的是对于公司资本管理能力结构的相似性分析，得分高低并不意味着资本管理能力的水平高低。

由表3－9可以看出，处于主对角线上的值都取1。显然各家人身险公司和自己的相似与贴近程度为100%。

表3－9　资本管理能力排名前十的公司的模糊聚类等价分析矩阵

	中国人寿	太平人寿	平安人寿	信美人寿	爱心人寿	德华安顾	国联人寿	和泰人寿	利安人寿	中银三星
中国人寿	1.00	0.75	0.71	0.68	0.67	0.66	0.64	0.62	0.62	0.62
太平人寿	0.75	1.00	0.93	0.90	0.93	0.90	0.84	0.85	0.85	0.85
平安人寿	0.71	0.93	1.00	0.94	0.94	0.94	0.85	0.88	0.88	0.88
信美人寿	0.68	0.90	0.94	1.00	0.92	0.98	0.87	0.90	0.90	0.90
爱心人寿	0.67	0.93	0.94	0.92	1.00	0.93	0.86	0.89	0.89	0.89
德华安顾	0.66	0.90	0.94	0.98	0.93	1.00	0.87	0.90	0.90	0.90
国联人寿	0.64	0.84	0.85	0.87	0.86	0.87	1.00	0.91	0.92	0.92
和泰人寿	0.62	0.85	0.88	0.90	0.89	0.90	0.91	1.00	0.99	0.99
利安人寿	0.62	0.85	0.88	0.90	0.89	0.90	0.92	0.99	1.00	0.99
中银三星	0.62	0.85	0.88	0.90	0.89	0.90	0.92	0.99	0.99	1.00

从该等价矩阵可以看出，各家人身险公司之间的相似程度都较高，最高能达到0.99、最低为0.62。

值得关注的是，在资本管理能力方面居第1名的中国人寿与排名前十中其余9家人身险公司的相似程度均不高，介于0.62—0.75，可见中国人寿与其他人身险公司之间的对标性一般。

整体来看，除中国人寿之外，资本管理能力排名前十的其余9家人身险公司之间的近似性与对标性都较高。其中，资本管理能力方面对标性最强的是中银三星、利安人寿、和泰人寿三者之间，相似度高达99%。

三、2023 年人身险公司经营能力排名与分析

数据预处理后，我们根据 65 家人身险公司的 12 个二级指标数据，得到一个 65 × 12 数据矩阵；根据主成分分析法，选取了 7 个主成分，方差贡献解释率为 86.89%，每个主成分都是这 12 个二级指标的线性组合（见表 3 - 10）。

表 3 - 10　　人身险公司经营能力排名与得分

公司名称	排名	得分（百分制）	公司名称	排名	得分（百分制）
中国人寿	1	100.0	英大人寿	34	74.5
平安人寿	2	91.4	信美人寿	35	74.2
中银三星	3	90.9	国富人寿	36	73.7
人保健康	4	86.8	利安人寿	37	73.6
友邦人寿	5	86.6	农银人寿	38	73.2
太保寿险	6	86.6	招商仁和	39	72.3
中邮人寿	7	86.2	平安养老	40	72.1
泰康养老	8	85.6	爱心人寿	41	71.8
交银人寿	9	84.3	中美联泰	42	71.8
人保寿险	10	83.0	平安健康	43	71.8
华贵人寿	11	82.7	工银安盛	44	71.5
国联人寿	12	82.3	幸福人寿	45	71.3
北京人寿	13	81.6	民生人寿	46	70.3
复星保德信	14	81.4	汇丰人寿	47	70.2
中韩人寿	15	80.6	复星联合健康	48	68.6
中荷人寿	16	80.6	同方全球人寿	49	66.5
弘康人寿	17	79.8	建信人寿	50	66.4
中宏人寿	18	79.4	中信保诚人寿	51	66.3
财信吉祥人寿	19	78.4	华泰人寿	52	65.5
中英人寿	20	78.3	和泰人寿	53	65.3
长城人寿	21	78.3	安联人寿	54	65.1
太平养老	22	78.1	三峡人寿	55	62.2
招商信诺	23	77.5	瑞泰人寿	56	61.4
中意人寿	24	77.4	泰康人寿	57	60.9
太保健康	25	77.1	中华人寿	58	60.4
太平人寿	26	76.6	德华安顾	59	58.8
国宝人寿	27	76.5	国华人寿	60	58.5
光大永明	28	76.2	长生人寿	61	54.2
北大方正人寿	29	75.8	渤海人寿	62	51.1
陆家嘴国泰	30	75.6	海保人寿	63	50.6
东吴人寿	31	74.9	阳光人寿	64	45.9
新华人寿	32	74.6	新华养老	65	40.0
君龙人寿	33	74.5			

由表3-10可以看出，2023年中国人身险市场上经营能力排名前三的保险公司依次是中国人寿、平安人寿和中银三星。在百分制基准下，它们的得分分别为100分、91.4分和90.9分。

在参评的65家人身险公司中，经营能力得分最高的是中国人寿（100分），得分最低的是新华养老（40.0分），平均得分为73.2分，得分高于平均分的人身险公司有38家，占比58.5%。得分在80分以上的人身险公司有16家，得分在70—80分的人身险公司有31家，得分在60—70分的人身险公司有11家，得分在60分以下的人身险公司有7家。

图3-4显示了经营能力排名前十的人身险公司得分情况，它们依次是中国人寿、平安人寿、中银三星、人保健康、友邦人寿、太保寿险、中邮人寿、泰康养老、交银人寿、人保寿险。

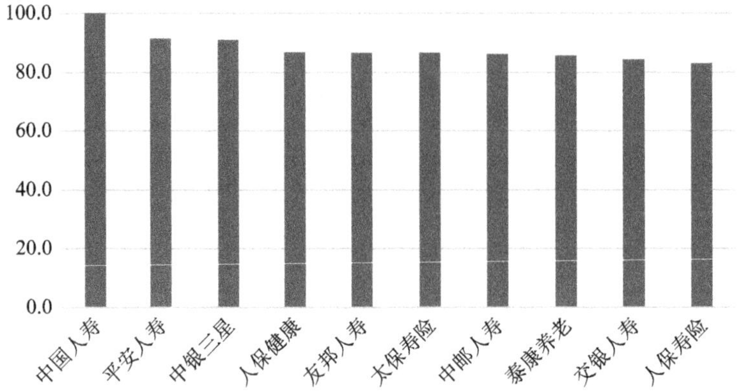

图3-4　经营能力排名前十的人身险公司得分情况

由图3-4可以看出，中国人寿的经营能力列第1名（100分），并且优势明显。经营能力排名前十的人身险公司除中银三星、友邦人寿、交银人寿外，均为中资保险公司。总体来看，中资人身险公司的经营能力占有一定的优势。

（一）经营能力排名前十的人身险公司各项二级指标的排名与得分

经营能力是反映保险公司竞争力的一项重要指标，表3-11具体分析了经营能力排名前十的人身险公司各项二级指标的情况，给出了在经营能力体系下的12个二级指标的排名与得分。逆向评价指标已逆向化处理。

中国人寿在经营能力方面居第1名，主要原因在于其在部分二级指标表现优异。其中，报告期营业收入指标居第1名，险种集中度系数指标中居第2名。但是，中国人寿在总资产周转率（第49名，53.8分）、净资产周转率（第49名，

表 3-11 经营能力排名前十的人身险公司各项二级指标的排名与得分

公司名称	净资产周转率		总资产周转率		综合费用率		综合赔付率		综合费用率的增长率		险种集中度系数		退保率		报告期营业收入		保险业务收入增长率		净利润赔付支出覆盖率		保费收入费用增长比		万人次投诉量	
	排名	得分	排名	得分	排名	得分	排名	得分	排名	得分	排名	得分	排名	得分	排名	得分	排名	得分	排名	得分	排名	得分	排名	得分
中国人寿	49	61.2	49	53.8	21	88.1	44	61.2	43	68.4	2	100.0	21	96.6	1	100.0	42	62.9	15	40.8	32	76.9	21	98.6
平安人寿	57	57.7	60	43.3	3	94.9	62	43.9	15	78.6	19	94.2	2	100.0	2	99.6	51	57.0	4	41.3	57	70.7	43	86.6
中银三星	3	98.1	4	96.2	13	89.0	41	63.3	23	74.8	64	41.2	19	96.6	19	49.0	10	91.0	32	40.8	12	81.4	1	100.0
人保健康	12	77.3	2	99.3	27	87.7	30	68.2	36	70.3	31	89.0	11	97.5	11	54.4	35	67.5	13	40.9	17	79.1	23	98.6
友邦人寿	28	67.3	32	73.9	43	85.1	26	70.4	39	69.8	12	96.7	10	97.9	8	62.7	26	74.6	10	40.9	24	77.8	32	95.8
太保寿险	54	58.8	61	42.4	6	93.2	60	46.1	24	74.8	1	100.0	1	100.0	3	81.2	50	57.3	5	41.1	56	71.4	22	98.6
中邮人寿	7	87.9	21	81.4	29	87.4	48	59.2	53	63.4	59	48.9	28	94.9	5	78.7	22	75.5	51	40.6	31	77.0	31	95.8
泰康养老	17	72.6	9	90.5	15	88.8	52	57.5	12	81.0	27	90.4	14	97.4	16	49.5	27	74.5	44	40.7	4	89.9	1	100.0
交银人寿	23	70.8	31	74.1	10	90.4	54	55.3	48	67.3	8	97.1	29	94.8	20	48.9	24	74.9	31	40.8	16	79.4	1	100.0
人保寿险	27	68.7	40	65.7	26	87.8	15	79.5	41	69.5	23	92.8	55	83.3	4	78.9	37	66.2	34	40.8	18	78.4	33	94.3

61.2分）、综合赔付率（第44名，61.2分）指标上的表现较差，有待加强。

净资产周转率和总资产周转率是考察企业资产运营效率的重要指标，能够反映企业对其全部资产的管理质量及利用效率。中国人寿、平安人寿、太保寿险的净资产周转率分别居第49名、第57名、第54名，排名都不高。这三家公司在总资产周转率方面的排名也不高，太保寿险在总资产周转率指标中仅居第61名，处于下游水平。在经营能力排名前十的人身险公司中，中银三星（第3名，98.1分）、中邮人寿（第7名，87.9分）在净资产周转率指标的排名进入前十，一定程度上说明这些公司需要提升它们的资产经营效率。

从整体上看，经营能力排名前十的人身险公司在综合费用率、综合费用率的增长率、险种集中度系数、报告期营业收入、万人次投诉量和净利润赔付支出覆盖率等指标上的表现都较为良好。除个别公司外，几乎都处于参评的65家人身险公司的中上游水平，部分公司还进入了前十。说明这10家公司在业务拓展方面的表现都较为不错，从而取得了经营能力总体评价的高分。

但也应该看到，这10家公司在总资产周转率、净资产周转率、综合赔付率3项指标上表现平平，相当一部分人身险公司处于中下游水平。特别是综合赔付率和总资产周转率指标，有4家公司处于参评的65家人身险公司的后十名。以上指标的表现从一定程度上说明这些公司的经营能力在某些方面（如产品结构、保单服务、费用管控等）仍存在短板。中国人身险公司可以有针对性地加以改进，以进一步提高其综合经营能力。

（二）经营能力下各项二级指标排名与得分前十的人身险公司情况

表3－12反映了经营能力下各项二级指标排名前十的人身险公司及其得分情况，从中可以对人身险公司经营能力的整体表现有一个基本的了解。其中的逆向指标已经过逆向化处理。

由表3－12可以看出，各家人身险公司在经营能力各项二级指标上的表现存在一定差距。净资产周转率和总资产周转率反映了公司资产的管理质量和利用效率，在这两项指标下，国联人寿、汇丰人寿、中银三星表现优异，均入围了前十。

经营能力排名前十的人身险公司之间，综合费用率、综合赔付率、险种集中度系数、退保率、保险业务收入增长率、万人次投诉量等指标的取值差距较小，这几项指标上第1名与第10名的分差均在15分以内。

险种集中度系数反映了公司保费收入来源的产品险种的集中程度，能够反映公司产品开发及市场拓展的能力。由于此项指标已经过逆向化处理，因此指标得

表 3-12　　经营能力下各项二级指标排名与得分前十的人身险公司

二级指标 / 排名	净资产周转率	总资产周转率	综合费用率	综合赔付率	综合费用率的增长率	险种集中度系数	退保率	报告期营业收入	保险业务收入增长率	净利润赔付支出覆盖率	保费收入费用增长比	万人次投诉量
	公司名称（得分）	公司名称（得分）	公司名称（得分）	公司名称（得分）	公司名称（得分）	公司名称（得分）	公司名称（得分）	公司名称（得分）	公司名称（得分）	公司名称（得分）	公司名称（得分）	公司名称（得分）
1	国联人寿（100.0）	国联人寿（100.0）	渤海人寿（100.0）	海保人寿（100.0）	渤海人寿（100.0）	太保寿险（100.0）	太保寿险（100.0）	中国人寿（100.0）	复星保德信（100.0）	新华养老（100.0）	复星联合健康（100.0）	平安养老（100.0）
2	弘康人寿（99.8）	人保健康（99.3）	太保健康（96.1）	爱心人寿（99.8）	太保健康（96.9）	中国人寿（100.0）	平安人寿（100.0）	平安人寿（99.6）	中韩人寿（99.3）	海保人寿（43.3）	弘康人寿（95.0）	泰康养老（100.0）
3	中银三星（98.1）	君龙人寿（99.3）	平安人寿（94.9）	长生人寿（98.6）	和泰人寿（89.4）	中英人寿（99.7）	新华人寿（100.0）	太保寿险（81.2）	国宝人寿（99.0）	阳光人寿（41.4）	北大方正（90.0）	财信吉祥（100.0）
4	英大人寿（94.3）	中银三星（96.2）	阳光人寿（93.9）	利安人寿（98.1）	国宝人寿（89.1）	太平养老（99.2）	太平人寿（100.0）	人保寿险（78.9）	太保健康（99.0）	平安人寿（41.3）	泰康养老（89.9）	国联人寿（100.0）
5	华贵人寿（91.1）	汇丰人寿（94.1）	太平人寿（93.7）	信美人寿（97.2）	海保人寿（88.9）	民生人寿（99.1）	平安养老（100.0）	中邮人寿（78.7）	中宏人寿（96.9）	太保寿险（41.1）	信美人寿（87.0）	新华养老（100.0）
6	利安人寿（89.6）	中韩人寿（93.2）	太保寿险（93.2）	国华人寿（94.6）	中华人寿（88.2）	光大永明（98.3）	太平养老（100.0）	太平人寿（65.9）	君龙人寿（96.0）	太平人寿（41.0）	国华人寿（83.9）	信美人寿（100.0）
7	中邮人寿（87.9）	陆家嘴国泰（91.5）	新华人寿（92.1）	君龙人寿（93.8）	汇丰人寿（86.0）	复星保德信（98.0）	太保健康（100.0）	新华人寿（63.7）	陆家嘴国泰（95.8）	爱心人寿（41.0）	北京人寿（83.3）	华贵人寿（100.0）
8	汇丰人寿（85.5）	北京人寿（91.0）	泰康人寿（91.6）	德华安顾（92.7）	招商仁和（84.9）	交银人寿（97.1）	新华养老（100.0）	友邦人寿（62.7）	长城人寿（95.7）	新华人寿（41.0）	招商信诺（82.8）	三峡人寿（100.0）
9	爱心人寿（84.5）	泰康养老（90.5）	平安养老（91.1）	阳光人寿（89.3）	德华安顾（83.1）	平安养老（97.0）	泰康人寿（99.3）	国华人寿（56.4）	弘康人寿（91.5）	平安养老（41.0）	国宝人寿（82.7）	北京人寿（100.0）
10	北大方正（82.9）	中宏人寿（90.3）	交银人寿（90.4）	泰康人寿（88.2）	幸福人寿（82.4）	新华人寿（96.8）	友邦人寿（97.9）	工银安盛（55.8）	中银三星（91.0）	友邦人寿（40.9）	太平人寿（82.4）	海保人寿（100.0）

分越高，表明公司的保费收入越分散，公司应对风险的能力就越高。此项指标排名前三的人身险公司分别为太保寿险（100分）、中国人寿（100分）、中英人寿（99.7分）。

退保率指标能够较为全面地反映公司的经营能力和应对退保的风险准备能力。此指标已经过逆向化处理，该指标得分越高的保险公司退保率越低，说明公司的风险管理能力较强并且业务经营较为稳定。此项指标排名前三的人身险公司分别为太保寿险（100分）、平安人寿（100分）、新华人寿（100分）。

综合赔付率与人身险公司的产品特点和服务管理水平相关。指标已经过逆向化处理，指标排名越高，说明公司赔付率水平越低。该指标列前三的人身险公司分别为海保人寿（100分）、爱心人寿（99.8分）、长生人寿（98.6分）。

此外，报告期营业收入指标排名前十的人身险公司得分差距较大。报告期营业收入前三的人身险公司分别为中国人寿（100分）、平安人寿（99.6分）、太保寿险（81.2分），第十名工银安盛，得分55.8分。

（三）经营能力的模糊聚类等价分析

本部分根据人身险公司在经营能力指标上的得分，运用模糊聚类法分析各家人身险公司之间的相似程度，为各家人身险公司的盈利能力比较提供一个新的方法和视角。同时它体现的是一种“物以类聚、人以群分”的观念，是对于公司经营能力结构的相似性分析。矩阵中取值评价的是公司之间经营能力结构的相似性，是对保险公司经营能力的一种分类，是满足自反性、对称性和传递性的等价分类。

由表3-13可以看出，处于主对角线上的值均为1。显然各家人身险公司和自己的相似与贴近程度为100%。在此模糊聚类等价矩阵中，各项得分相差较大，相似度最高为0.99，最低为0.65，表明各家人身险公司经营能力的对标性差别很大。

表3-13　经营能力排名前十的公司的模糊聚类等价分析矩阵

	中国人寿	平安人寿	中银三星	人保健康	友邦人寿	太保寿险	中邮人寿	泰康养老	交银人寿	人保寿险
中国人寿	1.00	0.75	0.73	0.71	0.70	0.69	0.66	0.65	0.65	0.65
平安人寿	0.75	1.00	0.97	0.95	0.93	0.96	0.83	0.88	0.88	0.88
中银三星	0.73	0.97	1.00	0.97	0.93	0.97	0.84	0.88	0.88	0.88
人保健康	0.71	0.95	0.97	1.00	0.92	0.97	0.86	0.90	0.90	0.90

续表

	中国人寿	平安人寿	中银三星	人保健康	友邦人寿	太保寿险	中邮人寿	泰康养老	交银人寿	人保寿险
友邦人寿	0.70	0.93	0.93	0.92	1.00	0.93	0.87	0.91	0.90	0.90
太保寿险	0.69	0.96	0.97	0.97	0.93	1.00	0.85	0.89	0.89	0.89
中邮人寿	0.66	0.83	0.84	0.86	0.87	0.85	1.00	0.90	0.91	0.91
泰康养老	0.65	0.88	0.88	0.90	0.91	0.89	0.90	1.00	0.99	0.99
交银人寿	0.65	0.88	0.88	0.90	0.90	0.89	0.91	0.99	1.00	0.99
人保寿险	0.65	0.88	0.88	0.90	0.90	0.89	0.91	0.99	0.99	1.00

中国人寿与其他9家排名前十的人身险公司之间的相似度得分为0.75—0.65，处于矩阵中较低的分值范围，说明该公司的经营能力和经营模式与其他9家公司不具有可比性，具有进一步分析讨论的价值。

在此矩阵中，相似度最高两组的是人保寿险与交银人寿、泰康养老之间的0.99分；以及太保寿险与中银三星、人保健康之间的0.97分；太保寿险与平安人寿之间的0.96分，说明这几家公司之间在经营能力的模式和思路方面具有很高的可比性。

整体而言，经营能力排名前十的人身险公司，除中国人寿之外，其余9家人身险公司之间的近似性与对标性均较高。表明经营能力排名前十的公司之间的可比性很强，经营能力和水平也较为相似。

四、2023年人身险公司风险管理能力排名与分析

数据预处理后，我们根据65家人身险公司的11个二级指标数据，得到一个65×11数据矩阵；根据主成分分析法，选取了7个主成分，方差贡献解释率为87.69%，每个主成分都是这11个二级指标的线性组合（见表3-14）。

由表3-14可以看出，2023年中国人身险市场上风险管理能力排名前三的保险公司依次是泰康人寿、新华养老、北大方正人寿。在百分制基准下，它们的得分分别为100分、95.3分和93.5分。

在参评的65家人身险公司中，风险管理能力得分最高的是泰康人寿（100分），得分最低的是国联人寿（40.0分），平均得分为65.3分，得分高于平均分的人身险公司有31家，占比约为47.7%。得分在80分以上的人身险公司7家，得分在70—80分的人身险公司有13家，得分在60—70分的人身险公司有21家，得分在60分以下的人身险公司有24家。

表 3 - 14　　人身险公司风险管理能力排名与得分

公司名称	排名	得分（百分制）	公司名称	排名	得分（百分制）
泰康人寿	1	100.0	国富人寿	34	62.7
新华养老	2	95.3	太平人寿	35	62.3
北大方正人寿	3	93.5	汇丰人寿	36	61.9
三峡人寿	4	92.4	中韩人寿	37	61.9
同方全球人寿	5	90.0	国华人寿	38	61.8
复星联合健康	6	84.5	渤海人寿	39	60.9
中意人寿	7	83.1	中信保诚人寿	40	60.7
财信吉祥人寿	8	79.9	华泰人寿	41	60.0
中英人寿	9	77.2	幸福人寿	42	59.8
安联人寿	10	76.1	信美人寿	43	59.0
阳光人寿	11	75.8	人保寿险	44	58.1
太平养老	12	75.6	人保健康	45	57.8
光大永明	13	74.9	弘康人寿	46	57.4
北京人寿	14	74.1	招商信诺	47	57.1
长生人寿	15	73.1	海保人寿	48	57.0
新华人寿	16	72.5	中国人寿	49	56.9
交银人寿	17	72.4	长城人寿	50	56.4
工银安盛	18	72.4	英大人寿	51	54.6
瑞泰人寿	19	72.3	太保寿险	52	54.1
中华人寿	20	72.1	中银三星	53	53.9
中荷人寿	21	69.2	利安人寿	54	53.8
农银人寿	22	68.1	平安人寿	55	52.9
民生人寿	23	68.0	和泰人寿	56	52.8
君龙人寿	24	67.6	招商仁和	57	52.7
中美联泰	25	66.3	中宏人寿	58	52.4
平安健康	26	66.3	太保健康	59	52.0
友邦人寿	27	66.0	国宝人寿	60	51.0
平安养老	28	65.9	复星保德信	61	50.8
建信人寿	29	65.8	德华安顾	62	48.4
泰康养老	30	65.7	华贵人寿	63	48.3
爱心人寿	31	65.4	中邮人寿	64	43.8
东吴人寿	32	65.2	国联人寿	65	40.0
陆家嘴国泰	33	64.2			

图 3－5 显示了风险管理能力排名前十的人身险公司得分情况，它们依次是泰康人寿、新华养老、北大方正人寿、三峡人寿、同方全球人寿、复星联合健康、中意人寿、财信吉祥人寿、中英人寿、安联人寿。

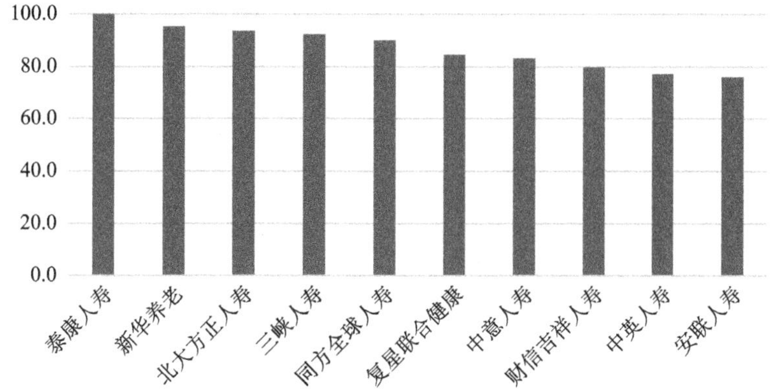

图 3－5　风险管理能力排名前十的人身险公司得分情况

由图 3－5 可以看出，风险管理能力排名前十的人身险公司的得分总体呈逐一下降趋势，且差距比较明显。

（一）风险管理能力排名前十的人身险公司各项二级指标的排名与得分

由表 3－15 可以看出，泰康人寿在风险管理能力指标上居第 1 名，主要是由于其在风险管理能力各项二级指标的优异表现。泰康人寿的偿付能力充足率、自留保费增长率、保险负债占总资产比、收现比这四项指标均排名前十，风险管理能力得分为 100 分，并且还有其他 4 项风险管理能力二级指标排名进入前 20 位。总体来看泰康人寿其具备较强的风险管理能力。

新华养老在风险管理能力指标上居第 2 名，其在偿付能力充足率、流动性比率、保险负债占总资产比、准备金安全率和收现比指标上表现出色，均名列前十，但在自留保费率、肯尼系数、付现比指标上的表现较差，这可能与新华养老保险的业务特点有关。

总体来看，风险管理能力排名前十的人身险公司在偿付能力充足率、流动性比率、准备金安全率、保险负债占总资产比、收现比、资产杠杆率 6 项指标上表现较为良好，它们中的大多数处于参评的 65 家公司的中上游水平。说明绝大多数人身险公司都具有稳健经营的能力。

风险管理能力排名前十的人身险公司在现金盈余保障倍数指标上的表现则呈现出较为明显的两极分化。在现金盈余保障倍数指标上最高为中英人寿（第 4 名，

表 3－15　风险管理能力排名前十的人身险公司各项二级指标的排名与得分

公司名称	偿付能力充足率		流动性比率		自留保费率		肯尼系数		自留保费增长率		准备金安全率		保险负债占总资产比		现金盈余保障倍数		收现比		付现比		资产杠杆率	
	排名	得分	排名	得分	排名	得分	排名	得分	排名	得分	排名	得分	排名	得分	排名	得分	排名	得分	排名	得分	排名	得分
泰康人寿	9	64.4	12	89.4	12	47.1	62	66.0	2	78.7	17	76.2	9	91.3	13	65.2	1	100.0	30	90.3	34	95.5
新华养老	1	100.0	1	100.0	57	40.0	63	65.1	33	61.6	9	91.3	4	96.6	15	63.3	5	96.2	62	40.8	1	100.0
北大方正人寿	58	51.2	11	90.6	1	100.0	65	40.0	1	100.0	63	44.9	58	51.6	58	41.5	61	40.6	1	100.0	45	94.5
三峡人寿	23	57.8	16	86.5	11	47.3	59	66.6	10	66.6	8	91.6	12	81.8	61	41.2	2	100.0	63	40.3	6	98.6
同方全球人寿	21	58.1	33	74.0	6	49.4	49	68.8	8	67.7	32	68.8	33	68.6	10	75.8	6	95.1	61	41.4	16	96.8
复星联合健康	63	49.1	21	80.9	16	44.9	17	74.4	34	61.5	43	66.6	11	82.5	16	63.3	3	99.9	65	40.0	20	96.4
中意人寿	18	58.8	7	93.2	22	41.8	33	71.6	41	60.0	47	64.3	23	73.0	45	42.4	7	90.0	60	43.3	30	95.7
财信吉祥人寿	35	56.4	9	90.8	53	40.1	35	71.3	54	56.8	6	93.6	21	73.9	7	89.9	19	60.1	48	76.0	12	97.3
中英人寿	8	64.5	3	94.8	26	41.2	43	70.2	56	56.0	23	73.0	19	75.1	4	96.4	35	48.8	37	88.8	14	97.3
安联人寿	13	60.7	45	58.4	25	41.3	52	68.4	14	65.6	44	66.0	28	71.0	33	43.4	8	83.9	59	48.1	18	96.6

96.4 分），最低为三峡人寿（第 61 名，41.2 分）。

此外，各家人身险公司在自留保费率、偿付能力充足率等指标上各公司表现分化也较为明显，分布在总体中的各个水平。

风险管理能力的二级指标得分分化较为明显，从一定程度上说明了各家人身险公司在风险管理意识及具体的风险管理控制策略选择上存在较大差异。

（二）风险管理能力下各项二级指标排名与得分前十的人身险公司情况

表 3－16 列明了风险管理能力下各项二级指标排名前十的人身险公司及其得分，反映了 2023 年中国人身险公司风险管理能力的整体状况。

在偿付能力充足率排名前十的人身险公司中，新华养老为第 1 名（100 分）、中美联泰第 2 名（80.3 分）、平安健康第 3 名（80.3 分），差距较去年同比增大。同时，其他人身险公司的准备金安全状况不佳，第 4—10 名在偿付能力充足率指标中的分数为 63.7 分到 76.7 分。这说明很多人身险公司的偿付能力充足率之间存在较大差距。

流动性比率是衡量公司财务安全状况和短期偿债能力的重要指标。在参评的 65 家人身险公司中，流动性比率得分较高的是新华养老（100 分），第二名到第十名的流动性比率得分从 97.2 分到 90.6 分，差距并不明显。可以看出，各家人身险公司在流动性比率指标上的得分差距不大。流动性比率排名前十的人身险公司的指标数据在整体上较 2022 年差距显著缩小，流动性比率指标得分均在 90 分以上。

风险管理能力各项二级指标中，排名前十的公司得分差别较大的有偿付能力充足率、自留保费率、自留保费增长率、收现比、现金盈余保障倍数。这在一定程度上再次印证了各家人身险公司的风险管理能力和风险管理策略存在较大不同。

（三）风险管理能力的模糊聚类等价分析

本部分根据人身险公司在风险管理能力二级指标上的得分，运用模糊聚类法分析各家人身险公司的相似程度，为比较各家人身险公司的风险管埋能力提供了一个新的方法和视角。同时，模糊聚类分析是一种基于“物以类聚、人以群分”的观念进行各公司之间经营结构上近似程度的比较分析，不是优劣评价。

表 3－17 中的模糊聚类等价矩阵，是对风险管理能力排名前十的人身险公司的一个等价分类，满足自反性、对称性与传递性。

表 3-16　　风险管理能力下各项二级指标排名与得分前十的人身险公司

二级指标 排名	偿付能力充足率	流动性比率	自留保费率	肯尼系数	自留保费增长率	准备金安全率	保险负债占总资产比	现金盈余保障倍数	收现比	付现比	资产杠杆率
	公司名称（得分）	公司名称（得分）	公司名称（得分）	公司名称（得分）	公司名称（得分）	公司名称（得分）	公司名称（得分）	公司名称（得分）	公司名称（得分）	公司名称（得分）	公司名称（得分）
1	新华养老（100.0）	新华养老（100.0）	北大方正人寿（100.0）	国联人寿（100.0）	北大方正人寿（100.0）	国宝人寿（100.0）	平安养老（100.0）	信美人寿（100.0）	泰康人寿（100.0）	北大方正人寿（100.0）	新华养老（100.0）
2	中美联泰（80.3）	泰康养老（97.2）	爱心人寿（59.8）	弘康人寿（94.1）	泰康人寿（78.7）	瑞泰人寿（99.5）	阳光人寿（99.5）	中荷人寿（100.0）	三峡人寿（100.0）	中宏人寿（99.3）	太保健康（99.5）
3	平安健康（80.3）	中英人寿（94.8）	信美人寿（59.2）	中银三星（91.1）	汇丰人寿（75.9）	太平养老（98.3）	太平养老（98.3）	太平养老（98.4）	复星联合健康（99.9）	人保健康（98.9）	平安养老（99.2）
4	友邦人寿（76.7）	农银人寿（94.4）	光大永明（52.4）	英大人寿（86.2）	爱心人寿（69.7）	长生人寿（96.6）	新华养老（96.6）	中英人寿（96.4）	弘康人寿（99.1）	中美联泰（98.6）	中韩人寿（98.6）
5	人保健康（66.0）	中荷人寿（94.4）	瑞泰人寿（50.1）	华贵人寿（84.3）	瑞泰人寿（69.7）	泰康养老（95.1）	太保安联健康（95.1）	北京人寿（95.5）	新华养老（96.2）	平安健康（98.6）	君龙人寿（98.6）
6	太平人寿（65.6）	北京人寿（93.7）	同方全球人寿（49.4）	中邮人寿（82.6）	光大永明（68.6）	财信吉祥人寿（93.6）	弘康人寿（93.6）	中银三星（90.2）	同方全球人寿（95.1）	招商仁和（98.1）	三峡人寿（98.6）
7	新华人寿（65.0）	中意人寿（93.2）	华贵人寿（48.7）	利安人寿（82.3）	工银安盛（68.0）	华泰人寿（91.8）	德华安顾（91.8）	财信吉祥人寿（89.9）	中意人寿（90.0）	友邦人寿（98.0）	陆家嘴国泰（97.8）
8	中英人寿（64.5）	建信人寿（92.6）	国富人寿（48.6）	汇丰人寿（81.5）	同方全球人寿（67.7）	三峡人寿（91.6）	中华人寿（91.6）	人保寿险（88.0）	安联人寿（83.9）	汇丰人寿（97.9）	海保人寿（97.7）
9	泰康人寿（64.4）	财信吉祥人寿（90.8）	长城人寿（47.8）	爱心人寿（78.7）	建信人寿（67.5）	新华养老（91.3）	泰康人寿（91.3）	交银人寿（87.6）	阳光人寿（75.8）	国联人寿（97.5）	太平养老（97.7）
10	平安养老（63.7）	陆家嘴国泰（90.6）	中华人寿（47.3）	人保健康（77.5）	三峡人寿（66.6）	陆家嘴国泰（84.1）	中信保诚人寿（84.1）	同方全球人寿（75.8）	中华人寿（74.9）	中邮人寿（97.5）	东吴人寿（97.4）

表 3－17　　风险管理能力排名前十的公司的模糊聚类等价分析矩阵

	泰康人寿	新华养老	北大方正人寿	三峡人寿	同方全球人寿	复星联合健康	中意人寿	财信吉祥人寿	中英人寿	安联人寿
泰康人寿	1.00	0.60	0.58	0.57	0.56	0.56	0.54	0.53	0.52	0.52
新华养老	0.60	1.00	0.86	0.97	0.92	0.96	0.86	0.90	0.90	0.90
北大方正人寿	0.58	0.86	1.00	0.85	0.89	0.85	0.88	0.85	0.85	0.84
三峡人寿	0.57	0.97	0.85	1.00	0.92	0.99	0.86	0.90	0.90	0.90
同方全球人寿	0.56	0.92	0.89	0.92	1.00	0.93	0.88	0.90	0.90	0.90
复星联合健康	0.56	0.96	0.85	0.99	0.93	1.00	0.86	0.90	0.90	0.91
中意人寿	0.54	0.86	0.88	0.86	0.88	0.86	1.00	0.91	0.92	0.91
财信吉祥人寿	0.53	0.90	0.85	0.90	0.90	0.90	0.91	1.00	0.99	0.97
中英人寿	0.52	0.90	0.85	0.90	0.90	0.90	0.92	0.99	1.00	0.96
安联人寿	0.52	0.90	0.84	0.90	0.90	0.91	0.91	0.97	0.96	1.00

由表 3－17 可以看出，处于主对角线上的值均为 1。显然，各家人身险公司和自己的相似与贴近程度为 100%。除了主对角线上的元素外，此等价矩阵的取值介于 0.52—0.99，说明这 10 家公司的风险管理能力和水平具有较大的差异性。这主要因为：第一，外资公司与中资公司的风险管理能力和理念差别较大；第二，中资公司之间以及外资公司之间的再保能力和风险管理能力水平差别很大。因此，人身险公司之间风险管理能力的对标性较差。

在此矩阵中，中英人寿和财信吉祥人寿、复星联合健康和三峡人寿之间的相似程度最高，为 0.99，说明这两组公司的风险管理能力具有较高的可比性。此外，财信吉祥人寿和安联人寿、中英人寿和安联人寿之间的相似度也达到 0.96—0.97，也具有很高的可比性。

风险管理能力居第 1 名的泰康人寿与其他 9 家公司的相似度较低，介于 0.52—0.60，是矩阵中较低的分值范围，说明泰康人寿的风险管理业务结构与管理模式与其他 9 家排名进入前十的人身险公司之间不具有可比性。

由表 3－17 可以看出，尽管这些公司的风险管理能力都是前十，但是各家保险公司的风险管理能力和水平等差别还是很大，这有多方面的原因，也是中资保险公司需要多加注意和学习的地方。

五、2023 年人身险公司发展潜力排名与分析

数据预处理后，我们根据 65 家人身险公司的 11 个二级指标数据，得到一个

65×11 数据矩阵；根据主成分分析法，选取了 7 个主成分，方差贡献解释率为 89.57%，每个主成分都是这 11 个二级指标的线性组合（见表 3-18）。

表 3-18　　人身险公司发展潜力排名与得分

公司名称	排名	得分（百分制）	公司名称	排名	得分（百分制）
泰康人寿	1	100.0	阳光人寿	34	69.7
中银三星	2	98.6	和泰人寿	35	68.3
泰康养老	3	97.2	农银人寿	36	68.3
陆家嘴国泰	4	96.3	信美人寿	37	67.1
中宏人寿	5	95.1	中信保诚人寿	38	66.6
国宝人寿	6	94.1	平安养老	39	66.2
太保健康	7	91.1	工银安盛	40	64.4
中英人寿	8	89.3	利安人寿	41	64.0
长城人寿	9	88.4	幸福人寿	42	63.3
君龙人寿	10	86.2	新华人寿	43	63.2
华贵人寿	11	85.0	爱心人寿	44	61.8
复星保德信	12	84.7	海保人寿	45	61.5
人保健康	13	84.6	同方全球人寿	46	61.3
招商信诺	14	84.3	建信人寿	47	61.0
中韩人寿	15	83.8	民生人寿	48	60.3
中国人寿	16	82.7	英大人寿	49	60.3
交银人寿	17	82.6	华泰人寿	50	59.8
中邮人寿	18	82.1	国华人寿	51	59.3
太保寿险	19	82.0	东吴人寿	52	57.3
中荷人寿	20	81.1	北大方正人寿	53	55.6
财信吉祥人寿	21	81.1	国富人寿	54	54.0
弘康人寿	22	80.8	中华人寿	55	52.7
太平养老	23	80.5	汇丰人寿	56	51.2
中意人寿	24	80.2	安联人寿	57	49.4
友邦人寿	25	76.6	复星联合健康	58	45.9
太平人寿	26	76.2	德华安顾	59	45.2
人保寿险	27	75.0	招商仁和	60	44.1
国联人寿	28	74.9	长生人寿	61	44.0
光大永明	29	74.9	新华养老	62	43.9
平安人寿	30	71.6	瑞泰人寿	63	43.1
北京人寿	31	70.2	渤海人寿	64	40.7
中美联泰	32	70.0	三峡人寿	65	40.0
平安健康	33	70.0			

由表 3－18 可以看出，2023 年中国人身险市场上发展潜力排名前三的保险公司依次是泰康人寿、中银三星、泰康养老。在百分制基准下，它们的得分分别为 100 分、98.6 分和 97.2 分。

在参评的 65 家人身险公司中，发展潜力得分最高的为泰康人寿（100 分），得分最低的为三峡人寿（40 分），平均得分为 70.2 分，得分高于平均分的公司有 31 家，占比约为 47.7%。得分在 80 分以上的保险公司有 24 家，得分在 70—80 分的保险公司有 9 家，得分在 60—70 分的保险公司有 16 家，得分在 60 分以下的保险公司有 16 家。

图 3－6 显示了发展潜力排名前十的人身险公司得分情况，它们依次是泰康人寿、中银三星、泰康养老、陆家嘴国泰、中宏人寿、国宝人寿、太保健康、中英人寿、长城人寿、君龙人寿。

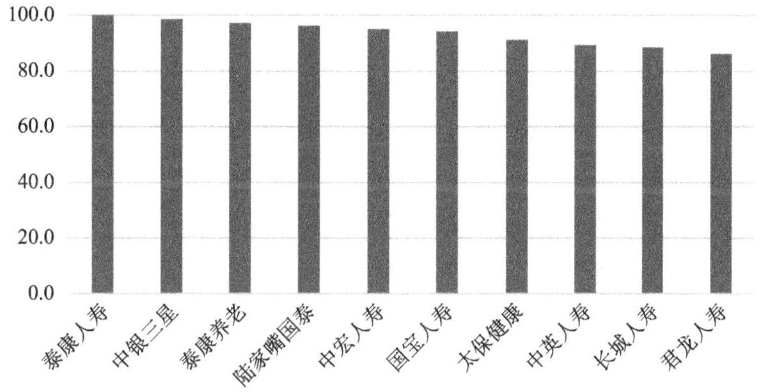

图 3－6　发展潜力排名前十的人身险公司得分情况

总体来看，在发展潜力排名前十的人身险公司中，得分变化比较平滑，这 10 家公司的最高分 100 分，最低分是 86.2 分，差距并不明显。参评的 65 家公司中，发展潜力的最低得分是 40 分，说明各人身险公司发展潜力的下降趋势相对比较平缓，没有出现断崖式的变化或下降。

（一）发展潜力排名前十的人身险公司各项二级指标的排名与得分

由表 3－19 可知，在参评的 65 家人身险公司中，泰康人寿的发展潜力居第 1 名，反映了该公司较为良好的发展前景。泰康人寿在发展潜力上的优异表现，得益于其在净资产增长率（第 1 名，100 分）、市场拓展能力（第 1 名，100 分）、分支机构数目（第 3 名，99.6 分）指标上的优异表现。泰康人寿在发展系数（第 65 名，40 分）、人均产能（第 65 名，40 分）方面还需要进一步加强。

表 3-19　　发展潜力排名前十的人身险公司各项二级指标的排名与得分

公司名称	发展系数		综合收益增长率		总资产增长率		净资产增长率		市场拓展能力		人均产能		分支机构数目		万张保单投诉量		应收保费周转率		SARMRA得分		合规指数	
	排名	得分	排名	得分	排名	得分	排名	得分	排名	得分	排名	得分	排名	得分	排名	得分	排名	得分	排名	得分	排名	得分
泰康人寿	65	40.0	32	47.8	23	77.3	1	100.0	1	100.0	65	40.0	3	99.6	27	91.9	64	61.3	15	84.4	63	40.2
中银三星	10	91.2	18	50.8	10	87.5	9	67.8	10	40.5	7	83.2	29	65.6	1	100.0	8	84.5	39	75.3	1	100.0
泰康养老	26	75.2	36	47.2	33	68.8	15	60.4	29	40.2	3	95.7	10	99.1	22	95.7	11	83.9	29	81.2	55	62.1
陆家嘴国泰	7	95.9	2	85.2	15	84.1	28	57.1	42	40.1	41	52.7	37	58.4	55	59.0	7	85.7	9	86.8	35	93.9
中宏人寿	5	96.9	17	51.1	17	82.1	27	57.2	5	40.8	17	66.0	25	75.4	52	60.9	5	86.9	34	79.1	44	89.2
国宝人寿	3	99.0	41	46.5	3	97.6	5	74.0	54	40.1	40	52.8	60	43.4	1	100.0	1	100.0	60	55.7	1	100.0
太保健康	4	99.0	1	100.0	63	50.1	41	55.9	62	40.0	50	48.8	54	44.8	33	85.6	4	87.7	28	81.2	1	100.0
中英人寿	11	90.7	4	62.3	44	63.5	25	57.7	20	40.3	29	56.8	26	73.0	51	62.8	10	84.0	8	87.8	29	96.8
长城人寿	8	95.8	35	47.2	8	89.7	17	59.2	30	40.2	25	59.2	30	63.1	47	69.0	26	79.2	26	81.6	38	92.6
君龙人寿	6	96.0	37	47.1	5	94.8	8	68.6	56	40.1	35	54.2	64	41.0	1	100.0	6	85.9	54	67.5	1	100.0

中银三星的发展潜力居第2名，主要由于该公司在万张保单投诉量（第1名，100分）、人均产能（第7名，83.2分）、应收保费周转率（第8名，84.5分）、净资产增长率（第9名，67.8分）、合规指数（第1名，100分）、发展系数（第10名，91.2分）、总资产增长率（第10名，87.5分）指标上的优秀表现。

泰康养老的发展潜力居第3名，主要由于该公司在发展潜力各项二级指标上稳定且优秀的表现，其中泰康养老在人均产能（第3名，95.7分）、分支机构数目（第10名，99.1分）的指标上表现优秀。

计算发展潜力得分前十的人身险公司各项二级指标的平均值，可以看出在各指标下这些公司的整体情况。总体来看，发展潜力排名前十的人身险公司，在发展系数、应收保费周转率等指标下的表现较为良好，大部分处于整体的上游水平。

（二）发展潜力下各项二级指标排名与得分前十的人身险公司情况

表3－20列明了发展潜力下各项二级指标排名前十的人身险公司及其得分，反映了人身险公司在发展潜力各项二级指标的整体表现和分布情况。

由表3－20可以看出，各项指标排名前十的人身险公司在发展系数、分支机构数目、万张保单投诉量和合规指数这4项指标上的差异不大，第1名到第10名的公司得分差距不超过10分。

但排名前十的人身险公司在综合收益增长率（53.7—100分）和市场拓展能力（40.5—100分）指标上差距十分明显，排名前二或前三以后的大多数人身险公司的指标得分会出现显著下降，并且分差十分明显。

（三）发展潜力的模糊聚类等价分析

本部分根据人身险公司在发展潜力二级指标上的得分，运用模糊聚类法分析各家人身险公司之间发展潜力的相似程度，为比较各家人身险公司的发展潜力提供了一个新的方法和视角。模糊聚类分析是基于“物以类聚、人以群分”的观念进行的近似程度的比较分析，不是优劣评价。

表3－21中的模糊聚类等价矩阵是对发展潜力排名前十的人身险公司的一个等价分类，满足自反性、对称性与传递性。

由表3－21可以看出，处于主对角线上的值均为1。显然，各家人身险公司和自己的相似与贴近程度为100%。此模糊聚类等价矩阵里分值差距较大，介于0.33—0.99，这说明各家人身险公司在发展潜力上的差别较大。

表 3－20　　发展潜力下各项二级指标排名与得分前十的人身险公司

二级指标 / 排名	发展系数	综合收益增长率	总资产增长率	净资产增长率	市场拓展能力	人均产能	分支机构数目	万张保单投诉量	应收保费周转率	SARMRA得分	合规指数
	公司名称（得分）	公司名称（得分）	公司名称（得分）	公司名称（得分）	公司名称（得分）	公司名称（得分）	公司名称（得分）	公司名称（得分）	公司名称（得分）	公司名称（得分）	公司名称（得分）
1	复星保德信（100）	太保健康（100）	信美人寿（100）	泰康人寿（100）	泰康人寿（100）	弘康人寿（100）	人保寿险（100）	国联人寿（100）	国宝人寿（100）	中华人寿（100）	农银人寿（100）
2	中韩人寿（99.3）	陆家嘴国泰（85.2）	爱心人寿（99.4）	华贵人寿（99.4）	中国人寿（41.2）	中邮人寿（99.9）	中国人寿（99.6）	新华养老（100）	复星保德信（89.0）	中国人寿（91.3）	弘康人寿（100）
3	国宝人寿（99.0）	同方全球人寿（76.9）	国宝人寿（97.6）	北大方正人寿（79.2）	友邦人寿（40.8）	泰康养老（95.7）	泰康人寿（99.6）	信美人寿（100）	中韩人寿（88.2）	太保寿险（90.7）	财信吉祥人寿（100）
4	太保健康（99.0）	中英人寿（62.3）	华贵人寿（95.3）	三峡人寿（74.7）	新华人寿（40.8）	国华人寿（89.5）	太平养老（99.6）	华贵人寿（100）	太保健康（87.7）	中信保诚人寿（90.1）	渤海人寿（100）
5	中宏人寿（96.9）	人保健康（59.5）	君龙人寿（94.8）	国宝人寿（74.0）	中宏人寿（40.8）	交银人寿（88.9）	太保寿险（99.1）	三峡人寿（100）	中宏人寿（86.9）	平安人寿（89.8）	国联人寿（100）
6	君龙人寿（96.0）	中意人寿（56.9）	汇丰人寿（91.8）	汇丰人寿（71.1）	中信保诚人寿（40.7）	招商信诺（83.3）	平安人寿（99.1）	北京人寿（100）	君龙人寿（85.9）	太平人寿（89.1）	太保健康（100）
7	陆家嘴国泰（95.9）	太保寿险（56.7）	国富人寿（91.4）	太保寿险（70.2）	招商信诺（40.6）	中银三星（83.2）	新华人寿（99.1）	海保人寿（100）	陆家嘴国泰（85.7）	建信人寿（88.6）	中华人寿（100）
8	长城人寿（95.8）	中国人寿（55.2）	长城人寿（89.7）	君龙人寿（68.6）	弘康人寿（40.6）	渤海人寿（79.6）	太平人寿（99.1）	国富人寿（100）	中银三星（84.5）	中英人寿（87.8）	新华养老（100）
9	弘康人寿（91.6）	新华养老（53.7）	同方全球人寿（89.7）	中银三星（67.8）	农银人寿（40.5）	工银安盛（77.4）	平安养老（99.1）	国宝人寿（100）	国联人寿（84.3）	陆家嘴国泰（86.8）	复星联合健康（100）
10	中银三星（91.2）	安联人寿（53.7）	中银三星（87.5）	弘康人寿（65.2）	中银三星（40.5）	汇丰人寿（76.4）	泰康养老（99.1）	交银人寿（100）	中英人寿（84.0）	友邦人寿（86.8）	信美人寿（100）

表 3-21 发展潜力排名前十的公司的模糊聚类等价分析矩阵

	泰康人寿	中银三星	泰康养老	陆家嘴国泰	中宏人寿	国宝人寿	太保安联健康	中英人寿	长城人寿	君龙人寿
泰康人寿	1.00	0.71	0.71	0.70	0.68	0.68	0.65	0.64	0.64	0.33
中银三星	0.71	1.00	0.99	0.99	0.90	0.98	0.85	0.90	0.89	0.37
泰康养老	0.71	0.99	1.00	0.99	0.90	0.98	0.86	0.90	0.90	0.37
陆家嘴国泰	0.70	0.99	0.99	1.00	0.90	0.98	0.86	0.90	0.90	0.37
中宏人寿	0.68	0.90	0.90	0.90	1.00	0.91	0.90	0.92	0.91	0.39
国宝人寿	0.68	0.98	0.98	0.98	0.91	1.00	0.86	0.91	0.90	0.37
太保安联健康	0.65	0.85	0.86	0.86	0.90	0.86	1.00	0.92	0.92	0.40
中英人寿	0.64	0.90	0.90	0.90	0.92	0.91	0.92	1.00	1.00	0.38
长城人寿	0.64	0.89	0.90	0.90	0.91	0.90	0.92	1.00	1.00	0.38
君龙人寿	0.33	0.37	0.37	0.37	0.39	0.37	0.40	0.38	0.38	1.00

从矩阵中还可以发现，发展潜力居第 2 名的中银三星与居第 3 名的泰康养老、第 4 名的陆家嘴国泰的发展潜力相似度最高，达 0.99。表明这 3 家人身险公司的发展潜力表现形式和模式都具有较高的可比性和相似性。其次，国宝人寿与中银三星、泰康养老、陆家嘴国泰的相似度也达到 0.98，说明这 4 家公司之间也具有较高的可比性和相似性。

而发展潜力居第 1 名的泰康人寿与发展潜力排名前十的其余 9 家人身险公司相似度都很低，分值介于 0.33—0.71，处于矩阵中较低的分值范围。发展潜力第 10 名的君龙人寿与其余 9 家公司的相似度介于 0.33—0.40，相似度处于矩阵中的最低分。

综上所述，除泰康人寿和君龙人寿外，发展潜力排名前十的其余 8 家人身险公司在发展潜力的模式、观念上差别较小，在各项指标得分上近似很高，对标性和借鉴性较高。

第四节 2023年人身险公司综合竞争力评价结果的稳健性检验

一、稳健性分析的必要性

在对保险公司的竞争力评价研究中，需要对反映事物的多个变量进行大量的观测，收集大量数据以便进行分析及寻找规律。多变量、大样本无疑会为科学研究提供丰富的信息，主成分分析法的降维特点使其在处理大量信息时显示其优越性，为全面衡量保险公司竞争力提供了一种渠道。然而正是基于其处理信息的大量性，其稳健性才显得越发的重要。

同时，保险公司在现实的经营中有其自身的发展轨道和趋势，也拥有其自身在市场中地位的连续性和稳健性，市场微小波动，如某个小规模公司进入或者退出市场，对于其他在市场中已经拥有规模优势及占据大量市场的公司来说其相对位置冲击应该不大。如果市场微小波动，导致所有公司排名发生颠覆性变化，那么这个结果就有悖于市场和现实，就失去了其指导现实的客观性。主成分分析法基于选择代表保险公司竞争力特征的指标来为保险公司“打分”，如果某个指标的微小波动就导致保险公司竞争力排名的剧烈波动，那么主成分分析法也是不稳健的。我们假设这样一个市场，仅仅由于某个保险公司增开了一家分支机构，该公司本身甚至整个行业的竞争力都发生重大变化，那么这种情况在现实中也是不可能存在的，所以稳健性分析对于方法的适用性很重要。

稳健性分析对于运用定量分析方法研究保险公司的竞争力评价非常重要，这也是我们课题组的一个创新性应用研究成果。

二、稳健性的定义与步骤

稳健性（robust）检验的是实证结果是否随着参数设定的改变而发生变化，如果改变参数设定以后，发现结果的顺序等没有发生显著性改变，就说明结果是稳健的；相反，如果结果发生了显著性改变，说明结果不是稳健的，需要寻找问题的所在。

一般根据所要检验问题的具体情况选择稳健性检验的内容。我们根据对保险公司综合竞争力评价结果的影响因素，分两种情况对评价结果进行稳健性检验：

（1）从公司出发，根据一定的标准去掉部分公司后，检验剩余公司的评价结果是否与原来一致；

(2) 从指标出发，根据一定的标准去掉部分指标后，重新进行竞争力评价，检验保险公司的评价结果是否与原来一致。

三、2023 年人身险公司综合竞争力评价结果的稳健性检验

我们主要基于两种思路进行人身险公司的稳健性检验。

一是剔除部分公司进行稳健性检验。首先利用聚类分析，将保险公司分为 2 类；在排除掉一类公司（公司数目较少的一类）后，对另一类公司仍然运用主成分分析进行竞争力评价的排名与得分分析，将结果与这些公司在原来情况下的排名进行比较分析，从而得到保险公司竞争力评价结果的稳健性检验。

二是剔除部分指标进行稳健性检验。利用聚类分析法对评价指标进行分类，并剔除掉指标较少的类别后，运用余下的指标对保险公司竞争力进行主成分分析，得到的排名与原来的排名进行对比，从而完成稳健性分析。

1. 剔除部分公司后，保险公司竞争力评价的稳健性分析

为了便于剔除公司和提高稳健性分析结果的有效性，首先运用聚类分析法将 65 家人身险公司分为 5 类。根据前述方法，结果如表 3－22 所示。

表 3－22　　运用聚类分析法对人身险公司进行分类的结果

公司名称	类别 5	类别 4	类别 3	类别 2	公司名称	类别 5	类别 4	类别 3	类别 2
中国人寿	1	1	1	1	爱心人寿	1	1	1	1
太保寿险	1	1	1	1	和泰人寿	1	1	1	1
平安人寿	1	1	1	1	招商仁和	1	1	1	1
新华人寿	1	1	1	1	三峡人寿	1	1	1	1
泰康人寿	2	2	2	1	北京人寿	1	1	1	1
太平人寿	1	1	1	1	海保人寿	1	1	1	1
建信人寿	1	1	1	1	国富人寿	1	1	1	1
光大永明	1	1	1	1	国宝人寿	1	1	1	1
民生人寿	1	1	1	1	中宏人寿	1	1	1	1
平安养老	1	1	1	1	安联人寿	1	1	1	1
太平养老	1	1	1	1	工银安盛	1	1	1	1
人保健康	1	1	1	1	中信保诚人寿	1	1	1	1
农银人寿	1	1	1	1	交银人寿	1	1	1	1

续表

公司名称	类别5	类别4	类别3	类别2	公司名称	类别5	类别4	类别3	类别2
长城人寿	1	1	1	1	中意人寿	1	1	1	1
人保寿险	1	1	1	1	友邦人寿	1	1	1	1
国华人寿	1	1	1	1	北大方正人寿	4	1	1	1
英大人寿	1	1	1	1	中荷人寿	1	1	1	1
泰康养老	1	1	1	1	中英人寿	1	1	1	1
幸福人寿	1	1	1	1	同方全球人寿	1	1	1	1
阳光人寿	1	1	1	1	招商信诺	1	1	1	1
中邮人寿	1	1	1	1	长生人寿	1	1	1	1
利安人寿	1	1	1	1	瑞泰人寿	1	1	1	1
东吴人寿	1	1	1	1	华泰人寿	1	1	1	1
弘康人寿	1	1	1	1	陆家嘴国泰	1	1	1	1
财信吉祥人寿	1	1	1	1	中美联泰	1	1	1	1
渤海人寿	1	1	1	1	平安健康	1	1	1	1
国联人寿	1	1	1	1	中银三星	1	1	1	1
太保安联健康	1	1	1	1	汇丰人寿	1	1	1	1
中华人寿	1	1	1	1	君龙人寿	1	1	1	1
新华养老	3	3	3	2	复星保德信	1	1	1	1
复星联合健康	1	1	1	1	中韩人寿	1	1	1	1
信美人寿	1	1	1	1	德华安顾	5	4	1	1
华贵人寿	1	1	1	1					

根据聚类分析的原理，如果进行聚类分析时，类别越多，每个类别内的距离最近，则类内的相似度最近。

其中，泰康人寿、新华养老、北大方正人寿、德华安顾分别为类别 2、3、4、5。剔除这 4 家后，再对剩余的 61 家公司进行竞争力评价，通过对比前后结果并进行威尔克森符号秩检验，从而对 61 家人身险公司综合竞争力的评价结果进行稳健性检验。

重新对剔除 4 家公司后的 61 家人身险公司运用主成分分析法进行综合竞争力评价，得到 61 家人身险公司的综合竞争力评价排序，并对前后结果进行比较，其评价排名如表 3－23 所示。

表 3-23　2023 年人身险公司综合竞争力评价结果的前后排名对比（剔除 4 家公司后）

公司名称	新排名	原排名	原排名-新排名	公司名称	新排名	原排名	原排名-新排名
平安人寿	1	2	1	幸福人寿	32	36	4
中国人寿	2	1	-1	工银安盛	33	29	-4
国联人寿	3	41	38	中信保诚人寿	34	38	4
中银三星	4	3	-1	长城人寿	35	11	-24
弘康人寿	5	30	25	招商仁和	36	44	8
友邦人寿	6	4	-2	太保安联健康	37	24	-13
太保寿险	7	6	-1	中韩人寿	38	23	-15
中宏人寿	8	7	-1	民生人寿	39	31	-8
招商信诺	9	14	5	光大永明	40	34	-6
交银人寿	10	16	6	汇丰人寿	41	50	9
复星保德信	11	13	2	君龙人寿	42	21	-21
太平人寿	12	9	-3	信美人寿	43	32	-11
泰康养老	13	15	2	平安养老	44	33	-11
中荷人寿	14	12	-2	安联人寿	45	46	1
人保健康	15	19	4	爱心人寿	46	57	11
中意人寿	16	20	4	太平养老	47	45	-2
中邮人寿	17	48	31	国富人寿	48	35	-13
国宝人寿	18	18	0	华泰人寿	49	47	-2
中英人寿	19	8	-11	复星联合健康	50	49	-1
英大人寿	20	51	31	国华人寿	51	42	-9
利安人寿	21	39	18	东吴人寿	52	43	-9
陆家嘴国泰	22	5	-17	建信人寿	53	52	-1
人保寿险	23	17	-6	中华人寿	54	58	4
中美联泰	24	26	2	长生人寿	55	53	-2
平安健康	25	27	2	阳光人寿	56	56	0
财信吉祥人寿	26	10	-16	瑞泰人寿	57	59	2
华贵人寿	27	25	-2	同方全球人寿	58	55	-3
新华人寿	28	37	9	海保人寿	59	54	-5
农银人寿	29	28	-1	渤海人寿	60	61	1
北京人寿	30	22	-8	三峡人寿	61	60	-1
和泰人寿	31	40	9				

在表 3-23 中，原排名列表显示的是剔除 4 家公司后，剩余的 61 家公司在原来综合竞争力评价结果中的排名；新排名列表显示的是剔除掉 4 家公司后，剩余的

61家公司在重新运用主成分分析法后进行评价的综合竞争力评价结果。

对公司的新旧排名进行对比，基本分析情况如表3-24所示。

表3-24 人身险公司综合竞争力新旧排名的基本情况

描述统计					
	N	平均值	标准差	最小值	最大值
新排名	61	31.0000	17.75293	1.00	61.00
原排名	61	31.0000	17.75293	1.00	61.00

根据表3-24的结果，运用威尔科克森（Wilcoxon）符号秩检验，进行稳健性分析。主要结论如表3-25和表3-26所示。

表3-25 威尔科克森（Wilcoxon）符号秩检验

秩				
		N	秩平均值	秩的总和
原排名-新排名	负秩	34[a]	28.69	975.50
	正秩	25[b]	31.78	794.50
	绑定值	2[c]		
	总计	61		

注：a. 原排名<新排名；b. 原排名>新排名；c. 原排名=新排名。

表3-26 威尔科克森（Wilcoxon）符号秩检验结果

检验统计[a]	
	原排名-新排名
Z	-0.684[b]
渐近显著性（双尾）	0.494

注：a. 威尔科克森符号秩检验；b. 基于正秩。

结果显示：使用“渐近”方法计算的双侧显著性水平Z值为0.494，远大于0.05，所以新旧排名的差异不显著；也就是说，两个样本来自同一总体，具有相同的总体分布。

运用主成分分析法对2023年人身险公司综合竞争力评价结果的检验在0.05的显著性水平下具有稳健性，即我们根据聚类分析的结果，剔除掉部分公司后，根据我们建立的指标体系，运用主成分分析法对其余公司竞争力的评价结果的影响不显著，通过了稳健性检验。

2. 剔除部分指标后，保险公司竞争力评价的稳健性分析

指标体系应该尽可能地反映保险公司竞争力各方面的信息，显然部分指标的缺失或波动对保险公司竞争力的评价结果有影响。此部分通过聚类分析，剔除部分表现“特殊”的指标后，再对保险公司竞争力进行评价。通过剔除部分指标对评价结果的影响来进行稳健性检验。

先利用聚类分析将所有指标进行分类，分类结果如表3－27所示。

表3－27　对人身险公司综合竞争力评价各项二级指标的聚类分析

指标名称	类别5	类别4	类别3	类别2
总资产收益率	1	1	1	1
净资产收益率	1	1	1	1
投资收益率	1	1	1	1
净投资收益率	1	1	1	1
承保利润率	1	1	1	1
投资资产占总资产的比率	2	2	1	1
净利润	1	1	1	1
人均净利润	1	1	1	1
净利润增长率	1	1	1	1
综合收益率	1	1	1	1
资本管理系数	1	1	1	1
认可资产负债率	1	1	1	1
资产认可率	1	1	1	1
资本利用率	1	1	1	1
资金成本率	1	1	1	1
准备金保费比率	1	1	1	1
认可资产增长率	1	1	1	1
所有者权益	1	1	1	1
资产杠杆系数	3	3	2	1
资本运用率	1	1	1	1
资本回报率	1	1	1	1
风险调整资本利润率	1	1	1	1
风险调整资本回报率	1	1	1	1
资本管理绩效增长率	1	1	1	1
可运用资金收益率	1	1	1	1
净资产周转率	1	1	1	1
总资产周转率	4	1	1	1

续表

指标名称	类别5	类别4	类别3	类别2
综合费用率	1	1	1	1
综合赔付率	1	1	1	1
综合费用率的增长率	1	1	1	1
险种集中度系数	1	1	1	1
退保率	1	1	1	1
报告期营业收入	1	1	1	1
保险业务收入增长率	4	1	1	1
净利润赔付支出覆盖率	1	1	1	1
保费收入费用增长比	1	1	1	1
万人次投诉量	1	1	1	1
偿付能力充足率	1	1	1	1
流动性比率	2	2	1	1
自留保费率	1	1	1	1
肯尼系数	1	1	1	1
自留保费增长率	1	1	1	1
准备金安全率	1	1	1	1
保险负债占总资产比	1	1	1	1
现金盈余保障倍数	1	1	1	1
收现比	1	1	1	1
付现比（逆向）	1	1	1	1
资产杠杆率（逆向）	1	1	1	1
发展系数	4	1	1	1
综合收益增长率	1	1	1	1
总资产增长率	4	1	1	1
净资产增长率	1	1	1	1
市场拓展能力	1	1	1	1
人均产能	1	1	1	1
分支机构数目	5	4	3	2
万张保单投诉量	1	1	1	1
应收保费周转率	1	1	1	1
SARMRA得分	1	1	1	1
合规指数	1	1	1	1

由表3-27可以看出，对指标进行聚类分析，投资资产占总资产的比率、资产杠杆系数、保险业务收入增长率、流动性比率、发展系数、总资产增长率、分支机

构数目这7项指标特殊，剔除后重新对保险公司进行竞争力评价，将其评价结果与原评价结果进行比较（见表3-28）。

表3-28 2023年人身险公司综合竞争力评价结果的前后排名对比（剔除7项指标后）

公司名称	新排名	原排名	原排名-新排名	公司名称	新排名	原排名	原排名-新排名
平安人寿	1	2	1	太平养老	34	46	12
中国人寿	2	1	-1	光大永明	35	35	0
国联人寿	3	42	39	长城人寿	36	12	-24
中银三星	4	4	0	中信保诚人寿	37	39	2
太保寿险	5	7	2	太保安联健康	38	25	-13
太平人寿	6	10	4	国富人寿	39	36	-3
友邦人寿	7	5	-2	爱心人寿	40	58	18
德华安顾	8	64	56	中美联泰	41	27	-14
弘康人寿	9	31	22	平安健康	42	28	-14
国宝人寿	10	19	9	英大人寿	43	52	9
人保健康	11	20	9	瑞泰人寿	44	60	16
北京人寿	12	23	11	新华人寿	45	38	-7
交银人寿	13	17	4	和泰人寿	46	41	-5
中宏人寿	14	8	-6	华泰人寿	47	48	1
信美人寿	15	33	18	中邮人寿	48	49	1
平安养老	16	34	18	中华人寿	49	59	10
泰康养老	17	16	-1	复星联合健康	50	50	0
财信吉祥人寿	18	11	-7	安联人寿	51	47	-4
中荷人寿	19	13	-6	君龙人寿	52	22	-30
泰康人寿	20	3	-17	国华人寿	53	43	-10
人保寿险	21	18	-3	北大方正人寿	54	62	8
招商信诺	22	15	-7	中韩人寿	55	24	-31
招商仁和	23	45	22	华贵人寿	56	26	-30
中意人寿	24	21	-3	长生人寿	57	54	-3
幸福人寿	25	37	12	建信人寿	58	53	-5
汇丰人寿	26	51	25	东吴人寿	59	44	-15
中英人寿	27	9	-18	同方全球人寿	60	56	-4
复星保德信	28	14	-14	三峡人寿	61	61	0
工银安盛	29	30	1	阳光人寿	62	57	-5
民生人寿	30	32	2	海保人寿	63	55	-8
利安人寿	31	40	9	渤海人寿	64	63	-1
陆家嘴国泰	32	6	-26	新华养老	65	65	0
农银人寿	33	29	-4				

根据表 3-28 的结果，运用威尔科克森（Wilcoxon）符号秩检验，进行稳健性分析。主要结论如表 3-29—表 3-31 所示。

表 3-29 人身险公司综合竞争力新旧排名的基本情况

描述统计					
	N	平均值	标准差	最小值	最大值
新排名	65	33.0000	18.90767	1.00	65.00
原排名	65	33.0000	18.90767	1.00	65.00

表 3-30 威尔科克森（Wilcoxon）符号秩检验

秩				
		N	秩平均值	秩的总和
原排名 - 新排名	负秩	33[a]	29.52	974.00
	正秩	27[b]	31.70	856.00
	绑定值	5[c]		
	总计	65		

注：a. 原排名 < 新排名；b. 原排名 > 新排名；c. 原排名 = 新排名。

表 3-31 威尔科克森（Wilcoxon）符号秩检验结果

检验统计[a]	
	原排名 - 新排名
Z	-0.435[b]
渐近显著性（双尾）	0.664

注：a. 威尔科克森符号秩检验；b. 基于正秩。

结果显示：使用“渐近”方法计算的双侧渐近显著性水平 Z 值为 0.664，远大于 0.05，两组排名的差异不显著。所以认为剔除部分特殊指标后，采用剩余的指标进行竞争力评价与没有剔除这些指标下的评价结果差异不显著。也就是说，两个样本来自同一总体，具有相同的总体分布，即认为主成分分析法对于指标的变化具有统计上的稳健性，通过了稳健性检验。

3. 结论及建议

由以上一系列的分析可知，利用主成分分析法进行保险公司竞争力评价研究时，剔除少部分公司或者指标后，对于保险公司竞争力的最后结果影响有限，即评价结果统计具有稳健性。

但是，从评价结果看，通过聚类分析方法，剔除少部分公司的评价结果比剔除少部分指标的评价结果更具有稳健性。这在一定程度上说明，部分公司的进入或者退出对最后结果的影响没有指标的选择对评价结果的影响大，所以选择比较客观、全面和科学的指标，对于保险公司竞争力的评价结果尤为关键。同时，从得到的个别结果来看，某些公司的排名波动较大，可以考虑在对公司进行最终的排名前设计一种过滤方法，将对主成分排名法最终排名结果影响较大的因子予以剔除，或者运用最优化方法选择使最终竞争力排名的结果波动最小的因子（这与主成分分析法中，寻找方差占比最大的综合因子并不矛盾，因为他们所指的对象并不一样）。而这些因子从理论上说最能够代表保险公司竞争力的本质，但是这是一个不断探索和优化的过程，甚至需要对其选择标准进行数理化的设定，有待进一步的研究。

第四章
中国财产险公司竞争力评价分析

保险公司竞争力评价研究都是基于公开、客观和科学的原则，即研究方法、评价指标、数据来源等坚持公开、客观和科学的原则。

我们坚持评价过程和目标要客观有效，避免或者尽量减少人为主观因素的干扰；考虑到结果的敏感性，在有可能使用定量分析的地方，使用定量分析；尽量避免或者减少涉及权重选择等主观性问题的评价方法。

一、信息来源说明

保险公司竞争力评价研究的数据主要来源于各个保险公司的年度信息披露报告，少部分指标来源于历年的中国保险年鉴和国家金融监督管理总局、保险学会、保险行业协会以及各公司自己的网站信息，即全部数据都是来源于公开渠道。

保险公司的2023年年报信息披露报告主要包括以下五个方面内容：公司简介、年度财务报告及其附注、风险管理状况、产品信息、偿付能力信息。本研究主要从以上报表获取数据。

二、研究对象

根据国家金融监督管理总局网站，截止到2023年12月31日，中国财产险公司共有89家，其中中资公司68家，外资保险公司共有21家①。

截止到2024年5月31日，在这89家公司中，未披露2023年年度信息披露报告或者年度信息披露报告不完整的有11家公司，分别是出口信用、长安责任、安心财险、安达保险、天安财险、浙商财险、中路财险、阳光信保、比亚迪保险（易安财险）、大家财险、中意财险。中国渔业互助保险社成立时间距2023年底，

① 2020年6月30日，获原中国银保监会批准（银保监复〔2020〕394号），由信利保险（中国）有限公司变更为信利再保险（中国）有限公司，并于2020年7月3日完成公司名称以及经营范围的工商变更登记，在中国境内从事非寿险再保险业务。

不到两年，不进行评价。此外，劳合社业务比较特殊，不进行分析。

公司的部分指标数据异常或特殊，并不意味着公司经营绩效的“优”或“劣”。采用主成分分析、因子分析方法进行竞争力运算，为了避免少数公司的部分指标异常对其他公司的评价结果引起重大、异常的影响，从而使评价结果不合常理，这是我们进行的必要前期数据处理。

上述13家公司，如果有任何问题、建议或者意见，请与中国保险公司竞争力与投资价值评价研究课题组联系。

最后，课题组共对76家财产险公司进行竞争力评价。

三、特别说明

（1）本研究都是采用公开发布的披露数据进行分析，我们根据实质重于形式的原则，对发现个别公司披露数据存在错误或异样的年报信息进行调整，或者在涉及该指标时进行批注说明。

（2）本研究采用的数据皆来源于已公开的资料或课题组成员的个人分析，但我们不保证上述信息的完整与准确性。中国精算研究院不对因使用本报告而产生的一切后果承担责任，只以此作为学术研究以及学界和业界的信息交流与参考。同时，本研究分析为课题组成员的个人观点，并不代表中国精算研究院的观点。有关问题的来源、讨论或争议，请使用电话或电子邮件的方式与我方联系。

（3）评价指标中，有的指标的取值是越大越好，可以称为正向指标；有的指标取值是越小越好，可以称为逆向指标；有的指标取值是位于中间的某个值为好。

对于逆向指标，我们在本报告中都已经逆向化处理，即逆向化后的指标数据的取值也是越高越好；对于有的指标取值是位于中间的某个值为好，此时我们往往是通过构建系数的方式，对此类指标进行处理，经过系数化后的指标取值也是越大越好。

第一节　财产险公司竞争力指标体系的构建

一、评价指标体系说明

目前，国内外还没有一个比较明确的、被广泛接受的“保险公司竞争力”

的定义。我们综合国内外相关研究，结合自己的经验和理解，给出保险公司竞争力的定义：保险公司竞争力是在市场经济环境中，保险公司根据行业和自身特点，综合运用人力、物力、财力等各种资源，获得相对于竞争对手所表现出来的更强的生存能力、创新能力和持续发展能力的总和，是保险企业综合能力的体现。同时竞争力也是一个相对的概念，强调的是保险行业内竞争者之间的比较。

我们进行的保险公司竞争力评价研究是以保险公司为出发点和落脚点，建立保险公司的盈利能力、资本管理能力、经营能力、风险管理能力和发展潜力五个一级指标，来反映保险公司竞争力的不同方面。我们首先在每个一级指标下建立个数不等的二级指标（二级指标如果不特别说明，均为正向指标）；然后通过对二级指标定量分析得到保险公司一级指标的评价结果；最后对全部二级指标进行定量分析，得到保险公司竞争力的综合评价结果。

二、指标体系构建①

1. 盈利能力

盈利能力指标共有10个二级指标，包括10个比率分析指标和规模性指标，主要包括总资产收益率、净资产收益率、投资收益率、净投资收益率、承保利润率、净利润等。

2. 资本管理能力

资本管理能力共有11个二级指标，包括1个规模性指标和10个比率成结构性分析指标，主要包括资本管理系数、认可资产负债率、资产认可率、所有者权益（净资产）等。

3. 经营能力

经营能力共有12个二级指标，包括11个比率或结构性分析指标和1个规模性指标，主要包括净资产周转率、总资产周转率、综合赔付率、综合费用率、险种集中度系数、净利润赔付支出覆盖率等。

4. 风险管理能力

风险管理能力共有11个二级指标，包括11个比率成结构性分析指标，主要包括、偿付能力充足率、流动性比率、自留比率、收现比、付现比等。

---

① 具体指标的计算公式请参考《2023中国保险公司竞争力与投资价值评价研究报告》，寇业富主编，中国财政经济出版社，2023年11月。

5. 发展潜力

发展潜力共有 11 个二级指标，包括 9 个比率或结构性分析指标和 2 个规模性指标，主要包括发展系数、总资产增长率、净资产增长率、人均产能、亿元保费投诉量、分支机构数目等。

第二节 2023 年财产险公司综合竞争力评价结果与分析

为了保证对保险公司竞争力评价的客观性和科学性，首先，根据指标的正向和逆向，进行数据的预处理、统一，使处理后的全部指标数据为正向，即其数据越大越好；其次，指标数据中有些是比率指标、有些是数值指标，为了避免“以大欺小”以及指标单位对评价结果的影响，我们对全部数据进行归一化处理，即全部指标数据都在 0—1 取值；最后，我们运用主成分分析法，对全部 55 个二级指标数据进行计算（并对部分指标进行了加权处理），得到综合竞争力评价结果。此外，我们在对一级指标（如盈利能力、资本管理能力等）进行竞争力评价时，是对一级指标下的二级指标进行主成分分析。因此，综合竞争力的评价结果并不是对一级指标的评价结果一个简单的加权处理，二级指标与一级指标的隶属关系不影响对综合竞争力的评价结果。

为了便于对公司的业绩进行比较，我们对以下披露的各个公司的二级指标数据都进行了逆向化处理，即得分高者意味着对一级指标具有更大的“正向”作用。得分低者对于一级指标具有较低的“负向”作用；同时，根据综合运用主成分分析、因子分析方法得到的对保险公司综合竞争力以及一级指标的评价结果，设定最高分不超过 100 分，最低分不低于 40 分。

一、2023 年财产险公司综合竞争力的排名与得分

数据预处理后，我们得到 76 家财产险公司的 55 个二级指标数据。为了更好地反映保险公司竞争力的实际情况，并根据保险业发展阶段和我们对于保险公司发展规律的认识，课题组对部分指标进行了加权处理，得到一个 76×60 的数据矩阵；运用主成分分析法，我们共选取了 14 个主成分，其累计解释率为 85.14%，其中每个主成分都是这些二级指标的线性组合（见图 4－1）。

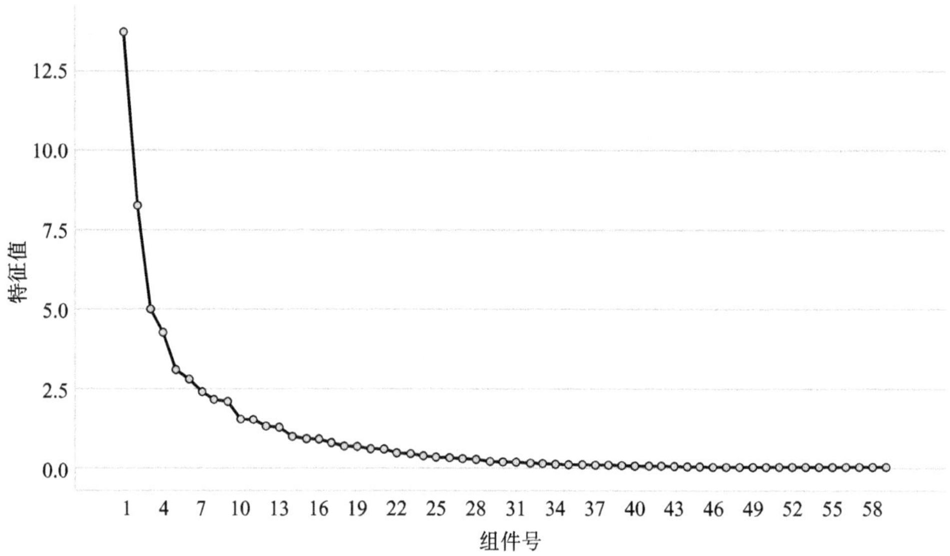

图 4-1 财产险公司综合竞争力分析的陡坡图（碎石图）

选取这 14 个主成分后进行各保险公司综合竞争力的评价，其结果与排名如表 4-1 所示。

表 4-1 2023 年中国财产险公司综合竞争力排名与得分

公司名称	排名	得分（百分制）	公司名称	排名	得分（百分制）
人保财险	1	100.0	苏黎世保险	17	78.5
平安财险	2	95.4	大地财险	18	78.2
太保财险	3	93.8	太平洋安信	19	77.8
中石油专属保险	4	89.1	汇友互助	20	77.7
久隆财险	5	88.7	黄河财险	21	77.1
英大财险	6	87.4	现代财险	22	75.9
中远海自保	7	86.6	融通财险	23	74.8
鼎和财险	8	85.4	恒邦财险	24	72.8
太平科技	9	84.9	紫金财险	25	72.8
国寿财险	10	84.8	融盛财险	26	71.9
日本兴亚	11	84.7	日本财险	27	71.6
中原农险	12	83.7	合众财险	28	71.0
铁路自保	13	82.8	华泰财险	29	70.8
三星财险	14	82.3	中银财险	30	70.6
广东能源自保	15	79.7	阳光财险	31	70.1
阳光农险	16	78.7	众安财险	32	69.6

续表

公司名称	排名	得分（百分制）	公司名称	排名	得分（百分制）
凯本财险	33	69.1	瑞再企商	55	59.6
中航安盟	34	68.2	泰康在线	56	59.4
安诚财险	35	66.7	东海航运	57	58.9
诚泰财险	36	65.7	锦泰财险	58	58.9
众惠相互	37	65.6	永诚财险	59	58.1
史带财险	38	65.2	北部湾财险	60	57.3
富德财险	39	65.0	安盛天平	61	56.6
中华联合	40	64.8	国任财险	62	56.5
爱和谊	41	63.8	安联财险	63	55.5
美亚保险	42	63.7	前海联合	64	55.5
东京海上	43	63.2	燕赵财险	65	53.9
永安财险	44	63.1	中煤财险	66	52.9
太平财险	45	63.0	长江财险	67	52.8
国元农险	46	62.9	渤海财险	68	52.7
三井住友	47	62.6	华农财险	69	52.1
鑫安汽车	48	62.4	利宝互助	70	50.8
国泰财险	49	62.3	华海财险	71	50.7
众诚财险	50	61.3	都邦财险	72	45.2
海峡金桥	51	61.0	亚太财险	73	43.9
建信财险	52	60.9	富邦财险	74	43.0
安华农险	53	60.5	珠峰财险	75	41.7
泰山财险	54	60.3	华安财险	76	40.0

二、结论与分析

我们根据中国保险业的发展状况，修改和完善了财产险公司竞争力评价指标体系，并进一步明确了当前中国财产险公司行业发展与保险市场建设以及保险公司应关注的关键指标。根据保险公司竞争力的定义和相应的评价指标体系，运用主成分分析法对中国财产险公司的竞争力进行了评价分析。

根据我们的研究，百年未有之大变局对中国保险业的快速健康发展造成了一定的挑战，中国财产险公司的管理、技术和资本实力需要不断得到提高。课题组的研究表明，中国财产险公司在注重规模的同时也注重效益质量，并且中资保险公司的竞争力普遍高于外资保险公司。主要结论如下。

（一）综合竞争力方面

根据2023年中国财产险公司的综合竞争力评价结果，综合竞争力排名前十的公司，全部是中资保险公司。其中，人保财险、平安财险、太保财险占据参评的76家公司中的前三名。整体来看，得益于国家的经济发展、政策监管的不断完善和保险公司资本、管理、技术的不断提高，中国财产保险公司的竞争力不断得到加强。但是，在风险管理能力和产品开发能力方面还有待加强。

（二）盈利能力方面

2023年以承保为利润主要来源的财险业取得了不菲的业绩，财产险公司的盈利能力普遍提高。盈利能力竞争力排名前十的公司中，9家为中资保险公司，唯一入围的外资保险公司（爱和谊）排名第十，说明中资保险公司的盈利能力与外资保险公司相比，占有比较明显的优势。今年盈利能力竞争力排名前十的公司中，中石油专属保险排名第三，中远海自保排名第十，即盈利能力排名前十的公司中，有两家是专业自保公司。此外，铁路自保排名第十二，广东能源自保排名第十五，即我国内地4家专业自保公司在盈利能力方面都取得了优秀的成绩。

专业自保公司作为我国新兴的保险组织形式，为母公司带来了更高水平的盈利能力和保障水平。同时我们也应该看到许多传统商业财产保险公司在新增车险需求疲弱的环境下，如何拓展业务能力、寻找优势项目以及提高公司的产品开发能力等，都遇到了一个发展的瓶颈，专业自保公司的快速发展和优秀表现也许给予业界、学界和政府监管部门更多的启示。

（三）资本管理能力方面

在资本管理能力方面，财产险公司排名前十的保险公司中，中资保险公司与外资保险公司相比，占有一定的优势。根据评价结果，资本管理能力前十名的财产险公司中，有2家是外资保险公司，分别是史带财险（排名第四）、三井住友（排名第十），其余8家均为中资保险公司，其中，平安财险、人保财险、太保财险位居资本管理能力的前三名。

（四）经营能力方面

依据今年财产险公司的经营能力评价结果，排名前十的保险公司有 8 家为中资保险公司，可以说中资保险公司的经营管理能力占有比较明显的优势，其中，外资保险公司中，入围前十的是安联财险（排名第三）、利宝互助（排名第四）。

根据我们的经营能力评价指标可以看出，中资财险公司在总资产周转率和净资产周转率方面排名靠前，在综合费用成本控制方面比较严格（综合费用率较低）；外资保险公司在综合赔付的成本控制比较严格（综合赔付比较低）、分保能力强、保费收入的来源比较均衡稳定。

由于股东背景和公司管理能力和策略的不同，中资财险公司在经营管理能力方面还有许多有待改进和学习的地方。

（五）风险管理能力方面

在今年风险管理能力评价方面，有三个比较明显的特征：一是我国内地 4 家专业自保公司全部进入风险管理能力前十五名，其中中石油专属保险、中远海自保、广东能源自保、铁路自保排名分别为第一名、第十名、第十二名、第十五名，说明我国专业自保公司的风险管理能力占有绝对的优势；二是与往年外资保险公司的风险管理能力占有比较明显优势的情况不同，今年风险管理能力排名前十的公司中，仅有 2 家外资保险公司入围（日本兴亚，排名第五；三星财险，排名第六）；三是一批中小型财险公司的排名进入前十，今年有 6 家中小型传统财产险公司（与专业自保公司比较）入围风险管理能力前十（融通财险，排名第二；融盛财险，排名第三；汇友互助，排名第四；众诚财险，排名第七；鼎和财险，排名第八；久隆财险，排名第九）。

截止到 2023 年底，注册地在内地的中国专业自保公司只有 4 家，连续三年 4 家中国专业自保公司在风险管理能力方面表现突出，说明与传统商业财产保险公司相比，专业自保公司在风险管理能力方面占有得天独厚的先天优势和基因。专业自保公司也许会成为很多大型国有企业或者国有集团组织进行风险管理的比较新颖的方式和组织形式。

（六）发展潜力方面

在发展潜力竞争力排名前十的公司中，全部为中资保险公司。这说明中资保险公司在发展潜力方面占有比较明显的优势。同时，外资保险公司在保险理念、技术、资本等方面有许多中资需要学习的地方。

结合近些年的研究结论，中资保险公司竞争力取得了飞速发展，中资保险公司的竞争力低于外资保险公司的论断并不成立。通过研究分析，我们对中国保险公司的竞争力现状有了一个基本的了解。

基于中国财产险公司竞争力评价的结论，为了更好地提高财产险公司的竞争力，建议如下：

第一，中国保险公司应该加强企业的风险管理。中国国家经济结构转型升级，以及国际金融危机尚未得到解决甚至有所深化的国内外环境下，保险公司面临如何控制资本市场的风险、产品创新风险等诸多挑战，严重的可能会导致偿付能力不足。因此，高标准地开展承保业务和充足的资本，是财产险公司管理其风险的关键。在中国财产险市场迅速发展的过程中，相对于外资保险公司，中资保险公司只有相对较低的资本实力和偿付能力充足率，这是一个很清楚的警示信号：财产险公司要注重内部的全面风险管理。

同时，我国专业自保公司的快速发展也许给我国财产险产业的发展提供一个新的思路和借鉴。在国家和社会越来越重视风险管理能力建设，要求保险产业“保险姓保”、保险服务实体经济、保险服务“一带一路”建设等，相较于传统商业保险公司，专业自保公司的治理结构、轻量化管理和经营思路等方面的特点和优势都应该引起业界、学界和政府监管部门的重视和研究。

第二，在现阶段，整体比较而言，中国财产险公司要想提高竞争力，必须实现规模、效益、风险的统一，确保机构数达到20—25家，保费规模达到100亿元以上，注册资本50亿元以上，总资产达到300亿元以上。

第三，受到国内外宏观经济形势的影响，2024年财产险市场竞争的激烈程度将进一步提高，市场格局的转变速度将不断加快，规模化经营与互联网金融的快速发展给实力不强的中小财产险公司带来巨大的生存压力和突破空间；因金融、保险市场的不断发展，百年未有之大变局的影响，政府监管力度、质量的不断提高，预计2024年财产险行业承保利润和投资收益的竞争将更加激烈。

第四，加大政府和国家金融监督管理总局的支持力度。随着第二代偿付能力建设，以及费率市场化、利率市场化的改革，财产险公司需要继续推进渠道转型，需要更注重电销、网销和交叉销售，增强产品开发能力，满足不同层次消费者的需求，提高行业的服务管理水平。

第五，继续探讨中外资保险公司在竞争力方面的不同表现。这方面既有股东背景和资金实力的问题，也有综合费用与综合赔付的成本管理策略和分保再保的技术策略等问题，需要财产险公司根据自己的实际情况和定位进行具体分析。

第六，我国经济由高速增长阶段转向高质量发展阶段，需要更好发挥保险作用。党的十九大做出了我国经济由高速增长阶段转向高质量发展阶段的重大判断，这一过程要求坚持市场化改革，更好发挥市场配置资源的决定性作用。在我国经济由高速增长阶段转向高质量发展阶段这一历史进程中，通过商业保险市场化手段解决转型过程中可能出现的风险问题，可以有效促进社会和谐稳定。

总而言之，随着国家经济实力的和保险意识的增强，我们的研究所得到的中国财产险公司竞争力排名，向中国的财产险公司发出了强烈而积极的信号：中国财产险业有着光明的发展前景。

第三节　2023 年财产险公司综合竞争力一级指标的评价结果与分析

根据定义，财产险公司的综合竞争力评价含有盈利能力、资本管理能力、经营能力、风险管理能力和发展潜力五个一级指标。各一级指标下含有数量不等的二级指标。我们基于二级指标，运用主成分分析法，对 76 家财产险公司的一级指标的表现情况进行评价和分析。

一、2023 年财产险公司盈利能力排名与分析

盈利能力共包含 10 个相关二级指标。经过数据预处理后，我们得到一个 76 × 10 的数据矩阵。运用主成分分析法，我们共选取了 5 个主成分，其累计解释率为 88.24%，其中，每个主成分都是这 10 个二级指标的线性组合。将主成分分析得分按照最低分 40、最高分 100 进行标准化，得到各公司盈利能力的百分制得分（见表 4－2）。

由表 4－2 可以看出，中国财产险市场中盈利能力排名前三的保险公司依次是人保财险、鼎和财险、中石油专属保险。在百分制基准下，它们的盈利能力得分分别为 100 分、94.0 分、92.5 分。

表 4－2　　财产险公司盈利能力排名与得分

公司名称	排名	得分（百分制）	公司名称	排名	得分（百分制）
人保财险	1	100.0	永诚财险	39	66.2
鼎和财险	2	94.0	三星财险	40	66.0
中石油专属保险	3	92.5	建信财险	41	65.2
平安财险	4	90.7	中华联合	42	64.6
众惠相互	5	89.9	安盛天平	43	64.5
英大财险	6	84.5	北部湾财险	44	63.6
太保财险	7	84.1	泰山财险	45	62.8
阳光农险	8	84.0	史带财险	46	62.6
爱和谊	9	83.7	众安财险	47	62.4
中远海自保	10	83.4	渤海财险	48	62.3
融通财险	11	82.1	泰康在线	49	62.1
铁路自保	12	82.1	国任财险	50	61.9
苏黎世保险	13	80.9	安联财险	51	61.7
久隆财险	14	80.7	安诚财险	52	61.7
广东能源自保	15	79.3	大地财险	53	59.4
永安财险	16	78.5	现代财险	54	58.9
国元农险	17	78.2	太平科技	55	57.9
日本财险	18	77.8	国泰财险	56	57.9
汇友互助	19	77.6	华海财险	57	57.7
美亚保险	20	76.3	都邦财险	58	57.4
三井住友	21	75.0	太平财险	59	56.7
华泰财险	22	74.2	众诚财险	60	55.7
中银财险	23	73.8	鑫安汽车	61	54.9
东京海上	24	72.5	合众财险	62	54.6
阳光财险	25	72.5	融盛财险	63	54.1
富德财险	26	71.8	中煤财险	64	51.0
利宝互助	27	71.6	华农财险	65	49.5
安信农险	28	71.4	燕赵财险	66	48.9
紫金财险	29	71.1	东海航运	67	48.4
日本兴亚	30	70.2	海峡金桥	68	47.9
安华农险	31	69.4	珠峰财险	69	47.8
国寿财险	32	69.4	诚泰财险	70	46.2
凯本财险	33	68.7	华安财险	71	45.4
锦泰财险	34	68.6	富邦财险	72	44.3
恒邦财险	35	68.4	瑞再企商	73	42.2
中航安盟	36	67.1	前海联合	74	42.1
中原农险	37	67.0	长江财险	75	40.7
黄河财险	38	66.2	亚太财险	76	40.0

在参评的76家财产保险公司中，盈利能力得分最高的为人保财险（100分），得分最低的为亚太财险（40分），平均得分为66.5分，得分高于平均分的保险公司有37家，占比48.7%。得分在90分以上的保险公司有4家，得分在80—90分的保险公司有10家，得分在70—80分的保险公司有16家，得分在60—70分的保险公司有22家，得分在60分以下的保险公司有24家。

图4-2显示了盈利能力排名前十的财产险公司得分情况，它们依次是人保财险、鼎和财险、中石油专属保险、平安财险、众惠相互、英大财险、太保财险、阳光农险、爱和谊、中远海自保。

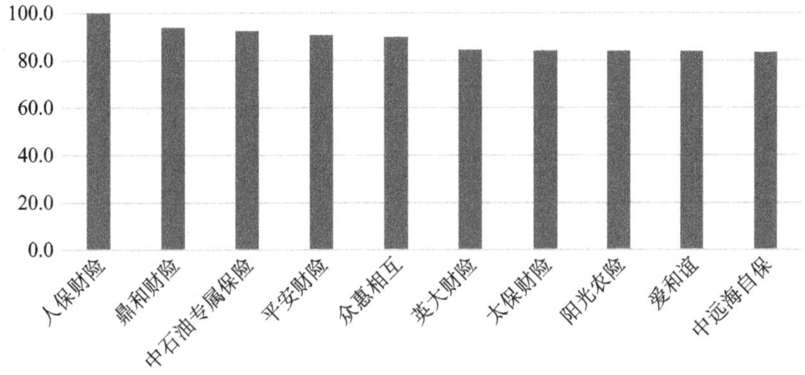

图4-2　盈利能力排名前十的财产险公司得分情况

从图4-2可以看出，盈利能力排名前三的人保财险、鼎和财险、中石油专属保险得分均在90分以上，尤其是人保财险的盈利能力具有一定的优势。排名前十的财产险公司得分差距不大，集中在83.4—100分，分差平均值不超过1.7分。与此同时，盈利能力排名前十的财产险公司中，除爱和宜外全部为中资公司。可见，中资财产险公司在盈利能力上较外资财产险公司具有比较明显的优势。

（一）盈利能力排名前十的财产险公司各项二级指标的排名与得分

表4-3主要反映了盈利能力排名前十的财产险公司的各项二级指标的表现情况。

由表4-3可以看出，人保财险在盈利能力一级指标中排名第一，主要是由于该公司的净利润（第1名，100分）、总资产收益率（第7名，91.7分）的优异表现。除指标净利润增长率（第41名，81.6分）指标外，人保财险的其余二级指标排名均在前30名以内，综合盈利能力表现优异。

鼎和财险在盈利能力一级指标中排名第二，其二级指标总资产收益率（第2

表4－3　盈利能力排名前十的财产险公司各项二级指标的排名与得分

公司名称	总资产收益率		净资产收益率		投资收益率		净投资收益率		承保利润率		投资资产占总资产的比率		净利润增长率		人均利润		净利润		综合收益率	
	排名	得分	排名	得分	排名	得分	排名	得分	排名	得分	排名	得分	排名	得分	排名	得分	排名	得分	排名	得分
人保财险	7	91.7	10	91.8	17	80.2	27	69.7	25	75.4	28	77.0	41	81.6	23	60.3	1	100.0	17	82.7
鼎和财险	2	99.7	4	97.0	7	92.2	4	99.2	8	83.5	59	54.4	31	82.6	10	72.6	5	63.9	7	93.1
中石油专属保险	4	93.8	22	83.6	41	66.7	56	58.4	3	89.2	1	100.0	36	82.2	1	100.0	9	55.9	39	65.5
平安财险	24	82.6	16	85.7	2	99.9	54	59.8	20	76.9	74	40.5	40	81.7	18	62.9	2	99.6	10	89.7
众惠相互	5	93.3	9	91.9	3	99.1	1	100.0	23	76.0	73	40.7	7	87.8	5	81.9	28	52.0	2	99.8
英大财险	3	94.3	1	100.0	30	72.1	33	68.6	14	79.2	13	92.6	44	81.2	15	64.9	6	62.0	27	70.4
太保财险	13	89.6	6	93.5	8	88.7	67	49.6	11	80.8	53	58.7	42	81.4	27	59.1	3	97.2	62	56.0
阳光农险	6	92.9	14	86.8	4	97.4	5	97.7	13	79.6	75	40.5	53	80.3	24	59.7	14	54.1	3	97.4
爱和谊	15	88.1	15	85.9	43	66.4	52	60.4	24	75.5	3	98.5	21	83.8	7	78.6	29	52.0	50	63.2
中远海自保	17	87.2	26	82.2	40	66.7	65	52.6	1	100.0	27	79.0	30	82.6	2	99.3	23	52.6	43	65.0

名，99.7 分)、净资产收益率（第 4 名，97.0 分）投资收益率（第 7 名，92.2 分)、净投资收益率（第 4 名，99.2 分)、承保利润率（第 8 名，83.5 分)、净利润（第 5 名，63.9 分)、综合收益率（第 7 名，93.1 分）表现优秀。除投资资产占总资产的比率和净利润增长率 2 项指标外，鼎和财险的其余各项指标均不低于前 10 名，表现优异。

中石油专属保险的盈利能力排名第三，主要是由于该公司的总资产收益率（第 4 名，93.8 分)、承保利润率（第 3 名，89.2 分)、投资资产占总资产的比率（第 1 名，100 分)、人均利润（第 1 名，100 分)、净利润（第 9 名，55.9 分）指标上表现优异。但是该公司在指标净利润增长率（第 36 名，82.2 分)、净投资收益率（第 56 名，58.4 分)、投资收益率（第 41 名，66.7 分）表现一般，还有一定的发展潜力。

从整体来看，盈利能力排名前十的财产险公司的各项二级指标排名均位于市场中上游水平，并且都有个别表现拔尖的二级指标。说明这 10 家保险公司具有较强的获取投资和利润的能力。

（二）盈利能力下各二级指标排名与得分前十的财产险公司情况

表 4－4 列明了盈利能力指标下各项二级指标排名前十的财产险公司及其得分，反映了财产险公司盈利能力的整体情况。

由表 4－4 中可以看到，人均利润指标中，中石油专属保险（第 1 名，100 分)、中远海自保（第 2 名，99.3 分)、铁路自保（第 3 名，91.5 分）这 3 家专业自保公司排名前三，并且相较其后第 4—10 名（72.6—82.5 分）的得分具有比较明显的优势，说明这 3 家专业自保公司在盈利能力方面比普通商业保险公司具有更为得天独厚的优势。其中，中石油专属保险公司在人均利润指标方面的表现最为突出。

在净利润指标中，排名前三的财产险公司分别是人保财险、平安财险和太保财险。这 3 家实力雄厚的财产险公司与第 4—10 名（55.4—66.5 分）相比较，优势较大。净利润指标的波动范围大主要是因为排名前三的人保财险、平安财险和太保财险在企业经营规模、盈利管理能力水平上具有较为明显的优势。净利润作为规模性指标，排名靠前的公司与后面的公司差距较大是符合客观情况的。

承保利润率指标排名前三的分别是中远海自保（第 1 名，100 分)、苏黎世保险（第 2 名，91.3 分)、中石油专属保险（第 3 名，89.2 分)，说明专业自保公司在承保方面具有明显的优势。

表 4-4 盈利能力下各项二级指标排名与得分前十的财产险公司

二级指标	总资产收益率	净资产收益率	投资收益率	净投资收益率	承保利润率	投资资产占总资产的比率	净利润增长率	人均利润	净利润	综合收益率
排名	公司名称（得分）	公司名称（得分）	公司名称（得分）	公司名称（得分）	公司名称（得分）	公司名称（得分）	公司名称（得分）	公司名称（得分）	公司名称（得分）	公司名称（得分）
1	美亚保险（100）	英大财险（100）	久隆财险（100）	众惠相互（100）	中远海自保（100）	中石油专属保险（100）	史带财险（100）	中石油专属保险（100）	人保财险（100）	久隆财险（100）
2	鼎和财险（99.7）	美亚保险（98.6）	平安财险（99.9）	泰山财险（99.9）	苏黎世保险（91.3）	富德财险（99.3）	汇友互助（95.0）	中远海自保（99.3）	平安财险（99.6）	众惠相互（99.8）
3	英大财险（94.3）	国元农险（97.4）	众惠相互（99.1）	黄河财险（99.5）	中石油专属保险（89.2）	爱和谊（98.5）	日本兴亚（93.3）	铁路自保（91.5）	太保财险（97.2）	阳光农险（97.4）
4	中石油专属保险（93.8）	鼎和财险（97.0）	阳光农险（97.4）	鼎和财险（99.2）	美亚保险（88.6）	利宝互助（98.1）	建信财险（90.2）	苏黎世保险（82.5）	国寿财险（65.5）	融通财险（97.0）
5	众惠相互（93.3）	锦泰财险（96.3）	太平科技（92.6）	阳光农险（97.7）	铁路自保（85.9）	汇友互助（98.0）	融通财险（89.6）	众惠相互（81.9）	鼎和财险（63.9）	太平科技（95.2）
6	阳光农险（92.9）	太保财险（93.5）	融通财险（92.3）	燕赵财险（95.2）	凯本财险（84.0）	三星财险（97.5）	众安财险（89.2）	融通财险（81.1）	英大财险（62.0）	永安财险（94.7）
7	人保财险（91.7）	安华农险（93.0）	鼎和财险（92.2）	永安财险（94.5）	日本财险（83.7）	诚泰财险（97.2）	众惠相互（87.8）	爱和谊（78.6）	阳光财险（61.3）	鼎和财险（93.1）
8	苏黎世保险（90.8）	苏黎世保险（92.8）	太保财险（88.7）	安诚财险（93.2）	鼎和财险（83.5）	合众财险（95.1）	安联财险（87.3）	久隆财险（77.7）	中华联合（58.2）	黄河财险（91.6）
9	中原农险（90.6）	众惠相互（91.9）	永安财险（86.1）	国元农险（93.0）	安信农险（82.6）	众安财险（94.8）	北部湾财险（87.2）	广东能源自保（77.0）	中石油专属保险（55.9）	燕赵财险（90.7）
10	安信农险（90.4）	人保财险（91.8）	安信农险（84.6）	融通财险（91.5）	鑫安汽车（82.1）	恒邦财险（94.2）	凯本财险（86.7）	鼎和财险（72.6）	华泰财险（55.4）	平安财险（89.7）

另外，盈利能力指标的其余几个二级指标，如总资产收益率、净资产收益率等指标排名前十的公司得分波动范围较小，一般不超过10分，说明财产险公司在这些指标上的变化并不是很明显。

（三）盈利能力的模糊聚类等价分析

聚类分析是数理统计中的一种多元分析方法，它用数学方法定量地确定研究对象的亲疏关系，从而客观地划分类型并度量研究对象之间的相似程度。事物之间的界限，有些是确切的，有些则是模糊的。当聚类涉及事物之间的模糊界限时，需运用模糊聚类分析法。模糊聚类分析是一种基于“物以类聚、人以群分”的观念进行各公司之间经营结构上近似程度的比较分析，不是优劣评价。

本部分试图根据财产险公司在盈利能力二级指标上的得分，运用模糊聚类法分析各家财产险公司的相似程度，为比较各家财产险公司的盈利能力提供一种新的方法和视角。

由表4－5可以看出，处于主对角线上的值均为1。显然，各家财产险公司和自己的相似与贴近程度为100%。盈利能力排名前十的财产险公司之间的矩阵相似度介于0.09—0.99，表明各家财产险公司之间的盈利能力业务结构具有很大的差异性。本报告重点关注那些盈利能力业务结构明显较高或较低的公司之间的比较分析，因为即使是盈利能力排名前十的公司，它们的盈利模式、经营能力和管理水平也具有很多需要进一步分析研究的地方。

表4－5　　盈利能力排名前十的公司的模糊聚类等价分析矩阵

	人保财险	鼎和财险	中石油专属保险	平安财险	众惠相互	英大财险	太保财险	阳光农险	爱和谊	中远海自保
人保财险	1.00	0.81	0.80	0.80	0.76	0.76	0.74	0.73	0.72	0.09
鼎和财险	0.81	1.00	0.99	0.99	0.87	0.96	0.86	0.90	0.89	0.09
中石油专属保险	0.80	0.99	1.00	0.99	0.87	0.97	0.86	0.90	0.90	0.09
平安财险	0.80	0.99	0.99	1.00	0.87	0.97	0.86	0.90	0.90	0.09
众惠相互	0.76	0.87	0.87	0.87	1.00	0.88	0.93	0.89	0.89	0.10
英大财险	0.76	0.96	0.97	0.97	0.88	1.00	0.88	0.92	0.92	0.10
太保财险	0.74	0.86	0.86	0.86	0.93	0.88	1.00	0.94	0.94	0.10
阳光农险	0.73	0.90	0.90	0.90	0.89	0.92	0.94	1.00	0.99	0.10
爱和谊	0.72	0.89	0.90	0.90	0.89	0.92	0.94	0.99	1.00	0.10
中远海自保	0.09	0.09	0.09	0.09	0.10	0.10	0.10	0.10	0.10	1.00

矩阵中相似度最高的是中石油专属保险、鼎和财险、平安财险三家公司之间，相似度达到0.99。

盈利能力竞争力排名第一的人保财险，它与其他9家盈利能力排名前十的财产险公司之间的相似度处于0.09—0.81，显然，人保财险与其他9家公司之间的相似度不高，且与各公司之间的相似性差别很大。这从定量分析的角度说明了人保财险的盈利能力和模式与其他财产险公司的相似性较低，人保财险在盈利能力模式方面有其独特的地方，与其他公司的盈利能力对标性不高。

需要值得注意的是，盈利能力排名第十的中远海自保与其他9家公司之间的相似度介于0.09—0.10，说明基本不具有相似性，这是一个需要注意研究的现象，也是这些年来，我们第一次发现相似度这么低的保险公司。

综上所述，这10家盈利能力排名靠前的财产险公司在业务结构、盈利模式等方面存在较高的差异性。

二、2023年财产险公司资本管理能力排名与分析

资本管理能力共包含11个相关二级指标，经过数据预处理后，得到一个76×11的数据矩阵。根据主成分分析法，我们选取了6个累计解释率为87.37%的主成分，其中每个主成分都是这11个资本管理能力二级指标的线性组合。将主成分分析得分按照最低分40、最高分100进行标准化，得到各公司资本管理能力的百分制得分（见表4-6）。

由表4-6可以看出，资本管理能力排名前三的财产险公司依次是平安财险、人保财险、太保财险。在百分制基准下，它们的得分分别为100分、99.2分、97.8分。

在参评的76家财产险公司中，资本管理能力得分最高的是平安财险（100分），得分最低的是黄河财险（40分），平均得分为70.4分，得分高于平均分的公司有42家，占比约为55.3%。得分在80分以上的财产险公司有18家，得分在70—80分的财产险公司有24家，得分在60—70分的财产险公司有15家，得分在60分以下的财产险公司有19家。

图4-3显示了资本管理能力排名前十的财产险公司得分情况，它们依次是平安财险、人保财险、太保财险、史带财险、太平财险、国寿财险、都邦财险、阳光财险、长江财险、三井住友。

表4-6　财产险公司资本管理能力排名与得分

公司名称	排名	得分（百分制）	公司名称	排名	得分（百分制）
平安财险	1	100.0	众安财险	39	72.2
人保财险	2	99.2	国泰财险	40	71.2
太保财险	3	97.8	爱和谊	41	70.9
史带财险	4	93.2	英大财险	42	70.8
太平财险	5	90.4	凯本财险	43	69.8
国寿财险	6	88.7	华安财险	44	69.3
都邦财险	7	88.5	美亚保险	45	69.1
阳光财险	8	86.5	中石油专属保险	46	68.0
长江财险	9	86.3	泰山财险	47	67.0
三井住友	10	85.4	中银财险	48	66.4
苏黎世保险	11	83.0	融通财险	49	65.8
大地财险	12	82.8	瑞再企商	50	65.2
国任财险	13	81.8	紫金财险	51	64.6
中华联合	14	81.5	中航安盟	52	63.7
华农财险	15	81.2	众诚财险	53	62.3
渤海财险	16	81.1	前海联合	54	61.7
海峡金桥	17	80.7	鑫安汽车	55	61.7
安联财险	18	80.2	燕赵财险	56	61.5
北部湾财险	19	79.4	亚太财险	57	61.3
利宝互助	20	78.6	众惠相互	58	59.6
华海财险	21	78.2	安诚财险	59	59.4
中煤财险	22	78.1	铁路自保	60	58.9
安盛天平	23	77.9	恒邦财险	61	58.5
东海航运	24	77.4	阳光农险	62	58.1
泰康在线	25	77.3	久隆财险	63	57.8
安华农险	26	77.0	中远海自保	64	56.6
富邦财险	27	76.8	中原农险	65	55.1
永诚财险	28	76.1	鼎和财险	66	54.8
日本财险	29	75.9	汇友互助	67	53.8
东京海上	30	75.0	现代财险	68	52.4
锦泰财险	31	75.0	日本兴亚	69	51.7
珠峰财险	32	74.4	合众财险	70	50.5
安信农险	33	73.9	三星财险	71	50.3
富德财险	34	73.7	广东能源自保	72	49.2
国元农险	35	73.6	太平科技	73	48.5
建信财险	36	72.9	融盛财险	74	45.7
永安财险	37	72.6	诚泰财险	75	43.3
华泰财险	38	72.5	黄河财险	76	40.0

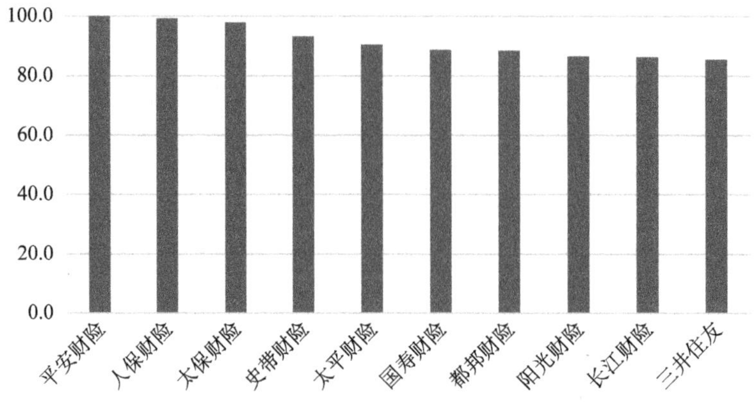

图4－3 资本管理能力排名前十的财产险公司得分情况

其中，前3位（平安财险、人保财险、太保财险）的得分均高于90分，远高于其他参评的财产险公司，且这三家公司之间的分值差别较小。第4—10名的得分与前三家公司之间有一定的差距，其得分介于85.4—93.3，变化较缓。

（一）资本管理能力排名前十的财产险公司各项二级指标的排名与得分

表4－7展示了资本管理能力排名前十的财产险公司的11项二级指标具体排名与得分，有助于比较分析这10家公司的资本管理能力。

在这10家财产险公司中，平安财险在资本管理能力指标中居第1名，这主要由于其在资本管理系数（并列第1名，100分）、资产认可率（第7名，84.2分）、所有者权益（第2名，100分）、风险调整资本回报率（第3名，99.6分）这4项指标上表现优异。11项指标中，有4项指标得分排名在中游，3项指标得分排名在下游（资产保费比排名第59，认可资产负债率排名第72，资产报酬率排名第48），表明平安财险在资本管理方面仍有许多值得提升的地方。

人保财险的资本管理能力居第2名，主要是因为其在资本管理系数（并列第1名，100分）、所有者权益（并列第1名，100分）、资产认可率（第6名，85.6分）指标上具有明显的优势。但公司在认可资产负债率（第76名）、风险调整资本回报率（第72名）、资产保费比（第57名）表现不佳。

太保财险在资本管理能力指标中居第3名，主要是因为其在资本管理系数（并列第1名，100分）、所有者权益（第3名，92.8分）、风险调整资本回报率（第2名，100分）、资产认可率（第5名，90.4分）上的表现优秀。

同时，不同财产险公司资本管理能力的某些指标得分分布也呈现两极分化的状态。例如，资本管理系数指标得分超过90分的财产险公司有52家，准备金保费比

表 4-7 资本管理能力排名前十的财产险公司各项二级指标的排名与得分

公司名称	资本管理系数		认可资产负债率		资产认可率		认可资产增长率		资本利用率		准备金保费比率		资产保费比		所有者权益		资产报酬率		风险调整资本回报率		资本管理绩效增长率	
	排名	得分	排名	得分	排名	得分	排名	得分	排名	得分	排名	得分	排名	得分	排名	得分	排名	得分	排名	得分	排名	得分
平安财险	1	100	72	43.4	7	84.2	41	63.5	25	77.4	26	61.0	59	45.5	2	100.0	48	57.8	3	99.6	34	79.4
人保财险	1	100	76	40.0	6	85.6	37	68.2	31	67.6	31	59.7	57	45.8	1	100.0	31	69.7	72	51.3	35	79.3
太保财险	1	100	73	42.9	5	90.4	26	73.6	17	88.0	45	56.3	70	43.0	3	92.8	46	59.7	2	100	39	79.1
史带财险	41	99.9	7	85.2	21	73.9	44	61.6	54	48.6	6	94.5	7	84.3	45	41.2	59	47.9	71	55.1	1	100
太平财险	1	100	67	47.1	4	93.4	22	76.1	14	91.1	38	57.9	65	44.1	12	50.0	57	49.3	8	98.2	52	77.6
国寿财险	1	100	54	60.0	29	73.6	33	70.4	18	87.2	47	55.8	61	44.3	4	78.5	52	52.3	47	78.1	12	83.2
都邦财险	1	100	57	57.3	22	73.9	34	69.9	2	99.9	21	63.3	64	44.1	61	40.6	73	41.6	62	65.3	3	87.7
阳光财险	1	100	59	53.4	3	94.6	46	61.5	21	83.3	56	53.4	71	42.9	8	59.1	45	61.1	6	99.2	45	78.7
长江财险	1	100	40	70.0	44	72.7	3	99.9	35	61.4	16	72.3	18	67.6	64	40.5	71	42.2	53	72.0	29	79.8
三井住友	43	99.4	3	86.3	52	71.8	30	71.2	34	61.7	7	93.4	35	50.2	51	40.9	39	65.3	18	93.0	25	80.1

率指标得分超过80分的财产险公司只有8家。这说明不同财产险公司在资本管理的策略上存在较为极端的差异。

在资产保费比、资产报酬率2项指标上，这10家财产险公司表现普遍较差，均有超过半数的公司排名处于参评公司的中下游位置。进一步说明各家保险公司在资本管理能力方面发展并不均衡，没有各项指标均处于领先地位的财产险公司。

（二）资本管理能力下各项二级指标排名与得分前十的财产险公司情况

表4－8列出了资本管理能力下各项二级指标排名前十的财产险公司及其得分，反映了财产险公司资本管理能力的整体情况。

资本管理系数指标得分为100分的财产险公司共有40家。资本管理系数指标的计算是基于各公司的偿付能力充足率，资本管理系数得分100分表明在公司的资本管理过程中，公司经营管理层既保障了公司的偿付能力充足率，同时也充分利用的公司的资本，没有造成资本资源的浪费。当然，由于并列满分的财产险公司较多，导致这一指标对排名并列的财产险公司的影响被稀释。

认可资产负债率指标和风险调整资本回报率指标反映了公司的经营类别、经营观念和资产质量。这两项指标的第1名分别是安联财险和安信农险，得分均为100分，居第10名的分别是利宝互助（82.5分）和凯本财险（97.5分）。这两项指标排名前十的财产险公司分差均较小。同样地，资产报酬率指标排名前十的财产险公司分差也较小。

资本利用率表明公司利用资本获取收入的能力。居该指标第1名的华农财险得分为100分，第10名北部湾财险得分为93.6分。资本利用率指标排名前十之间的财产险公司分差同样较小。

准备金保费比率反映的是公司准备金占保费收入的比率。在对参评的各家财产险公司该指标的比较后发现，爱和谊（第1名，100分）的优势明显，其在该指标的排名连续七年保持第1名。2023年该指标下降趋势明显，70分以上的只有16家公司，居第10名的东海航运得分仅为76.5分。

（三）资本管理能力的模糊聚类等价分析

本部分试图根据财产险公司二级指标的得分，运用模糊聚类法分析各家财产险公司的相似程度，为比较各家财产险公司的资本管理能力提供一种新的方法和视角。

表 4－8　　资本管理能力下各项二级指标排名与评分前十的财产险公司

二级指标 / 排名	资本管理系数 公司名称（得分）	认可资产负债率 公司名称（得分）	资产认可率 公司名称（得分）	认可资产增长率 公司名称（得分）	资本利用率 公司名称（得分）	准备金保费比率 公司名称（得分）	资产保费比 公司名称（得分）	所有者权益 公司名称（得分）	资产报酬率 公司名称（得分）	风险调整资本回报率 公司名称（得分）	资本管理绩效增长率 公司名称（得分）
1	人保财险（100.0）	安联财险（100.0）	众安财险（100.0）	中原农险（100.0）	华农财险（100.0）	爱和谊（100.0）	久隆财险（100.0）	人保财险（100.0）	久隆财险（100.0）	安信农险（100.0）	史带财险（100.0）
2	大地财险（100.0）	三星财险（86.6）	安信农险（98.8）	凯本财险（100.0）	都邦财险（99.9）	融通财险（100.0）	广东能源自保（99.8）	平安财险（100.0）	融通财险（99.8）	太保财险（100.0）	汇友互助（92.2）
3	中华联合（100.0）	三井住友（86.3）	阳光财险（94.6）	长江财险（99.9）	利宝互助（99.0）	中石油专属保险（100.0）	中石油专属保险（97.9）	太保财险（92.8）	鼎和财险（99.7）	平安财险（99.6）	都邦财险（87.7）
4	太保财险（100.0）	瑞再企商（85.9）	太平财险（93.4）	融通财险（99.0）	安华农险（98.9）	久隆财险（97.7）	汇友互助（93.9）	国寿财险（78.5）	诚泰财险（99.0）	中石油专属保险（99.6）	建信财险（87.0）
5	平安财险（100.0）	东京海上（85.9）	太保财险（90.4）	华农财险（98.3）	安联财险（98.8）	富德财险（97.6）	中远海自保（93.2）	大地财险（69.0）	中石油专属保险（99.0）	中远海自保（99.3）	融通财险（85.9）
6	华泰财险（100.0）	美亚保险（85.3）	人保财险（85.6）	爱和谊（97.6）	渤海财险（98.7）	史带财险（94.5）	日本兴亚（90.3）	中华联合（62.2）	中原农险（97.7）	阳光财险（99.2）	锦泰财险（85.5）
7	华安财险（100.0）	史带财险（85.2）	平安财险（84.2）	华泰财险（93.4）	华安财险（98.6）	三井住友（93.4）	史带财险（84.3）	众安财险（61.5）	日本兴亚（97.3）	爱和谊（98.5）	中航安盟（84.7）
8	永安财险（100.0）	融通财险（85.1）	美亚保险（82.8）	苏黎世保险（93.0）	前海联合（97.2）	日本兴亚（86.4）	太平科技（82.9）	阳光财险（59.1）	汇友互助（95.6）	太平财险（98.2）	瑞再企商（84.5）
9	太平财险（100.0）	富邦财险（84.5）	广东能源自保（77.6）	众安财险（92.6）	珠峰财险（93.8）	苏黎世保险（78.9）	融通财险（79.1）	鼎和财险（56.2）	三星财险（95.0）	苏黎世保险（98.2）	国任财险（84.2）
10	亚太财险（100.0）	利宝互助（82.5）	安联财险（75.8）	国泰财险（92.3）	北部湾财险（93.6）	东海航运（76.5）	富德财险（78.3）	英大财险（51.6）	铁路自保（93.6）	凯本财险（97.5）	爱和谊（83.5）

由表4－9可以看出，处于主对角线上的值均为1。显然，各家财产险公司和自己的相似与贴近程度为100%。资本管理能力排名前十的公司之间的相似度介于0.10—0.99，差距很大。

表4－9 资本管理能力排名前十的公司的模糊聚类等价分析矩阵

	平安财险	人保财险	太保财险	史带财险	太平财险	国寿财险	都邦财险	阳光财险	长江财险	三井住友
平安财险	1.00	0.81	0.81	0.79	0.76	0.75	0.73	0.72	0.71	0.10
人保财险	0.81	1.00	0.99	0.96	0.88	0.96	0.85	0.90	0.89	0.12
太保财险	0.81	0.99	1.00	0.97	0.88	0.96	0.86	0.90	0.89	0.12
史带财险	0.79	0.96	0.97	1.00	0.89	0.97	0.87	0.92	0.91	0.12
太平财险	0.76	0.88	0.88	0.89	1.00	0.89	0.93	0.90	0.91	0.12
国寿财险	0.75	0.96	0.96	0.97	0.89	1.00	0.88	0.92	0.91	0.12
都邦财险	0.73	0.85	0.86	0.87	0.93	0.88	1.00	0.93	0.94	0.12
阳光财险	0.72	0.90	0.90	0.92	0.90	0.92	0.93	1.00	0.98	0.12
长江财险	0.71	0.89	0.89	0.91	0.91	0.91	0.94	0.98	1.00	0.12
三井住友	0.10	0.12	0.12	0.12	0.12	0.12	0.12	0.12	0.12	1.00

平安财险的资本管理能力综合竞争力居第1名，但它与资本管理能力排名前十的其余9家公司的相似度介于0.10—0.81，相似程度不高且公司之间差别较大。这说明平安财险与其他9家资本管理能力进入前十的财产险公司在资本管理能力和经营理念上相似性很低，其资本管理与经营模式是独特的存在。这一现象背后的逻辑值得仔细分析和思考。

此矩阵中得分最高的是人保财险与太保财险，相似度达到矩阵的最高0.99；阳光财险与长江财险，相似度达到0.98；此外，国寿财险、史带财险、太保财险、人保财险四者之间的相似度不低于0.96，这说明这几家公司在资本管理能力方面的差异并不明显。

此矩阵中的相关结果是根据资本管理能力各项指标运算得到的。这对认识财产险公司在资本管理的模式、技术和意识方面是有所帮助的。对此感兴趣的读者可以对其进一步的分析和研究。

三、2023年财产险公司经营能力的排名与分析

经营能力共包含12个相关二级指标，经过数据预处理后，我们得到一个76×12的数据矩阵。运用主成分分析法，我们共选取了7个主成分，其累计解释率为85.74%，其中，每个主成分都是这12个二级指标的线性组合。将主成分分析得分按照最低分40、最高分100进行标准化，得到各公司经营能力的百分制得分（见表4－10）。

表 4－10　　财产险公司经营能力排名与得分

公司名称	排名	得分（百分制）	公司名称	排名	得分（百分制）
人保财险	1	100.0	日本兴亚	39	64.2
众安财险	2	93.4	泰山财险	40	63.4
安联财险	3	87.3	融通财险	41	63.4
利宝互助	4	86.1	黄河财险	42	63.2
太保财险	5	85.2	中石油专属保险	43	63.0
中华联合	6	84.6	安华农险	44	63.0
阳光财险	7	81.9	中银财险	45	62.8
国寿财险	8	81.3	紫金财险	46	62.7
泰康在线	9	81.2	众诚财险	47	62.5
国任财险	10	80.7	永诚财险	48	61.9
国泰财险	11	79.7	中原农险	49	61.6
锦泰财险	12	78.9	渤海财险	50	61.1
美亚保险	13	78.4	三星财险	51	59.2
铁路自保	14	77.5	永安财险	52	58.9
三井住友	15	76.2	安诚财险	53	58.9
苏黎世保险	16	76.1	融盛财险	54	57.7
华农财险	17	75.8	中航安盟	55	56.3
平安财险	18	75.2	建信财险	56	56.3
众惠相互	19	74.7	华海财险	57	54.1
汇友互助	20	74.0	合众财险	58	53.9
亚太财险	21	73.3	现代财险	59	53.2
爱和谊	22	73.3	英大财险	60	53.1
东京海上	23	72.8	恒邦财险	61	52.9
大地财险	24	72.0	安信农险	62	52.7
阳光农险	25	70.3	珠峰财险	63	52.6
北部湾财险	26	69.9	海峡金桥	64	52.6
华泰财险	27	69.8	燕赵财险	65	52.2
都邦财险	28	68.9	富德财险	66	51.0
安盛天平	29	68.8	鑫安汽车	67	50.7
华安财险	30	68.4	太平科技	68	49.6
太平财险	31	67.9	凯本财险	69	47.7
史带财险	32	67.5	久隆财险	70	47.3
国元农险	33	67.1	长江财险	71	47.2
中煤财险	34	66.9	中远海自保	72	47.0
鼎和财险	35	66.5	瑞再企商	73	46.2
日本财险	36	64.4	东海航运	74	45.2
富邦财险	37	64.4	诚泰财险	75	41.4
广东能源自保	38	64.3	前海联合	76	40.0

由表4－10可以看出，2023年中国财产险市场上经营能力排名前三的保险公司依次是人保财险、众安财险、安联财险。在百分制基准下，它们的得分分别为100分、93.4分和87.3分。

在参评的73家财产险公司中，经营能力得分最高的为人保财险（100分），得分最低的是前海联合（40分），平均得分为65.2分，得分高于平均分的保险公司有35家，占比约46.1%。得分在90分以上的财产险公司有2家，得分在80—90分的财产险公司有8家，得分在70—80分的财产险公司有15家，得分在60—70分的财产险公司有25家，得分在60分以下的财产险公司有26家。

图4－4显示了经营能力排名前十的财产险公司得分情况，它们依次是人保财险、众安财险、安联财险、利宝互助、太保财险、中华联合、阳光财险、国寿财险、泰康在线、国任财险。

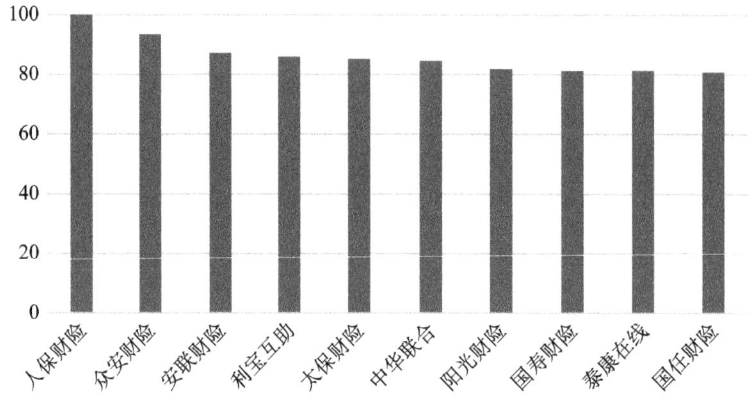

图4－4　经营能力排名前十的财产险公司得分情况

由图4－4可以看出，排名第一的人保财险得分遥遥领先，排名第2—10位的财产险公司得分差距不大，得分缓慢下降。总体来看，经营能力排名前十的财产险公司中，安联财险与利宝互助排名第三、第四，说明外资保险公司的经营能力提高比较明显，但是整体上看，中资财产险公司的经营能力略高于外资公司。

（一）经营能力排名前十的财产险公司各项二级指标的排名与得分

表4－11列出了经营能力排名前十的财产险公司各项二级指标排名及其得分，反映了财产险公司经营能力的整体情况。其中，各项逆向指标都已做过逆向化处理，即得分越高表明经营能力越强。

表 4－11　　经营能力排名前十的财产险公司各项二级指标的排名与得分

公司名称	净资产周转率		总资产周转率		综合赔付率		综合费用率		综合成本率的变化率		险种集中度系数		保险业务收入		保险业务收入增长率		净利润赔付支出覆盖率		保费收入费用增长比		分出率		合规指数	
	排名	得分	排名	得分	排名	得分	排名	得分	排名	得分	排名	得分	排名	得分	排名	得分	排名	得分	排名	得分	排名	得分	排名	得分
人保财险	26	77.2	13	91.3	2	99.9	71	48.0	68	56.7	36	81.2	1	100.0	59	56.9	4	99.5	44	69.8	70	40.0	37	95.9
众安财险	31	65.5	10	94.7	1	100.0	72	47.3	39	68.4	11	96.7	9	55.2	8	85.6	3	99.8	34	74.2	76	40.0	36	97.4
安联财险	5	96.4	19	83.0	44	67.3	32	72.4	26	71.2	13	95.9	24	43.0	36	65.1	50	63.3	65	46.8	22	66.9	34	97.6
利宝互助	2	99.5	2	99.0	15	81.7	57	65.1	48	66.8	48	71.6	35	41.5	22	73.0	41	63.7	40	72.8	62	42.4	1	100.0
太保财险	7	95.5	3	98.3	71	51.9	4	87.1	42	67.7	41	76.5	3	98.9	24	69.9	31	64.4	14	84.6	71	40.0	38	94.7
中华联合	10	94.2	5	96.7	58	62.8	15	76.6	41	68.0	21	94.3	5	74.8	37	64.9	44	63.6	28	76.1	53	44.8	63	66.1
阳光财险	12	92.9	4	98.1	73	48.3	5	87.1	34	69.5	9	97.0	7	65.0	28	67.7	38	63.8	41	72.6	75	40.0	44	84.8
国寿财险	16	88.9	14	89.2	53	65.1	19	75.0	33	69.7	52	70.4	4	89.6	38	64.9	39	63.8	23	77.9	47	47.5	43	86.0
泰康在线	23	82.2	31	77.0	17	81.3	52	66.3	49	66.7	8	97.5	14	46.3	20	75.3	43	63.6	56	64.3	45	48.6	1	100.0
国任财险	9	95.0	30	77.3	34	70.3	28	73.0	17	76.7	23	90.9	12	46.5	50	60.5	35	64.0	61	59.6	64	41.6	48	81.5

人保财险的经营能力居第 1 名，主要由于该公司在指标保险业务收入（第 1 名，100 分）、净利润赔付支出覆盖率（第 4 名，99.5 分）、综合赔付率（第 2 名，99.9 分）指标上的优异表现。值得注意的是，人保财险在综合成本率的变化率（第 68 名，56.7 分）、分出率（第 70 名，40 分）、综合费用率（第 71 名，48 分）指标上表现一般。另外，人保财险有 5 项经营能力二级指标的得分排名处于第 13—37 名。整体而言，人保财险的经营能力发展较为均衡，在个别指标表现十分优秀。

众安财险的经营能力居第 2 名，主要是由于其指标综合赔付率（第 1 名，100 分）、净利润赔付支出覆盖率（第 3 名，99.8 分）、保险业务收入增长率（第 8 名，85.6 分）、保险业务收入指标（第 9 名，55.2 分）、总资产周转率（第 10 名，94.7 分）表现优秀，这凸显了众安财险在经营能力方面的优势。

净资产周转率和总资产周转率是考察企业资产运营效率的重要指标，能够反映企业对其全部资产的管理质量和利用效率。总体来看，经营能力综合竞争力排名前十的财产险公司在这 2 项二级指标上的表现均处于中上游水平，分别有 4 公司和 5 家公司进入这两项指标的前十，在一定程度上说明这些公司具备较强的资产经营能力。

此外，这些经营能力排名前十的财产险公司在保险业务收入指标上的表现较为良好，这 10 家公司都处于 76 家公司的中游以上水平，有 6 家公司在保险业务收入二级指标上的排名进入前十，说明这 10 家公司在业务收入表现都较为不错，从而取得了经营能力总体评价的高分。

但也应该看到，在这 10 家公司中有超半数的公司在综合赔付率、险种集中度系数、保险业务收入增长率二级指标的排名与得分处于中下游水平。以上指标的表现从一定程度上说明这些公司的经营能力在某些方面（如成本控制、产品结构等）仍存在短板。财产险公司可以有针对性地加以改进，进一步提高自身的综合经营能力。

（二）经营能力下各项二级指标排名与得分前十的财产险公司情况

表 4－12 中列明了经营能力下各项二级指标排名与得分前十的财产险公司，反映了财产险公司经营能力的整体状况。

由表 4－12 可以看出，各项指标排名前十的公司得分差距最大的指标是保险业务收入，第 1 名（人保财险，100 分）比第 10 名（华安财险，49.6 分）得分高出 50.4 分，反映了财产险公司收入方面的巨大差异。各项指标排名前十的公司得分

表4-12 经营能力下各项二级指标排名与得分前十的财产险公司

二级指标	净资产周转率	总资产周转率	综合赔付率	综合费用率	综合成本率的变化率	险种集中度系数	保险业务收入	保险业务收入增长率	净利润赔付支出覆盖率	保费收入费用增长比	分出率	合规指数
排名	公司名称（得分）	公司名称（得分）	公司名称（得分）	公司名称（得分）	公司名称（得分）	公司名称（得分）	公司名称（得分）	公司名称（得分）	公司名称（得分）	公司名称（得分）	公司名称（得分）	公司名称（得分）
1	都邦财险（100.0）	国泰财险（100.0）	众安财险（100.0）	中远海自保（100.0）	广东能源自保（100.0）	永诚财险（100.0）	人保财险（100.0）	融通财险（100.0）	广东能源自保（100.0）	太平科技（100.0）	爱和谊（100.0）	阳光农险（100.0）
2	利宝互助（99.5）	利宝互助（99.0）	人保财险（99.9）	平安财险（87.3）	鑫安汽车（99.3）	现代财险（99.8）	平安财险（100.0）	太平科技（100.0）	凯本财险（100.0）	太平财险（98.7）	史带财险（100.0）	华农财险（100.0）
3	华安财险（99.1）	太保财险（98.3）	众惠相互（99.0）	安信农险（87.2）	中远海自保（98.6）	中银财险（99.7）	太保财险（98.9）	铁路自保（100.0）	众安财险（99.8）	中航安盟（95.9）	瑞再企商（100.0）	富德财险（100.0）
4	太平财险（97.5）	阳光财险（98.1）	汇友互助（98.7）	太保财险（87.1）	合众财险（97.4）	建信财险（98.5）	国寿财险（89.6）	安信农险（97.3）	人保财险（99.5）	前海联合（95.9）	三井住友（98.5）	北部湾财险（100.0）
5	安联财险（96.4）	中华联合（96.7）	铁路自保（96.2）	阳光财险（87.1）	太平科技（93.6）	黄河财险（98.5）	中华联合（74.8）	中原农险（93.4）	汇友互助（94.6）	久隆财险（93.7）	中远海自保（94.4）	中石油专属（100.0）
6	渤海财险（96.0）	亚太财险（95.9）	苏黎世保险（93.6）	太平财险（87.1）	众惠相互（92.3）	阳光农险（98.0）	大地财险（67.1）	合众财险（90.6）	中远海自保（93.8）	中原农险（91.7）	凯本财险（93.8）	恒邦财险（100.0）
7	太保财险（95.5）	华安财险（95.9）	凯本财险（90.4）	国元农险（81.3）	美亚保险（90.6）	融盛财险（98.0）	阳光财险（65.0）	国泰财险（86.6）	铁路自保（92.6）	中煤财险（91.1）	日本财险（92.0）	合众财险（100.0）
8	北部湾财险（95.3）	锦泰财险（95.6）	美亚保险（90.2）	中原农险（81.2）	富德财险（89.3）	泰康在线（97.5）	太平财险（56.1）	众安财险（85.6）	苏黎世保险（91.1）	鑫安汽车（90.2）	日本兴亚（91.9）	中原农险（100.0）
9	国任财险（95.0）	太平财险（95.1）	久隆财险（89.4）	中航安盟（79.9）	东海航运（88.3）	阳光财险（97.0）	众安财险（55.2）	海峡金桥（84.4）	中石油专属（86.7）	华农财险（88.8）	广东能源自保（91.8）	铁路自保（100.0）
10	中华联合（94.2）	众安财险（94.7）	华泰财险（86.0）	阳光农险（79.2）	汇友互助（84.5）	汇友互助（96.8）	华安财险（49.6）	三星财险（83.7）	众惠相互（83.0）	安信农险（88.4）	苏黎世保险（88.7）	泰康在线（100.0）

差距最小的指标是合规指数，这10家公司并列第一，都是100分，说明这10家公司在2023年基本没有收到行政处罚。此外，综合费用率指标，排名第一的中远海自保（100分）与排名第十的阳光农险（79.2分），分差20分左右，在经营能力的其他二级指标中，第1名和第10名的公司得分分差均在5—17分，比较合理，能够较好地反映各家财产险公司的经营水平。

在净资产周转率和总资产周转率方面，净资产周转率排名前十的财产险公司中，有2家外资公司（利宝互助、安联财险），总资产周转率排名前十的财产险公司中，有2家为外资公司（国泰财险、利宝互助）。可见，在资产运营效率上，相比外资财产险公司，中资财产险公司略占优势。

险种集中度系数反映了保险公司保费收入来源的集中程度，也反映了公司的产品开发能力和业务拓展水平。从险种集中度系数指标来看，排名前十的财产险公司中全部为中资财产险公司，表明中资财产保险公司在产品的开发和多样化上更胜一筹。

保险业务收入增长率排名前十的公司中，今年有两家外资财产保险公司入围（国泰财险、三星财险），说明外资财产险公司的保险业务收入方面开始发力，“逆势增长”。

总体来看，外资保险公司在产品结构、赔付管控和再保安排等方面表现相对较好，但中资保险公司与其差距正在缩小，而中资保险公司在保险业务收入、资产管理效率和费用管理等方面更有优势。

（三）经营能力的模糊聚类等价分析

本部分试图根据财产险公司二级指标的得分，运用模糊聚类法分析各家财产险公司的相似程度，为比较各家财产险公司之间的经营能力提供一种新的方法和视角（见表4－13）。

表4－13　经营能力排名前十的公司的模糊聚类等价分析矩阵

	人保财险	众安财险	安联财险	利宝互助	太保财险	中华联合	阳光财险	国寿财险	泰康在线	国任财险
人保财险	1.00	0.81	0.80	0.79	0.76	0.75	0.73	0.72	0.72	0.21
众安财险	0.81	1.00	0.98	0.98	0.88	0.96	0.86	0.90	0.90	0.23
安联财险	0.80	0.98	1.00	0.99	0.88	0.97	0.86	0.90	0.90	0.23

续表

	人保财险	众安财险	安联财险	利宝互助	太保财险	中华联合	阳光财险	国寿财险	泰康在线	国任财险
利宝互助	0.79	0.98	0.99	1.00	0.88	0.97	0.86	0.90	0.90	0.23
太保财险	0.76	0.88	0.88	0.88	1.00	0.89	0.92	0.90	0.90	0.25
中华联合	0.75	0.96	0.97	0.97	0.89	1.00	0.88	0.92	0.92	0.23
阳光财险	0.73	0.86	0.86	0.86	0.92	0.88	1.00	0.93	0.93	0.25
国寿财险	0.72	0.90	0.90	0.90	0.90	0.92	0.93	1.00	0.99	0.23
泰康在线	0.72	0.90	0.90	0.90	0.90	0.92	0.93	0.99	1.00	0.23
国任财险	0.21	0.23	0.23	0.23	0.25	0.23	0.25	0.23	0.23	1.00

由表4-13可以看出，处于主对角线上的值均为1。显然，各家财产险公司和自己的相似与贴近程度为100%。经营能力排名前十的公司之间的相似度介于0.21—0.99，表明各家财产险公司在经营能力方面的相似度差别较大。

国寿财险与泰康在线的相似度达到0.99；利宝互助与安联财险、众安财险之间的相似度也达到0.98以上；中华联合与安联财险、利宝互助之间的相似度达到0.97，显然，在经营能力和模式方面，这些公司之间具有很高的相似性与可比性。

经营能力排名第十的国任财险与其他9家财产保险公司之间的相似度介于0.21—0.25，相似度都很低，显然国任财险与其他9家公司之间具有很低的可比性。

经营能力排名第一的人保财险与其他8家财产保险公司之间的相似度介于0.72—0.81，相似度不高，其他公司进行学习与模仿的可能性不高。

整体来看，中国的财产险行业还没有形成一个比较占主流地位的经营管理模式。

四、2023年财产险公司风险管理能力排名与分析

风险管理能力共包含11个相关二级指标。经过数据预处理后，我们得到一个76×11的数据矩阵。运用主成分分析法，我们共选取了6个主成分，其累计解释率为89.37%，其中，每个主成分都是这11个二级指标的线性组合。将主成分分析得分按照最低分40、最高分100进行标准化，得到各公司风险管理能力的百分制得分（见表4-14）。

表4-14　　财产险公司风险管理能力排名与得分

公司名称	排名	得分（百分制）	公司名称	排名	得分（百分制）
中石油专属保险	1	100.0	泰山财险	39	60.0
融通财险	2	95.6	建信财险	40	60.0
融盛财险	3	93.9	三井住友	41	58.8
汇友互助	4	90.9	众惠相互	42	58.7
日本兴亚	5	89.4	恒邦财险	43	56.7
三星财险	6	88.8	国泰财险	44	54.9
众诚财险	7	88.3	安联财险	45	54.8
鼎和财险	8	86.0	华农财险	46	54.6
久隆财险	9	85.7	华安财险	47	54.6
中远海自保	10	85.3	海峡金桥	48	53.3
太平科技	11	81.3	人保财险	49	53.0
广东能源自保	12	81.1	安盛天平	50	51.2
瑞再企商	13	80.8	阳光财险	51	51.2
合众财险	14	78.7	富德财险	52	51.2
铁路自保	15	76.0	华海财险	53	51.1
现代财险	16	72.3	太平财险	54	51.0
安信农险	17	72.0	中航安盟	55	50.4
黄河财险	18	70.5	北部湾财险	56	49.5
苏黎世保险	19	69.8	泰康在线	57	48.5
东海航运	20	69.7	平安财险	58	48.4
诚泰财险	21	69.4	永诚财险	59	48.4
美亚保险	22	69.0	大地财险	60	48.1
长江财险	23	68.8	永安财险	61	46.8
凯本财险	24	68.4	国任财险	62	46.5
中原农险	25	67.9	锦泰财险	63	46.3
鑫安汽车	26	67.5	国元农险	64	46.2
众安财险	27	67.3	太保财险	65	46.0
日本财险	28	67.1	国寿财险	66	45.9
英大财险	29	66.3	前海联合	67	45.7
中银财险	30	66.0	渤海财险	68	44.8
中煤财险	31	65.9	亚太财险	69	44.6
华泰财险	32	65.7	珠峰财险	70	44.4
史带财险	33	65.1	富邦财险	71	44.1
爱和谊	34	64.6	燕赵财险	72	43.5
紫金财险	35	64.3	都邦财险	73	42.6
安诚财险	36	61.6	中华联合	74	40.3
阳光农险	37	60.4	利宝互助	75	40.0
东京海上	38	60.2	安华农险	76	40.0

由表 4 - 14 可以看出，中国财产险市场上风险管理能力排名前三的保险公司依次是中石油专属保险、融通财险、融盛财险。在百分制基准下，它们的得分分别为 100 分、95.6 分和 93.9 分。

在参评的 76 家财险公司中，风险管理能力得分最高的是中石油专属保险（100 分），得分最低的是安华农险（40 分），平均得分为 62.1 分，得分高于平均分的保险公司有 35 家，占比约为 46.1%。得分在 90 分以上的财产险公司有 4 家，得分在 80—90 分的财产险公司有 9 家，得分在 70—80 分的财产险公司有 5 家，得分在 60—70 分的财产险公司有 22 家，得分在 60 分以下的财产险公司有 36 家。

图 4 - 5 列明了风险管理能力排名前十的财产险公司得分情况，它们依次是中石油专属保险、融通财险、融盛财险、汇友互助、日本兴亚、三星财险、众诚财险、鼎和财险、久隆财险、中远海自保。

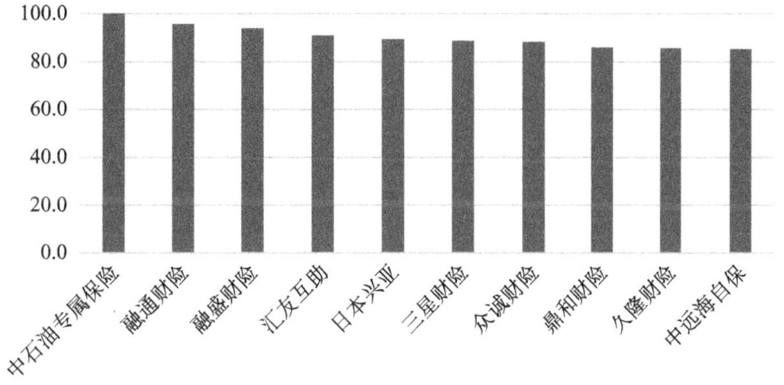

图 4 - 5　风险管理能力排名前十的财产险公司得分情况

由图 4 - 5 可以看到，风险管理能力排名前十的财产险公司中，位于 90 分以上的有 4 家财产保险公司，排名第一的中石油专属保险与排名第二的融通财险得分分差较大，其余 8 家财产险公司的得分差别不大，整体呈现均匀下降的趋势，分差在 1 分左右。

（一）风险管理能力排名前十的财产险公司各项二级指标的排名与得分

表 4 - 15 列明了风险管理能力排名前十的财产险公司各项二级指标排名与得分。

中石油专属保险的风险管理能力居第 1 名，主要得益于其流动性比率（第 1 名，100 分）、负债权益比率（第 3 名，79.3 分）、未决赔款准备金充足率（第 6 名，91.4 分）、保险负债占总资产比（第 9 名，93.9 分）、肯尼系数（第 8 名，98.8 分）等指标上的优异表现。但是，其在付现比（第 62 名，72.6 分）、现

表 4-15 风险管理能力排名前十的财产险公司各项二级指标的排名与得分

公司名称	偿付能力充足率		流动性比率		自留比率		未决赔款准备金充足率		肯尼系数		应收保费率		保险负债占总资产比		收现比		付现比		现金盈余保障倍数		负债权益比率	
	排名	得分	排名	得分	排名	得分	排名	得分	排名	得分	排名	得分	排名	得分	排名	得分	排名	得分	排名	得分	排名	得分
中石油专属保险	19	73.9	1	100.0	43	53.7	6	91.4	8	98.8	21	93.6	9	93.9	22	51.9	62	72.6	42	70.4	3	79.3
融通财险	2	100.0	61	51.4	64	41.2	34	50.3	13	97.1	13	97.1	4	98.7	7	95.9	71	60.0	5	77.8	4	78.1
融盛财险	4	99.4	20	76.7	36	57.3	30	51.5	18	95.9	26	90.3	8	94.0	6	97.0	69	62.5	51	69.7	9	76.7
汇友互助	7	96.9	2	99.4	9	96.5	8	89.0	5	99.3	18	94.9	5	98.2	1	100.0	75	42.4	56	69.6	10	75.8
日本兴亚	9	92.0	62	50.3	10	95.0	5	98.7	6	99.1	30	88.3	10	92.9	47	43.2	29	77.1	40	70.5	7	77.1
三星财险	13	85.6	25	72.4	12	90.9	19	58.3	10	98.1	28	89.7	11	92.7	44	43.7	53	74.9	11	74.9	8	76.9
众诚财险	24	65.7	14	82.3	46	51.0	64	44.1	37	82.9	16	96.3	29	75.0	4	97.8	72	59.7	10	75.8	24	71.4
鼎和财险	12	86.7	8	91.8	37	57.2	25	53.9	19	95.0	20	93.9	7	94.1	18	54.5	61	73.0	32	70.8	5	77.8
久隆财险	1	100.0	75	40.4	68	40.2	11	76.5	4	99.6	41	80.1	2	100.0	41	43.8	46	76.0	61	69.2	2	85.6
中远海自保	14	84.7	5	98.4	2	100.0	2	100.0	2	99.9	34	85.0	27	75.5	12	62.7	1	100.0	25	71.4	21	71.5

金盈余保障倍数（第 42 名，70.4 分）等指标上表现不佳，还具有一定的成长空间。

融通财险的风险管理能力居第 2 名。在风险管理能力的 11 项二级指标中，融通财险有 5 个指标排名进入了前十，分别为偿付能力充足率（第 2 名，100 分）、保险负债占总资产比（第 4 名，98.7 分）、收现比（第 7 名，95.9 分）、现金盈余保障倍数（第 5 名，77.8 分）、负债权益比率（第 4 名，78.1 分）。融通财险在风险管理能力各项二级指标上的两极化较为严重。其中，付现比得分仅为 60 分，排在第 71 名。

总体来看，风险管理能力下排名前十的财产险公司在负债权益比率指标上表现较好，均排在前 25 位。偿付能力充足率、流动性比率、肯尼系数、保险负债占总资产比和收现比 5 项指标也表现良好，除个别公司外，排名前十的财产险公司在这两项指标上的得分普遍高于平均水平。而在付现比、现金保障倍数 2 项指标上，这 10 家公司的表现普遍较差，仅有少数公司进入中上游。可见，各家公司的风险管理能力都仍需进一步加强。

（二）风险管理能力下各项二级指标排名与得分前十的财产险公司

表 4－16 列明了风险管理能力下各项二级指标排名与得分前十的财产险公司，反映出目前中国财产险公司风险管理能力的整体状况。

由表 4－16 可以看出，偿付能力充足率、自留比率、肯尼系数、应收保费率、保险负债占总资产比这 5 项指标排名前十的得分都差距较小，平均分差小于 1 分。相比之下，未决赔款准备金充足率、收现比、付现比、现金盈余保障倍数、负债权益比率这 5 项指标排名前十的得分差距较明显，第 10 名的得分均在 80 分以下，介于 65—78 分。

在偿付能力充足率指标得分排名前十的财产险公司中，只有 1 家外资公司。2018—2022 年，该指标排名前十中仅有 1—2 家外资保险公司。这说明近年来中资保险公司在偿付能力充足率方面一直优于外资保险公司。

流动性比率反映了公司偿还短期债务的能力。流动性比率指标居第 1 名的是中石油专属保险，并且居前十中有 9 家中资保险公司，表明中资保险公司在短期偿债能力方面表现略优于外资保险公司。

自留比率是自留保费和保险业务收入的比例，反映了公司的风险管理意识，是一个逆向指标。在该指标排名前十的财产险公司中，2021 年有 6 家外资保险公司，2022 年有 5 家外资保险公司，2023 年有 6 家外资保险公司。外资保险公司在该指

表 4－16　　风险管理能力下各项二级指标排名与得分前十的财产险公司

二级指标 排名	偿付能力充足率	流动性比率	自留比率	未决赔款准备金充足率	肯尼系数	应收保费率	保险负债占总资产比	收现比	付现比	现金盈余保障倍数	负债权益比率
	公司名称（得分）	公司名称（得分）	公司名称（得分）	公司名称（得分）	公司名称（得分）	公司名称（得分）	公司名称（得分）	公司名称（得分）	公司名称（得分）	公司名称（得分）	公司名称（得分）
1	久隆财险 （100.0）	中石油专属保险 （100.0）	凯本财险 （100.0）	广东能源自保 （100.0）	广东能源自保 （100.0）	人保财险 （100.0）	众安财险 （100.0）	汇友互助 （100.0）	中远海自保 （100.0）	中煤财险 （100.0）	诚泰财险 （100.0）
2	融通财险 （100.0）	汇友互助 （99.4）	中远海自保 （100.0）	中远海自保 （100.0）	中远海自保 （99.9）	太保财险 （100.0）	久隆财险 （100.0）	长江财险 （100.0）	爱和谊 （77.8）	安联财险 （85.6）	久隆财险 （85.6）
3	太平科技 （99.6）	铁路自保 （99.3）	广东能源自保 （99.9）	苏黎世保险 （100.0）	凯本财险 （99.8）	平安财险 （100.0）	诚泰财险 （99.1）	东海航运 （100.0）	众惠相互 （77.7）	永诚财险 （79.3）	中石油专属保险 （79.3）
4	融盛财险 （99.4）	中原农险 （98.5）	瑞再企商 （99.9）	瑞再企商 （99.2）	久隆财险 （99.6）	太平财险 （100.0）	融通财险 （98.7）	众诚财险 （97.8）	阳光财险 （77.6）	华农财险 （78.1）	融通财险 （78.1）
5	黄河财险 （97.7）	中远海自保 （98.4）	史带财险 （99.0）	日本兴亚 （98.7）	汇友互助 （99.3）	安信农险 （100.0）	汇友互助 （98.2）	华安财险 （97.6）	永安财险 （77.6）	融通财险 （77.8）	鼎和财险 （77.8）
6	合众财险 （97.7）	紫金财险 （98.0）	前海联合 （97.3）	中石油专属保险 （91.4）	日本兴亚 （99.1）	阳光财险 （100.0）	太平科技 （96.0）	融盛财险 （97.0）	三井住友 （77.6）	泰康在线 （77.5）	太平科技 （77.5）
7	汇友互助 （96.9）	国任财险 （92.3）	日本财险 （97.2）	凯本财险 （91.1）	瑞再企商 （98.9）	众安财险 （100.0）	鼎和财险 （94.1）	融通财险 （95.9）	国寿财险 （77.5）	太平财险 （77.1）	日本兴亚 （77.1）
8	广东能源自保 （92.5）	鼎和财险 （91.8）	苏黎世保险 （96.9）	汇友互助 （89.0）	中石油专属保险 （98.8）	华海财险 （99.7）	融盛财险 （94.0）	华农财险 （80.7）	燕赵财险 （77.5）	国泰财险 （76.9）	三星财险 （76.9）
9	日本兴亚 （92.0）	广东能源自保 （89.2）	汇友互助 （96.5）	铁路自保 （87.3）	太平科技 （98.5）	爱和谊 （99.7）	中石油专属保险 （93.9）	富德财险 （70.2）	亚太财险 （77.5）	北部湾财险 （76.7）	融盛财险 （76.7）
10	铁路自保 （90.0）	中航安盟 （84.9）	日本兴亚 （95.0）	日本财险 （77.2）	三星财险 （98.1）	富邦财险 （98.7）	日本兴亚 （92.9）	凯本财险 （65.9）	国泰财险 （77.5）	众诚财险 （75.8）	汇友互助 （75.8）

标前十公司中所占比例大大超过外资保险公司在全部财产险公司所占比例，一是说明外资保险公司资本比较充足，倾向于把更多的保费收入和利润自留，二是说明目前中资保险公司在保费自留与分出处理方面的风险管理能力正在不断进步。

未决赔款准备金充足率是考察公司风险能力的一个重要指标。在该指标排名前十的财产险公司中，2021 年有 6 家外资保险公司，2022 年有 5 家外资保险公司，2023 年有 5 家外资保险公司，表明外资财产险公司在未决赔款准备金的度量上更为保守，准备金更为充足，安全性更高，同时中资保险公司在安全性上也在进一步加强。

收现比可以反映企业当期收入的变现能力。在该指标排名前十的财产险公司只有一家是外资保险公司，表明中资保险公司的现金流量支持程度更高。

整体来看，在风险管理能力指标上，外资保险公司资本实力比较充足，准备金管理比较保守，更愿意把保费收入、风险和利润留归公司，但是需要注意公司的流动性管理水平。中资保险公司在流动性管理、偿付能力充足率建设、分保再保等方面更加注重市场化。

（三）风险管理能力的模糊聚类等价分析

本部分试图根据财产险公司在风险管理能力二级指标上的得分，运用模糊聚类法分析各家财产险公司的相似程度，为比较各家财产险公司的风险管理能力提供一种新的方法和视角（见表 4－17）。

表 4－17　风险管理能力排名前十的公司的模糊聚类等价分析矩阵

	中石油专属保险	融通财险	融盛财险	汇友互助	日本兴亚	三星财险	众诚财险	鼎和财险	久隆财险	中远海自保
中石油专属保险	1.00	0.82	0.82	0.81	0.77	0.77	0.73	0.71	0.71	0.18
融通财险	0.82	1.00	0.99	0.99	0.87	0.97	0.84	0.89	0.89	0.20
融盛财险	0.82	0.99	1.00	0.99	0.87	0.97	0.83	0.89	0.88	0.20
汇友互助	0.81	0.99	0.99	1.00	0.87	0.97	0.84	0.89	0.89	0.20
日本兴亚	0.77	0.87	0.87	0.87	1.00	0.88	0.90	0.89	0.89	0.22
三星财险	0.77	0.97	0.97	0.97	0.88	1.00	0.85	0.91	0.91	0.20
众诚财险	0.73	0.84	0.83	0.84	0.90	0.85	1.00	0.91	0.91	0.22
鼎和财险	0.71	0.89	0.89	0.89	0.89	0.91	0.91	1.00	0.99	0.20
久隆财险	0.71	0.89	0.88	0.89	0.89	0.91	0.91	0.99	1.00	0.20
中远海自保	0.18	0.20	0.20	0.20	0.22	0.20	0.22	0.20	0.20	1.00

由表4－17可以看出，处于主对角线上的值均为1。显然，各家财产险公司和自己的相似与贴近程度为100%。风险管理能力排名前十的财产险公司之间的相似度介于0.18—0.99，表明各家财产险公司在风险管理能力方面有较大的差别。在风险控制方面，大多数财产险公司都在不同程度上具有自己的独特性。

在以往年度风险管理能力排名靠前的财产险公司中，外资保险公司较多。但2021—2023年进入风险管理能力排名前十的外资财产险公司仅有2家，2021年是日本兴亚和凯本财险，2022年是日本兴亚和三星财险，2023年是日本兴亚和三星财险。这说明中资财产险公司在风险管理能力上有了比较稳健的提升。

由此表4－17得知，融通财险、融盛财险、汇友互助三家公司之间；久隆财险、鼎和财险之间的相似度都达到了0.99，具有非常高的相似度。此外，三星财险、汇友互助、融通财险、融盛财险这4家财险公司之间的相似度也达到了0.97。这说明这些公司之间的风险管理能力和模式具有非常高的相似性与可比性。

另外，风险管理能力排名第一的中石油专属保险与其他9家公司之间的相似度介于0.18—0.82，表明中石油专属保险与其他财产险公司在风险管理能力上的相似性与可比性较低。有意思的是，中石油专属保险与中远海自保的风险管理能力相似度是0.18，这两家专业自保公司在风险管理能力模式方面基本不具有可比性和相似性，这是一个需要进一步探讨的地方。此外，风险管理能力排名第十的中远海自保与其他公司的相似度介于0.18—0.22，也是需要我们进一步关注和探讨的一个内容。

除中远海自保之外，风险管理能力排名前十的财产险公司的相似度均在0.7以上，说明目前风险管理能力较强的各家财产险公司基本找到了一个比较统一的、可行的方法对风险进行科学的管理，行业内大致形成了一个权威的模式和方法。

五、2023年财产险公司发展潜力的排名与分析

发展潜力共包含11个相关二级指标。经过数据预处理后，我们得到一个76×11的数据矩阵。运用主成分分析法，我们共选取了7个主成分，其累计解释率为88.23%，其中，每个主成分都是这11个二级指标的线性组合。将主成分分析得分按照最低分40、最高分100进行标准化，得到各公司发展潜力的百分制得分（见表4－18）。

表 4-18　财产险公司发展潜力排名与得分

公司名称	排名	得分（百分制）	公司名称	排名	得分（百分制）
太保财险	1	100.0	利宝互助	39	70.2
人保财险	2	99.3	华农财险	40	69.7
阳光财险	3	96.1	融盛财险	41	67.0
紫金财险	4	94.5	日本兴亚	42	67.0
国寿财险	5	94.0	安联财险	43	66.3
英大财险	6	92.7	中远海自保	44	65.6
华泰财险	7	91.4	亚太财险	45	65.2
中华联合	8	91.1	恒邦财险	46	64.8
平安财险	9	91.0	泰康在线	47	64.8
大地财险	10	88.4	苏黎世保险	48	64.6
太平财险	11	88.1	凯本财险	49	64.4
锦泰财险	12	85.0	中煤财险	50	64.1
永诚财险	13	79.7	现代财险	51	63.3
阳光农险	14	79.3	北部湾财险	52	62.6
鼎和财险	15	79.2	中石油专属保险	53	62.6
中银财险	16	79.0	诚泰财险	54	62.3
融通财险	17	78.9	长江财险	55	61.9
众诚财险	18	78.7	黄河财险	56	61.2
中原农险	19	78.6	久隆财险	57	59.5
国任财险	20	78.3	汇友互助	58	59.2
永安财险	21	77.9	爱和谊	59	58.6
安信农险	22	77.7	建信财险	60	58.6
安华农险	23	76.7	东京海上	61	58.1
华安财险	24	76.3	三井住友	62	58.0
都邦财险	25	75.7	海峡金桥	63	58.0
铁路自保	26	75.2	富德财险	64	57.8
安诚财险	27	74.9	粤电自保	65	57.3
安盛天平	28	73.3	华海财险	66	57.0
三星财险	29	73.2	史带财险	67	54.6
众安财险	30	73.1	燕赵财险	68	53.1
美亚保险	31	72.7	瑞再企商	69	52.6
渤海财险	32	72.6	鑫安汽车	70	52.5
国泰财险	33	72.4	日本财险	71	50.7
合众财险	34	72.2	东海航运	72	48.4
泰山财险	35	72.2	前海联合	73	45.8
国元农险	36	72.0	富邦财险	74	42.7
太平科技	37	71.5	众惠相互	75	42.0
中航安盟	38	71.5	珠峰财险	76	40.0

由表4-18可以看出，目前中国财产险市场上发展潜力排名前三的保险公司依次是太保财险、人保财险、阳光财险。在百分制基准下，它们的得分分别为100分、99.3分和96.1分。

在参评的76家财产险公司中，发展潜力得分最高的是太保财险（100分），得分最低的是珠峰财险（40分），平均得分为69.8分，得分高于平均分的财产险公司有39家，占比约为51.3%。得分在90分以上的财产险公司有9家，得分在80—90分的财产险公司有3家，得分在70—80分的财产险公司有27家，得分在60—70分的财产险公司有17家，得分在60分以下的财产险公司有20家。

图4-6显示了发展潜力排名前十的财产险公司得分情况，它们依次是太保财险、人保财险、阳光财险、紫金财险、国寿财险、英大财险、华泰财险、中华联合、平安财险、大地财险。

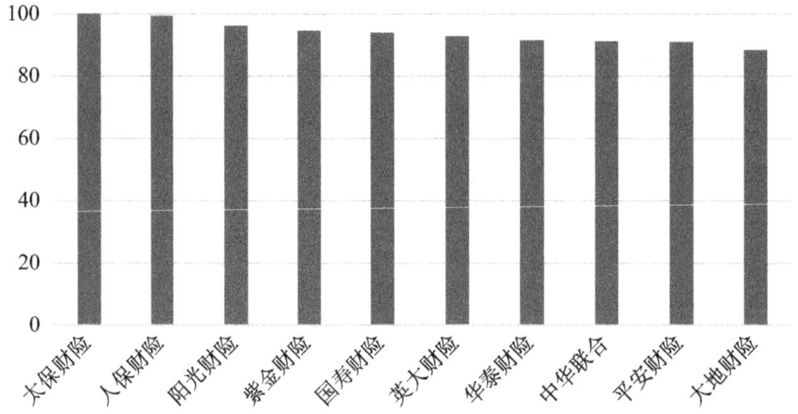

图4-6 发展潜力排名前十的财产险公司得分情况

由图4-6可以看出，发展潜力排名前十的财产险公司得分差距并不大，第10名的得分为88.4分。

（一）发展潜力排名前十的财产险公司各项二级指标的排名与得分

表4-19列明了发展潜力排名前十的财产险公司各项二级指标排名与得分。

发展潜力排名前十的财产险公司全部为中资保险公司，整体来看，目前中资财产险公司的发展潜力高于外资财产险公司。

太保财险的发展潜力居第1名，其在市场拓展能力（第3名，97.6分）、分支机构数目（第4名，98.4分）指标上表现优秀。太保财险在发展潜力的11项二

表 4-19　　发展潜力排名前十的财产险公司各项二级指标排名与得分

公司名称	发展系数		营业收入增长率		总资产增长率		净资产增长率		资产杠杆率		市场拓展能力		人均产能		承保潜力		分支机构数目		亿元保费投诉量		单位最低资本利润增长率	
	排名	得分	排名	得分	排名	得分	排名	得分	排名	得分	排名	得分	排名	得分	排名	得分	排名	得分	排名	得分	排名	得分
太保财险	26	70.4	27	73.7	21	76.5	18	41.9	52	67.2	3	97.6	37	55.2	75	40.1	4	98.4	36	99.5	46	78.6
人保财险	57	56.1	36	70.7	33	70.0	19	41.8	36	80.5	2	100	41	53.8	74	40.6	2	98.8	38	99.4	43	78.9
阳光财险	31	68.2	34	71.5	27	71.1	12	42.1	45	74.1	6	83.8	39	54.9	70	42.7	6	98.0	43	98.9	51	78.2
紫金财险	30	68.3	17	77.8	8	92.8	3	85.8	23	90.6	33	52.3	20	64.1	43	76.5	17	88.1	61	97.6	56	77.2
国寿财险	39	65.1	31	71.7	35	69.7	44	41.6	57	60.8	10	76.2	53	49.8	69	44.4	3	98.8	37	99.5	16	82.8
英大财险	44	62.9	52	64.2	11	88.7	4	75.5	31	85.8	25	57.2	25	60.5	47	72.7	13	94.0	33	99.8	47	78.6
华泰财险	25	71.3	54	62.6	6	96.5	32	41.7	44	74.7	13	69.8	31	57.0	54	65.6	7	97.5	66	95.5	49	78.2
中华联合	38	65.3	33	71.5	47	60.8	33	41.7	54	66.1	8	81.5	35	55.5	73	40.8	9	96.4	39	99.3	48	78.2
平安财险	45	62.8	76	40.0	23	75.0	22	41.8	49	68.7	1	100	11	91.8	71	41.1	1	100.0	35	99.7	42	78.9
大地财险	41	63.7	25	74.2	38	67.9	45	41.6	47	69.5	20	61.9	33	56.3	58	60.0	5	98.0	49	98.5	62	76.3

级指标中，承保潜力排名第75名，说明太保财险在分保再保水平上面需要进一步加强，太保财险的其他指标大多处于中等水平。

人保财险的发展潜力居第2名。在发展潜力的11项二级指标中，人保财险与太保财险相类似，也是市场拓展能力和分支机构数目指标进入了前十，表现优秀。

总体来看，发展潜力排名前十的财产险公司在总资产增长率、净资产增长率、市场拓展能力和分支机构数目等指标上的表现基本良好，大多数公司处于中上游水平。然而，在承保潜力指标上，这10家公司的排名都处于排名后半段，这是一个需要注意的问题。

（二）发展潜力下各项二级指标排名与得分前十的财产险公司情况

表4－20列明了发展潜力下各项二级指标排名前10位的财产险公司及其得分，反映了目前中国财产险公司发展潜力各项二级指标的整体表现和分布情况。

由表4－20可以看出，资产杠杆率、承保潜力、分支机构数目、亿元保费投诉量这4项指标排名前十的财产险公司得分较高并且差距极小，排名前十的得分均在96分以上。值得注意的是，亿元保费投诉量指标得到满分的公司有32家。净资产增长率指标第1名（诚泰财险，100分）与第10名（中原农险，45.7分）的分差超过了50分。其余几项指标排名前十的公司得分大多呈现均匀下降的趋势。

发展系数、营业收入增长率这2项指标排名前十的财产险公司中，有8家为中资保险公司，2家为外资保险公司。总资产增长率、净资产增长率反映了公司的运营效率，其中净资产增长率排名前十的均为中资保险公司，总资产增长率排名前十的公司中，中外资保险公司可以说“平分秋色”。

资产杠杆率、市场拓展能力以及分支机构数目指标排名前十的财产险公司中，中资保险公司均在8家及以上。这说明中资保险公司在规模发展方面具有相对优势，体现出近年来中资财产险公司发展的强劲势头。

中国境内共有4家专业自保公司，在指标人均产能、承保潜力指标上，分别有3家专业自保公司入围，显示专业自保公司的远大发展潜力和愿景。

在其他发展潜力二级指标中，排名进入前十的财产险公司中，中资保险公司占有比较明显的优势，说明中资保险公司具有良好的发展潜力。

表 4－20 发展潜力下各项二级指标排名与得分前十的财产险公司

二级指标 / 排名	发展系数	营业收入增长率	总资产增长率	净资产增长率	资产杠杆率	市场拓展能力	人均产能	承保潜力	分支机构数目	亿元保费投诉量	单位最低资本利润增长率
	公司名称（得分）	公司名称（得分）	公司名称（得分）	公司名称（得分）	公司名称（得分）	公司名称（得分）	公司名称（得分）	公司名称（得分）	公司名称（得分）	公司名称（得分）	公司名称（得分）
1	融通财险（100.0）	融通财险（100.0）	中原农险（100.0）	诚泰财险（100.0）	诚泰财险（100.0）	平安财险（100.0）	中石油专属（100.0）	凯本财险（100.0）	平安财险（100.0）	安信农险（100.0）	史带财险（100.0）
2	铁路自保（99.8）	合众财险（99.5）	凯本财险（100.0）	锦泰财险（98.2）	久隆财险（99.8）	人保财险（100.0）	融通财险（100.0）	粤电自保（99.8）	人保财险（98.8）	中煤财险（100.0）	日本兴亚（92.3）
3	太平科技（99.5）	美亚保险（98.1）	长江财险（100.0）	紫金财险（85.8）	中石油专属（99.0）	太保财险（97.6）	爱和谊（99.9）	中远海自保（99.7）	国寿财险（98.8）	锦泰财险（100.0）	汇友互助（92.0）
4	安信农险（94.6）	铁路自保（97.9）	融通财险（98.8）	英大财险（75.5）	融通财险（98.9）	安华农险（91.2）	中远海自保（99.7）	久隆财险（99.3）	太保财险（98.4）	长江财险（100.0）	建信财险（86.7）
5	中石油专属保险（89.8）	泰康在线（95.9）	华农财险（98.6）	国元农险（75.1）	鼎和财险（98.6）	华安财险（85.6）	众安财险（99.1）	瑞再企商（99.1）	大地财险（98.0）	中石油专属保险（100.0）	众惠相互（86.3）
6	中原农险（89.6）	安信农险（92.8）	华泰财险（96.5）	众诚财险（73.8）	太平科技（98.1）	阳光财险（83.8）	泰康在线（98.6）	日本兴亚（99.0）	阳光财险（98.0）	众安财险（100.0）	融通财险（85.5）
7	合众财险（89.3）	三星财险（92.8）	苏黎世保险（93.4）	泰山财险（61.6）	日本兴亚（98.0）	阳光农险（81.7）	众惠相互（98.3）	汇友互助（99.0）	华泰财险（97.5）	合众财险（100.0）	众安财险（85.4）
8	三星财险（85.9）	众安财险（89.6）	紫金财险（92.8）	鼎和财险（61.4）	三星财险（97.3）	中华联合（81.5）	国泰财险（98.1）	太平科技（98.9）	永诚财险（97.0）	华海财险（100.0）	锦泰财险（85.1）
9	海峡金桥（85.6）	太平科技（88.4）	国泰财险（92.7）	中煤财险（51.3）	融盛财险（97.2）	太平财险（78.4）	铁路自保（97.1）	中石油专属保险（98.1）	中华联合（96.4）	中原农险（100.0）	北部湾财险（85.1）
10	国泰财险（85.3）	黄河财险（87.6）	前海联合（89.3）	中原农险（45.7）	汇友互助（97.2）	国寿财险（76.2）	安联财险（94.5）	史带财险（97.7）	太平财险（96.4）	铁路自保（100.0）	安联财险（84.8）

（三）发展潜力的模糊聚类等价分析

本部分试图根据财产险公司在发展潜力二级指标上的得分，运用模糊聚类法分析各家财产险公司的相似程度，为比较各家财产险公司的发展潜力提供一种新的方法和视角（见表4-21）。

表4-21　　发展潜力排名前十的公司的模糊聚类等价分析矩阵

	太保财险	人保财险	阳光财险	紫金财险	国寿财险	英大财险	华泰财险	中华联合	平安财险	大地财险
太保财险	1.00	0.81	0.81	0.79	0.76	0.75	0.72	0.71	0.71	0.16
人保财险	0.81	1.00	1.00	0.96	0.89	0.95	0.86	0.90	0.89	0.18
阳光财险	0.81	1.00	1.00	0.96	0.89	0.95	0.86	0.90	0.89	0.18
紫金财险	0.79	0.96	0.96	1.00	0.90	0.97	0.87	0.91	0.90	0.18
国寿财险	0.76	0.89	0.89	0.90	1.00	0.90	0.92	0.91	0.90	0.19
英大财险	0.75	0.95	0.95	0.97	0.90	1.00	0.89	0.92	0.92	0.18
华泰财险	0.72	0.86	0.86	0.87	0.92	0.89	1.00	0.93	0.94	0.20
中华联合	0.71	0.90	0.90	0.91	0.91	0.92	0.93	1.00	0.99	0.19
平安财险	0.71	0.89	0.89	0.90	0.90	0.92	0.94	0.99	1.00	0.19
大地财险	0.16	0.18	0.18	0.18	0.19	0.18	0.20	0.19	0.19	1.00

由表4-21可以看出，处于主对角线上的值均为1。显然，各家财产险公司和自己的相似与贴近程度为100%。发展潜力排名前十的财产险公司之间的相似度介于0.16—0.99，表明各家财产险公司之间发展潜力的相似性差异较大，各家财产险公司在发展潜力方面既存在相似性，也具有自己的独特性。

发展潜力居第1名的太保财险与发展潜力排名前十中的其余9家财产险公司的相似度均不高，介于0.16—0.81，处于矩阵中较低的分值范围。紫金财险较高的发展潜力与其独特的业务安排是分不开的，但是其他财产险公司的学习性、模仿性不高。

发展潜力排名第十的大地财险与发展潜力排名前十中的其余9家财产险公司的相似度，介于0.16—0.19，处于矩阵中的最低得分，显示大地财险的发展潜力与其他9家公司之间的模式和思路不具有可比性、模仿性。

这10家财产险公司之间相似度最高的是平安财险和中华联合，发展潜力相似度为0.99。人保财险、英大财险、紫金财险、阳光财险之间的相似度不低于0.95，具有较高的相似性和可比性。相对于其他财产险公司来说，这几家公司在发展潜力方面表现比较突出，并且相互之间具有对标性和借鉴意义。

第四节　2023 年财产险公司综合竞争力评价结果的稳健性检验

与人身险公司的稳健性检验类似，本部分主要基于两种方式进行财产险公司的稳健性分析。一是利用聚类分析，将保险公司分为 2 类；在排除掉一类公司（公司数目较少的一类）后，对另一类公司运用主成分分析的方法，进行竞争力评价的排名与得分，与这些公司在原来情况下的排名进行比较分析，从而得到保险公司竞争力排名主成分分析的稳健性分析。二是利用聚类分析方法对评价指标进行分类，并剔除掉指标较少的类别后，运用余下的指标对保险公司竞争力进行主成分分析，得到的排名与原来的排名进行对比，从而完成稳健性分析。

一、剔除部分公司后，保险公司竞争力评价结果的稳健性检验

为了便于剔除公司和提高稳健性分析结果的有效性，首先运用聚类分析法将 73 家财产险公司分为 4 类（见表 4－22）。

表 4－22　　　　财产险公司在聚类分析下的分类的具体结果

公司名称	类别 4	类别 3	类别 2	公司名称	类别 4	类别 3	类别 2
人保财险	1	1	1	合众财险	3	2	1
大地财险	2	2	1	燕赵财险	2	2	1
中华联合	2	2	1	华海财险	2	2	1
太保财险	1	1	1	中原农险	2	2	1
平安财险	1	1	1	铁路自保	3	2	1
华泰财险	2	2	1	泰康在线	2	2	1
华安财险	2	2	1	东海航运	2	2	1
永安财险	2	2	1	久隆财险	3	2	1
太平财险	2	2	1	前海联合	2	2	1
亚太财险	2	2	1	珠峰财险	2	2	1
中银财险	2	2	1	海峡金桥	2	2	1
安信农险	2	2	1	建信财险	2	2	1
永诚财险	2	2	1	众惠相互	4	3	2
国任财险	2	2	1	中远海自保	3	2	1
安华农险	2	2	1	汇友互助	3	2	1
阳光财险	2	2	1	广东能源自保	3	2	1

续表

公司名称	类别4	类别3	类别2	公司名称	类别4	类别3	类别2
阳光农险	2	2	1	太平科技	3	2	1
都邦财险	2	2	1	黄河财险	3	2	1
渤海财险	2	2	1	融盛财险	3	2	1
华农财险	2	2	1	融通财险	3	2	1
国寿财险	2	2	1	史带财险	2	2	1
安诚财险	2	2	1	美亚保险	2	2	1
国元农险	2	2	1	东京海上	2	2	1
鼎和财险	2	2	1	瑞再企商	2	2	1
中煤财险	2	2	1	三井住友	2	2	1
英大财险	2	2	1	三星财险	3	2	1
紫金财险	2	2	1	安联财险	2	2	1
泰山财险	2	2	1	日本财险	2	2	1
众诚财险	2	2	1	利宝互助	2	2	1
锦泰财险	2	2	1	中航安盟	2	2	1
诚泰财险	2	2	1	安盛天平	2	2	1
长江财险	2	2	1	苏黎世保险	2	2	1
富德财险	3	2	1	现代财险	3	2	1
鑫安汽车	2	2	1	爱和谊	2	2	1
北部湾财险	2	2	1	国泰财险	2	2	1
中石油专属保险	3	2	1	日本兴亚	3	2	1
众安财险	2	2	1	凯本财险	2	2	1
恒邦财险	2	2	1	富邦财险	2	2	1

大部分公司属于类别1、2，分别剔除属于类别3、4的公司富德财险、中石油专属保险、合众财险、铁路自保、久隆财险、众惠相互、中远海自保、汇友互助、广东能源自保、太平科技、黄河财险、融盛财险、融通财险、三星财险、现代财险、日本兴亚，共16家公司。剩余的60家公司再重新进行综合竞争力评价。

对剩余的60家财产险公司重新进行主成分分析，选取14个主成分，解释率86.32%，评价结果如表4－23所示。

表4－23中，“原排名”表示剔除上述16家财产险公司后，剩余的60家公司的竞争力原始排名；“新排名”是剔除上述16家财产险公司后，对剩余的60家公司重新运用主成分分析方法等得到的综合竞争力评价结果。

表 4 - 23 财产险公司综合竞争力评价结果前后排名对比（剔除 16 家公司后）

公司名称	新排名	原排名	原排名 - 新排名	公司名称	新排名	原排名	原排名 - 新排名
人保财险	1	1	0	泰山财险	31	38	7
平安财险	2	2	0	众诚财险	32	34	2
泰康在线	3	40	37	史带财险	33	23	-10
鼎和财险	4	5	1	鑫安汽车	34	32	-2
太保财险	5	3	-2	国元农险	35	30	-5
爱和谊	6	25	19	锦泰财险	36	42	6
中原农险	7	7	0	安盛天平	37	45	8
安信农险	8	11	3	永安财险	38	28	-10
英大财险	9	4	-5	永诚财险	39	43	4
阳光农险	10	8	-2	前海联合	40	48	8
富邦财险	11	58	47	东海航运	41	41	0
利宝互助	12	54	42	国任财险	42	46	4
紫金财险	13	12	-1	长江财险	43	51	8
美亚保险	14	26	12	太平财险	44	29	-15
中银财险	15	16	1	苏黎世保险	45	9	-36
恒邦财险	16	13	-3	凯本财险	46	19	-27
国寿财险	17	6	-11	北部湾财险	47	44	-3
诚泰财险	18	22	4	中煤财险	48	50	2
大地财险	19	10	-9	日本财险	49	14	-35
华泰财险	20	15	-5	安华农险	50	37	-13
国泰财险	21	33	12	燕赵财险	51	49	-2
阳光财险	22	17	-5	渤海财险	52	52	0
众安财险	23	18	-5	华海财险	53	55	2
安联财险	24	47	23	珠峰财险	54	59	5
安诚财险	25	21	-4	中航安盟	55	20	-35
中华联合	26	24	-2	华农财险	56	53	-3
三井住友	27	31	4	都邦财险	57	56	-1
瑞再企商	28	39	11	亚太财险	58	57	-1
东京海上	29	27	-2	海峡金桥	59	35	-24
建信财险	30	36	6	华安财险	60	60	0

可以看出，在剔除 16 家财产险公司后，重新运用主成分分析、因子分析方法对财产险公司综合竞争力进行评价，他们的排名变化并不是很大。

运用 Wilcoxon 符号秩检验，进行稳健性分析。根据表 4 - 23 的原排名、新排名的结果，进行对比分析，情况如表 4 - 24、表 4 - 25、表 4 - 26 所示。

表 4－24　　财产险公司综合竞争力新旧排名的基本情况

描述统计					
	N	平均值	标准差	最小值	最大值
新排名	60	30.5000	17.46425	1.00	60.00
原排名	60	30.5000	17.46425	1.00	60.00

表 4－25　　威尔科克森（Wilcoxon）符号秩检验

秩				
		N	秩平均值	秩的总和
原排名－新排名	负秩	29[a]	26.02	754.50
	正秩	25[b]	29.22	730.50
	绑定值	6[c]		
	总计	60		

注：a. 原排名 < 新排名；b. 原排名 > 新排名；c. 原排名 = 新排名。

表 4－26　　威尔科克森（Wilcoxon）符号秩检验结果

检验统计[a]	
	原排名－新排名
Z	－0.103[b]
渐近显著性（双尾）	0.918

注：a. 威尔科克森符号秩检验；b. 基于正秩。

根据表 4－26 的结果显示：使用“精确”方法计算的渐近显著性（双尾）显著性水平为 0.918，远大于 0.05。因此，我们认为剔除 16 家公司后，再对剩余公司进行主成分分析方法排名与没有剔除公司进行排名的结果差异不显著，也就是说，两个样本来自同一总体，具有相同的总体分布。则主成分分析法在 0.05 的显著性水平下具有稳健性。即我们根据聚类分析的结果，剔除掉部分公司后，根据我们建立的指标体系，运用主成分分析法对其余公司竞争力的评价结果的影响不显著，通过了稳健性检验。

二、剔除部分指标后，保险公司竞争力评价结果的稳健性检验

指标体系应该尽可能地反映保险公司竞争力各方面的信息，显然部分指标的缺失或波动对保险公司竞争力的评价结果有影响。我们首先通过聚类分析，剔除部分表现“特殊”的指标后，再对保险公司竞争力进行评价。通过剔除部分指标对评价结果的影响来进行稳健性检验。

首先利用聚类分析将所有指标进行分类，分类结果如表 4－27 所示。

表 4－27　　财产险公司综合竞争力评价各项二级指标的聚类分析结果

指标名称	类别 4	类别 3	类别 2	指标名称	类别 4	类别 3	类别 2
总资产收益率	1	1	1	保险业务收入增长率	1	1	1
净资产收益率	1	1	1	净利润赔付支出覆盖率	1	1	1
投资收益率	1	1	1	保费收入费用增长比	2	2	2
净投资收益率	1	1	1	分出率	1	1	1
承保利润率	1	1	1	合规指数	1	1	1
投资资产占总资产比率	1	1	1	偿付能力充足率	1	1	1
净利润增长率	1	1	1	流动性比率	1	1	1
人均利润	1	1	1	自留比率	1	1	1
净利润	1	1	1	未决赔款准备金充足率	1	1	1
综合收益率	1	1	1	肯尼系数	1	1	1
资本管理系数	2	2	2	应收保费率	4	3	1
认可资产负债率	2	2	2	保险负债占总资产比	1	1	1
资产认可率	1	1	1	收现比	1	1	1
认可资产增长率	1	1	1	付现比	1	1	1
资本利用率	2	2	2	现金盈余保障倍数	1	1	1
准备金保费比率	1	1	1	负债权益比率	1	1	1
资产保费比	1	1	1	发展系数	1	1	1
所有者权益（净资产）	1	1	1	营业收入增长率	1	1	1
资产报酬率	1	1	1	总资产增长率	1	1	1
风险调整资本回报率	1	1	1	净资产增长率	1	1	1
资本管理绩效增长率	1	1	1	资产杠杆率	1	1	1
净资产周转率	2	2	2	市场拓展能力	1	1	1
总资产周转率	2	2	2	人均产能	1	1	1
综合赔付率	1	1	1	承保潜力	1	1	1
综合费用率	1	1	1	分支机构数目	2	2	2
综合成本率的变化率	1	1	1	亿元保费投诉量	1	1	1
险种集中度系数	3	1	1	单位最低资本利润增长率	1	1	1
保险业务收入	1	1	1				

根据表 4－27，分别属于类别 2、3、4 的特殊指标：资本管理系数、认可资产负债率、资本利用率、净资产周转率、总资产周转率、险种集中度系数、保费收入费用增长比、应收保费率、分支机构数目，共 9 个指标。

在剔除上述 9 个指标后，重新综合运用主成分分析、因子分析方法，最后提取了 13 个主因子，方差解释贡献率 85.68%，得到保险公司竞争力的排名结果如表 4－28 所示。

表 4-28 财产险公司综合竞争力评价结果前后排名对比（剔除 9 个指标后）

公司名称	新排名	原排名	原排名-新排名	公司名称	新排名	原排名	原排名-新排名
人保财险	1	1	0	众诚财险	39	50	11
平安财险	2	2	0	中银财险	40	30	-10
融通财险	3	23	20	泰康在线	41	56	15
太保财险	4	3	-1	恒邦财险	42	24	-18
久隆财险	5	5	0	华农财险	43	69	26
汇友互助	6	20	14	安联财险	44	63	19
铁路自保	7	13	6	国泰财险	45	49	4
日本兴亚	8	11	3	东海航运	46	57	11
中石油专属	9	4	-5	太平财险	47	45	-2
苏黎世保险	10	17	7	瑞再企商	48	55	7
广东能源自保	11	15	4	合众财险	49	28	-21
鼎和财险	12	8	-4	安诚财险	50	35	-15
凯本财险	13	33	20	国元农险	51	46	-5
中远海自保	14	7	-7	泰山财险	52	54	2
太平洋安信	15	19	4	北部湾财险	53	60	7
众安财险	16	32	16	富德财险	54	39	-15
太平科技	17	9	-8	永安财险	55	44	-11
美亚保险	18	42	24	锦泰财险	56	58	2
阳光农险	19	16	-3	建信财险	57	52	-5
三星财险	20	14	-6	利宝互助	58	70	12
中原农险	21	12	-9	中航安盟	59	34	-25
国寿财险	22	10	-12	安盛天平	60	61	1
华泰财险	23	29	6	安华农险	61	53	-8
融盛财险	24	26	2	中煤财险	62	66	4
英大财险	25	6	-19	永诚财险	63	59	-4
日本财险	26	27	1	海峡金桥	64	51	-13
史带财险	27	38	11	诚泰财险	65	36	-29
黄河财险	28	21	-7	鑫安汽车	66	48	-18
爱和谊	29	41	12	国任财险	67	62	-5
三井住友	30	47	17	渤海财险	68	68	0
阳光财险	31	31	0	华海财险	69	71	2
现代财险	32	22	-10	燕赵财险	70	65	-5
众惠相互	33	37	4	都邦财险	71	72	1
东京海上	34	43	9	富邦财险	72	74	2
大地财险	35	18	-17	华安财险	73	76	3
中华联合	36	40	4	珠峰财险	74	75	1
紫金财险	37	25	-12	前海联合	75	64	-11
长江财险	38	67	29	亚太财险	76	73	-3

由表4－28可以看出，剔除掉9个规模性指标后，运用主成分分析、因子分析方法，重新计算得到财产险公司的综合竞争力。

根据表4－28，运用威尔科克森（wilcoxon）符号秩检验，对剔除部分指标后的综合竞争力评价结果进行稳健性分析，主要结论如表4－29—表4－31所示。

表4－29　　财产险公司综合竞争力新旧排名的基本情况

描述统计					
	N	平均值	标准差	最小值	最大值
新排名	76	38.5000	22.08318	1.00	76.00
原排名	76	38.5000	22.08318	1.00	76.00

表4－30　　威尔科克森（Wilcoxon）符号秩检验

秩				
		N	秩平均值	秩的总和
原排名－新排名	负秩	33[a]	39.41	1,300.50
	正秩	38[b]	33.04	1,255.50
	绑定值	5[c]		
	总计	76		

注：a. 原排名＜新排名；b. 原排名＞新排名；c. 原排名＝新排名。

表4－31　　威尔科克森（Wilcoxon）符号秩检验结果

检验统计[a]	
	原排名－新排名
Z	－0.129[b]
渐近显著性（双尾）	0.897

注：a. 威尔科克森符号秩检验；b. 基于正秩。

表4－31列出了统计检验结果。结果显示：使用“渐近”方法计算的双侧显著性水平为0.897，远大于0.05，所以认为剔除指标前的综合竞争力排名与剔除几个指标后的综合竞争力排名差异不显著。也就是说，两个样本来自同一总体，具有相同的总体分布。则综合运用主成分分析法、因子分析法对财产险公司的竞争力进行排名时，当指标在特定的范围和程度内变化时所引起的排名的变化在统计上并不显著，即认为我们所采用的方法对于指标的变化有一定的稳健性，此方法抓住了财产险公司竞争力的稳定的特征，并表现出来。

由本节所述内容可知，综合运用主成分分析、因子分析方法对保险公司的竞争力进行评价排名时，保险市场的公司参与度以及指标的选择在统计上有其稳健性。即从总体市场来看，稳健性是存在的，无论是部分公司的参与评价与否还是指标的增删，他们所引起的竞争力排名的变动在统计意义上是不显著的、可以接受的，是稳健的。

第五章
2024 年中国保险公司投资价值评价分析

在整个国家经济持续向好的背景之下，保险公司凭借着优良的企业资产、平稳而充足的现金流和优秀的未来预期而在资本市场上引起了越来越多的关注。

为了维护广大消费者利益，营造良好的投资环境，科学、合理地评估保险公司的投资价值，促进中国保险投资市场的健康稳定发展，课题组进行中国保险公司的投资价值研究。

本章主要采用现代统计学、模糊数学等理论，构建保险公司投资价值的估值模型。本章通过考虑保险公司盈利能力、资本管理能力、经营能力、风险管理能力、发展潜力等方面的同时，将企业规模、经济形势、市场等因素纳入考量，构建一个较为全面的、可以合理反映当前市场对未上市保险公司估值的模型，为未上市保险公司的投资交易和完善保险业投资市场提供参考和借鉴。

首先基于第三章、第四章的评价结果，并选取保险公司的财务数据，主要涉及规模指标、盈利能力、资本管理能力、经营能力、发展潜力五个方面的内容，利用模糊数学中的贴近度计算方法，确定待评价公司与其他公司的相似程度，并以此作为对标公司及相应估值权重的衡量标准。

第一节　保险公司投资价值的概念与评价方法

一、保险公司投资价值的概念

“价值”这个名词自出现伊始，就被赋予了多种意义和理解。在哲学概念中，价值被认为作用物对于承受者所施加的积极意义和效用。在经济学中，价值被用来反映可以用来买卖的商品或服务在有效期内对于主体所能增加的效益的评判。马克思政治经济学还将价值按照作用和承受者的不同，将其分为使用价值和交换价值，用以对不同交易双方进行区分：使用价值用以衡量商品的购买者所能带来的效用，而交换价值用以针对商品的输出者。可见，价值作为一个估计值，对于不同的主体，其意义和体现（价格）有所区分。

实际上，即使是同一位输出者的同一件商品（服务），因为商品（服务）的接受者不同，其对于商品的需求、偏好及评价方式的不同，也使商品（服务）相对于接受者的价值也不尽相同。对于一家公司而言，其价值因为理解主体、计算方法的不同，也有会计层面的账面价值、以市价来计算的公允价值、破产时计算的清算价值等，这些都可以理解为市场价值。

一般的，市场价值往往表示的是一家上市公司的发行股份依据某一评估日股价得到的公司价值，公司的市值一般由股票的收盘价与发行的股份量相乘得到。股票的市场交易价格中，收市价是最能代表当日的股票价格。

国际资产评估标准委员会对市场价值的定义是：在评估基准日由心甘情愿的买方和卖方在交易中经过理性的、非强迫的讨价还价后评定的资产交换价值。该价值是能在实际的交易过程中完成的交易价值，能够用货币量来表示。

随着时代的进步，市场对于公司价值的理解不断加深，人们对公司的投资需求也日益高涨。随着日益增加的企业并购和公司上市行为，投资者对价值的认识日益加深，投资价值应运而生。

投资价值是指用以投资的某项资产针对该项资产具有买入意愿和买入目标的投资者所具有的价值。

投资价值与市场价值有关，但并不一定相等。投资价值往往取决于投资者的买入意愿、买入目的，以及宏观经济环境、投资环境等多方面。

保险公司的投资价值，既与宏观经济环境、经济政策有关，也与国内金融市场的发展和保险产业政策有关，更与保险公司的经营业绩直接相关。

二、国外关于保险公司投资价值的相关研究

投资价值评估的概念由来已久，早在1903年，美国帕拉特Pratt在《华尔街动态》中即提出“价值和价格相分离”的概念，其认为公司的盈利能力也影响着公司的价值，公司股票的价格其实就是公司未来股息的体现。费雪（1930）最先提出了公司的价值评估模型，创新性地探析资本和收入两者存在的联系。同时，通过公式，建立模型来证明，投资会渐渐地增加资本，收入扣除支出就是投资，如果不存在人的主观性，得到资本应和收入的贴现相当这一结论。莫迪和米勒（1959）提出了被广泛使用的经典MM理论，对公司估值体系有着现实与深远的意义。随后，企业价值评估模型进一步地发展，夏普主要对企业评估时所使用的折现率做了

创新性的研究，通过一系列具体的数学公式得到折现率，这就是CAPM模型，进一步地提升了评估公司价值的准确性，为后来相关理论的发展奠定了基础。罗斯（1976）构建了套利定价模型，该模型研究得到市场所能达到的均衡价格是不存在无风险套利机会，而独特风险却不产生任何影响，这是对经典CAPM模型的改进。针对不同评估模型的缺点，达兰（2005）综合分析大量的估计企业价值模型，包括市场法、流量贴现法等，进一步地用数学方法说明各个估值模型，在不同的情形下应选用不同的模型。塔里（1993）则指出，EVA方法在实际的估值时有较强的应用性，同时EVA的实质便为公司自身价值的增加。姆拉（1996）将该方法用于研究上市商业银行所披露的财务信息，进行目标对象股价的估计，将得出来的结果和实际中的价格比较，得到该方法对上市银行所做的估计较其他的模型更为精准的结论。彼得等（2004），则用实证研究证明了EVA法比传统方法更准确地衡量了经营业绩，与公司价值相关性较高。

三、国内关于保险公司投资价值的相关研究

我国学者对于保险公司的投资价值也进行了一些研究。陈兵（2006）提出，寿险公司总体的情况能够从公允价值中得出来。他在研究时，主要有四个阶段，它们是不同保单的分组、相关精算假设的建立、预估将来的利润并用风险贴现率进行折现以及敏感性分析，最后得到一系列的结论。蔡春勇（2010）从商业银行的角度分析了投资保险公司股权的利弊，他从经济金融发展形势、综合经营需要、完善银行服务功能和收益结构优化几个角度认为投资保险公司具有一定的现实意义。迟晓英从客户信息网络平台方面对投资保险行业给予了肯定。但遗憾的是，对于怎样进行对保险公司的股权投资，该选择怎样的保险公司进行投资，他们没有进行说明。吴明东（2010）采用了内含价值法，对当时保险上市公司（中国人寿、中国平安、中国太保）的股票投资意义进行了分析。秦阳（2016）采用内含价值法研究了平安人寿的内含价值，并考虑了投资收益变动对内含价值的影响，认为现金流折现模型可以在一定程度上弥补剩余收益模型以利润作为估值依据的欠缺。贾媛媛（2015）采用内含价值去预测未来净资产的收益率和净利润，从而对未来一年寿险公司的投资价值进行预测。代静玉（2016）在采用内含价值法评估寿险公司价值时，对于新业务乘数除了未来现金流外，融入了品牌效用、公司的经营管理能力等其他影响公司价值的因素进行修正，认为其更能近似反映市场对公司股票的理论价格预期。

除采用内含价值法外，我国学者对于不同估值方法对企业投资价值评估的效果

进行了许多研究。程凤朝（2011）采用模拟计算，认为不同时间段的折现现金流对公司价值的贡献不尽相同。他认为应改变目前只详细预测前5年现金流的做法，至少延长至前10年，且资金成本越低越应详细预测前几年的折现现金流。刘任重（2013）根据当时我国市场数据，分析了现金流量折现模型和剩余收益定价模型在估值方面的表现，认为剩余收益定价模型在企业定价中效果更优。刘海欧（2015）提出如果保险公司能够实现稳定收益，相对于内含价值法，市盈率法更能作用于市场评估。李颖（2017）分别运用内含价值模型与奥尔森剩余收益模型运用于寿险公司的评估中，发现用奥尔森剩余收益模型对于寿险公司的股权估值同样具备合理性与可行性。

事实上，从目前大部分学者的研究来看，目前对保险公司估值主要还是从财务指标进行整体估值。姚颖（2013）对企业管理团队的素质这一因素进行讨论，认为可以通过调整折现率进行估值，通过衡量管理团队的人员结构、从业经验、以往业绩、社会认可度等维度来衡量团队素质。除此之外，融资能力也是影响寿险公司估值的重要因素，融资能力越强的公司，其财务流动性越好，其非流动性折扣也就越低。同时，企业融资结构也影响其偿债能力。张淙豪（2014）经分析得出，融资能力的影响因素主要受盈利能力、流动性、企业规模、保障能力的影响。张颖（2016）通过对寿险公司财务指标的分析，揭示了投资假设和投资绩效对公司估值的影响，认为投资绩效越好的寿险公司，其内含价值与公司市值应该越为相近。其研究认为，寿险公司的投资收益率受监管规则、可用投资规模、会计原则、资产结构等因素的影响。秦阳（2016）以上市公司平安人寿作为实证研究对象，来计算它的内含价值，与此同时，将投资收益对保险公司内含价值的作用包含在内，有效地克服剩余收益法的不足。周静宜（2017）从财务分析的角度对保险公司的获取利润能力、债务偿付能力和发展潜能进行分析，通过因子分析法证明了营业收入，营业净利率和净资产收益率是影响保险公司盈利能力的重要因素。

现阶段，国内研究者对财产险公司的投资价值进行评价分析的文献数量较少。李林子（2003）提出建立保险企业相关财务指标系统，使用因子分析法，对国内外的财产险公司进行评判研究，得到不同经营范围与性质的财产险公司在盈利、资产管理能力等多个方面的不同。他研究讨论了我国财产险公司偿付能力的不足，并进一步对提升绩效的方法做出了相关的建议。马国东（2010）以我国上市险企中公司股权评估作为分析对象，指出账面价值法、PE法、PB法在具体的实际运用中均有出色的效果。因为不同的保险公司存在不同的经营特点和不同的投资并购行为，杨柳勇等（2014）论述了主要存在投资带来的收入（起到正向作用）、保险展业带来的保费（起到正向作用）、之前年度同比保险业务和相关的费用（起到正向作用）、当前的市场无风险利率（起到反向作用）和国内生产总值（起到反向作用）这几个条件决定评估的保险公司投资价值。王艳等（2015）认为，通过研究，表示公司的盈利能力、相关会计信息质量、保险公司的经济增加、国家的经济环境以及整个保险行业的质量这几个方面有益于保险公司价值的成长与壮大。因为各个方面都涵盖不同的特征指标，所以应使用多个特征指标可以科学合理地建立保险公司投资价值评估系统。刘海欧（2015）认为，若保险公司每年的财务状况是稳健的，则市盈率法在计算保险公司价值时往往具有比较好的效果。吴奇（2020）将2018年上市的人保集团当成案例分析目标，通过EVA方法预测其投资价值，并对估值结论进行准确性分析。

此外，有许多学者通过模糊数学贴近度模型和熵值法对非上市公司的投资价值进行研究。张灵莹（1994）通过模糊数学对定性指标进行量化，使用熵值法确定指标的权重，利用多个不同的指标对目标对象完成评价。刘洪久等（2005）主要运用模糊贴近度模型，将对标企业和待评价公司做贴近度分析，认为模糊理论的实际使用能在总体上科学地体现对标公司价值评估法的总体原理，这种方法在实际的并购、增资商业活动中具备很好的价值评估效果。张鼎祖（2006）使用模糊数学贴近度法对公司的价值进行估计，可以使用的原因是，该模型能够克服传统的评估模型容易受到主观思想影响的缺点。熊兴华（2008）将模糊数学贴近度模型应用于企业投资价值评估实践，但对对标公司的选取仅仅局限于之前的交易实例，并未将同行业的上市公司纳入考虑范围。胡晓明（2013）则通过选取相同性质的已经上市企业的多元特征指标，运用熵值法及贴近度模型来分析对标及待评价公司两者的关系，评估待评价公司的价值。朴艺兰（2015）认为，用市场法评估投资价值时，需研究待评价公司的行业，再来选取相近的对标公司。为了在最大限度上避免选择对标公司过程中存在研究人员主观性强的问题，可通过数学模糊法中的贴近度模型，将对标公司的相似度进行排序与赋权。李海玉（2016）通过使用模糊数学中的贴近度模型，将对标企业的相似度进行排序，最终筛选得到一些与待评价公司具备对标性的公司。张宇（2017）通过对上市公司投资价值的研究，提出：判断公司业务与财务两个方面的对标性确定对标公司，同时，通过反映股价的财务数据修正价值乘数，以达到评估待评价公司投资价值的目的。寇业富等（2011—2020）构建了中国保险公司综合竞争力的评价体系，对中国人身险公司与财产险公司的竞争力评价进行研究。

四、中国保险公司投资价值的评价方法

决定保险公司内在价值的因素有很多，包含国家的经济因素、国家的政治因素、保险行业的发展状况、保险公司的经营表现，包括公司的财务状况、公司将来的成长前景等，投资者需要综合考量，最终得出保险公司的投资价值。

本研究拟综合考虑EVA模型中的变量选择、运用熵值法、模糊数学、现代统计分析方法等对我国保险公司进行价值评估。

吴奇（2020）论证了EVA模型在保险领域的显著性和评估实践中应用其方法论的可行性①。

1. EVA模型的具体形式

$$EVA = NOPAT - TC \times WACC \quad \text{（式 5-1）}$$

式（5-1）中，$NOPAT$ 表示的是评估年度的税后净营业利润；TC 表示的是评估年度的资本总额；$WACC$ 表示的是评估年度的加权平均资本成本。

该模型中各个参数是：

$NOPAT$ =（净利润 + 所得税费用 + 利息支出）×（1 − T）+ 年度商誉减值 + 递延所得税贷方增加额 + 少数股东损益 − 递延所得税借方增加额 + 资本化研发费用 + 营业外收支 ×（1 − T）；

TC（资本总额）= 权益资本 + 债务资本 + 投资资本调整 = 普通股权益 + 少数股东权益 + 长期借款 + 一年内到期长期借款 + 短期借款 + 商誉减值 + 本年各项准备金 + 应付债券 + 资本化研发费用 + 递延所得税贷方余额 − 递延所得税借方余额 − 营业外收支 ×（1 − T）+ 社会责任得分；T（中国保险企业所得税税率）= 25%。

依据目标公司的所有者权益与负债在资产中的比例分别与对应的权益资本和负债资本相乘，得到的结果相加便是 $WACC$。

$$WACC = K_e \times \frac{S}{S+D} + K_d \times \frac{D}{S+D} \times (1-T) \quad \text{（式 5-2）}$$

S 表示的是所有者权益资本；D 表示的是债务资本；K_e 表示的是所有者权益资本成本，K_d 表示的是债务资本成本；T 表示的是公司的所得税率。

2. 熵值法

熵值法对各个指标的差异程度进行计算，以各个指标所提供的差异系数大小来

---

① 吴奇：《基于EVA模型的我国保险上市公司价值评估研究——以中国人保为例》，硕士学位论文，重庆理工大学，2020年。

确定各个指标在评估体系中所占据的权重。在 Claude · E. Shannon 的《通信数学理论》中，将 Hartley 关于信息度的模型扩展到指标中概率不同的情况，提出了计算信息熵的公式。其具体实现方法如下：

首先，在熵值法中要对数据进行标准化处理，以消除量纲和求对数对数据造成的影响，其取值范围已经落在［0，1］，消除了量纲和反向指标取值对其所产生的影响，从而得到关于各个指标的数据矩阵 $\overline{A}$。

$$\overline{A} = \begin{bmatrix} X_{11} & \cdots & X_{m1} \\ X_{12} & \cdots & X_{m2} \\ \vdots & \ddots & \vdots \\ X_{1n} & \cdots & X_{mn} \end{bmatrix}, i = 0,1,2,\cdots,m;\ j = 1,2,\cdots,n \qquad (式5-3)$$

其次，计算第 j 项指标中各方案占该指标的权重。

$$P_{ij} = \frac{X_{ij}}{\sum_{i=0}^{m} X_{ij}}, j = 1,2,\cdots,n \qquad (式5-4)$$

由此，可得数据的比重矩阵。并以此矩阵求各项指标的熵。

再次，计算各指标的熵：

$$e_j = -K\sum_{i=0}^{m} P_{ij}\ln(P_{ij}), j = 1,2,\cdots,n \qquad (式5-5)$$

其中 $K = \frac{1}{\ln(m)}$，其目的为使 e_j 的取值落于 0 和 1 之间。

根据求得的熵值，可得其差异系数：

$$d_j = 1 - e_j \qquad (式5-6)$$

求特征指标的权系数 w_j：

$$w_j = \frac{d_j}{\sum_{j=1}^{n} d_j}, j = 1,2,\cdots,n \qquad (式5-7)$$

最后，特征指标与权系数的乘积就得到公司在该指标下的评估得分，各指标评估相加得到公司的评估得分。

在一些相关研究中发现，在用 EVA 模型进行价值评估时，采用变量的增量其检验结果更为明显。

3. 模糊数学中的格贴近度计算方法

采用 M 表示所有候选的可对比公司，C 表示本次特征体系的特征，其相关特征 C 的量值为 x，构成描述事物的物元 $R=(M, C, x)$，若模糊贴近度关系分析中

选取 m 家公司，n 项可比指标，则可比公司指标 $x_{ij}(i=1,2,\cdots,m;\ j=1,2,\cdots,n)$。

采用最大最小相似系数法计算两个公司之间的格贴近度：

$$x_{ij} = \frac{\sum_{k=1}^{n}(x_{ik} \wedge x_{jk})}{\sum_{k=1}^{n}(x_{ik} \vee x_{jk})} \quad （式 5-8）$$

可构建关于保险公司之间的 $m \times m$ 相似关系特征矩阵：

$$X = [x_{ij}]_{m \times m} \quad （式 5-9）$$

通过模糊相似关系矩阵，建立待评价公司与对标公司之间的贴近度关系，用于对待评价公司投资价值计算结果的校对，是待评价公司投资价值计算的修复系数，可以更精确地待评价公司的投资价值。

第二节　保险公司投资价值的评价体系构建

通过分析我国保险公司现行估值方法的现状，发现目前的估值方法大多具有主观性过强的特点，不同的评估人员采用迥异的价值评估方法或有很大出入的估值假设，使市场中的交易价格往往偏离其真实价值。

一、保险公司投资价值的影响因素分析

保险公司作为金融行业类公司，其公司价值除自身内部经营情况外，还受整个金融宏观形势及行业预期的影响。因此，从投资者角度衡量保险公司的价值，应从公司的内部因素及外部因素进行分析。

（一）内部因素

1. 资产、收入等规模因素

无论是人身险公司还是财产险公司都没有脱离金融公司的范畴，衡量其投资价值的最直观体现就在其已有资产、收入的评估。如净资产，等于公司的总资产减去负债，它反映了保险公司在开办及以后接受的资本和公司通过经营活动创造出的资产。

2. 盈利能力

保险公司的盈利能力是指其通过业务及一系列投资活动获得利润的能力，也被

称为公司的资本增值能力。通常来说，一家保险公司的盈利能力可以采用净资产收益率、总资产收益率等几项指标进行测算和衡量。其中对于公司最重要的是总资产收益率，如果总资产收益率高于债务成本，那么该家公司应该举债经营；反之，债务则会成为压垮公司的负担。同时，总资产收益率也是一家公司综合实力的体现。而对于投资者而言，净资产收益率是衡量一家公司是否应该进行股权投资最直观的条件。净资产收益率等于一家公司该年度所获得的净利润除以净资产，其比值越高象征着这家公司的资本增值能力越强，投资者能够获得相对于债权投资更多的超额收益。

3. 资本管理能力

资本管理能力不仅表现为对资本规模、质量、安全的把握，还影响着企业对外融资的渠道和成本。一家对于资本管理要求严格的公司往往对于资产的风险和成本把控较好，降低了投资者投资的风险；但随着公司的资本管理能力越高，其流动性也会相应增强，其融资风险和融资成本相应降低，投资者所能得到的超额回报也会越低。人身险的资本管理能力体现在偿付能力充足率、资本利用率等方面。其中偿付能力充足率并非越高越好，过低的数值意味着公司对可能发生的赔付准备不足，会将公司带入风险之中；而过高的数值可能意味着资本的浪费或是业务开展得不够全面。

4. 经营能力

在公司价值评估中，经营能力被认为是企业对统合内外资源进行运营的管理能力，并结合条件制订符合公司经营的战略、计划的统筹能力和决策能力之和。在保险公司的投资价值评判中，企业的经营能力由净资产周转率等指标体现。

5. 发展潜力

在目前的公司价值评价体系中，资产规模往往只能代表公司的过去，而决定一家保险公司在投资者眼中的价值的，更多的是未来所取得的收益，即公司未来持续的获利能力。一家高成长性的保险公司，哪怕目前资产、销售规模都较小，但因为其高保费增速、高收益增长率，在投资者眼中同样也可能具备较高的价值。能够评价一家人身险公司的发展潜力的指标有发展系数、净资产增长率等指标。其中发展系数的定义为公司保费收入增量份额与原保费收入的比值，其能够反映寿险公司在整个市场下的发展前景而最常被使用到。

（二）外部因素

作为所有公司赖以生存的大环境，宏观经济的好坏会影响每一家公司的盈利和发展。作为金融市场的重要参与者，保险公司极其容易受经济环境的影响。在我国国内生产总值增长率保持较高水平的时候，人民生活水平的提高会对保险收入规模和保险公司的资产等起到促进作用，同时良好的投资氛围也有助于保险公司利用保费收入进行投资而取得较高收益。而当国内生产总值增长率持续下滑时，恶劣的经济形势会对投保人的投保意愿和公司的投资收益造成打击，影响保险公司的投资价值。同时，宏观政策的变动也会直接影响到保险公司的盈利状况和公司价值，任何宏观政策或者是保险监管规则的变动都可能会让保险公司的发展前景和获利能力发生巨大变化。

因此，评估保险公司的投资价值也必须考虑到宏观经济形势、宏观政策与证券市场的变化等各方面的因素。我们首先通过对标公司的市场价值得到其投资价值，再由待评价公司与对标公司之间的贴近程度，得到待评价公司的投资价值。

二、保险公司的投资价值评价指标体系

在待评价的保险公司中，既有已经上市的保险公司，也有作为子公司部分上市的保险公司，还有完全没有上市的保险公司。

首先，我们由上市保险公司（集团）的市场价值计算得到上市的保险公司或者作为子公司部分上市的保险公司的投资价值。在此步骤计算中，我们选择规模性指标，采用熵值法进行计算。

其次，把上面计算出投资价值的保险公司作为对标公司，分别计算未上市人身险公司、财产险公司的初始投资价值。在此步骤计算中，我们选择上面步骤相同的规模性指标，采用熵值法进行计算。

最后，根据待评价公司与对标公司的贴近度关系，对待评价公司的投资价值进行修正，从而得到保险公司的投资价值。在此步骤中，我们采用模糊数学中的格贴近度方法进行计算。将待评价公司与各对标公司的投资价值等价关系得值进行归一化处理，以对标公司的投资价值为参考，通过待评价公司与对标公司的相似程度，计算待评价公司的投资价值。

三、对标公司的选择

截至2023年12月，在中国境内或者香港上市的保险公司（集团）共9家，包括中国平安集团（601318）、中国人保（601319）、中国人寿（601628）、新华保险（601336）、中国太保集团（601601）、中国再保险（01508. HK）、中国太平（00966. HK）、众安在线（06060. HK），阳光保险集团（6963. HK）。

此外，天安财险以西水股份集团的形式上市（*ST 西水，600291），天茂集团（000627）的主要收入来自国华人寿。

基于投资价值评估的宏观经济背景、保险经营规律以及相关数据的科学性，我们选择在沪深上市的 5 家中国保险公司（集团）作为我们研究的主要背景和对标对象，即中国平安集团（601318）、中国人保（601319）、中国人寿（601628）、新华保险（601336）、中国太保集团（601601）。

相应地，人身险公司的对标公司分别是中国人寿、新华寿险、平安人寿、太保寿险；财产险公司的对标公司分别是人保财险、平安财险、太保财险。

四、对标公司的投资价值评价

在由上市的 5 家中国保险公司（集团）计算得到对标公司的投资价值时，我们选择的规模指标为净资产、净利润、已赚保费、营业总收入，以 2023 年 12 月 31 日的数据资料为基点。

其中上市保险公司（集团）的数据来自按照上市公司的有关规定，公司披露的财务数据，未上市的保险公司数据来自公司的年度披露信息报告。得到数据资料如表 5－1 所示。

表 5－1　上市保险公司（集团）与对标公司的规模指标数据　单位：千元

序号	公司名称	净资产	净利润	保险业务收入	营业总收入
1	中国人寿（601628）	470, 042, 000	22, 633, 000	632, 141, 000	837, 859, 000
2	新华保险（601336）	105, 092, 000	8, 716, 000	48, 045, 000	71, 547, 000
3	中国人保（601319）	331, 669, 000	31, 466, 000	503, 900, 000	553, 097, 000
4	中国平安集团（601318）	1, 228, 964, 000	109, 274, 000	536, 440, 000	913, 789, 000
5	中国太保集团（601601）	267, 704, 000	27, 911, 000	266, 167, 000	323, 945, 000
6	中国人寿	459, 845, 000	17, 538, 000	641, 380, 000	826, 807, 000
7	新华寿险	102, 586, 000	7, 981, 000	48, 044, 000	70, 995, 000
8	平安人寿	306, 948, 127	79, 086, 872	194, 249, 590	326, 296, 417
9	太保寿险	129, 447, 229	19, 531, 700	85, 461, 191	131, 084, 397
10	太保财险	54, 909, 202	6, 574, 947	177, 128, 339	183, 566, 505
11	人保财险	230, 388, 213	24, 908, 681	457, 203, 050	479, 653, 336
12	平安财险	124, 169, 397	8, 951, 696	313, 457, 530	326, 535, 866

依据公式（5－3）到公式（5－7）的计算，得到结果如表 5－2 所示。

表5-2 上市保险公司（集团）与对标公司的熵值评价得分与市场价值（总资产）

单位：千元

公司名称	熵法评价得分	市场价值（总资产）
中国人寿（601628）	434, 097, 521	5, 888, 479, 000
新华保险（601336）	56, 674, 106	1, 403, 257, 000
中国人保（601319）	314, 722, 347	1, 557, 159, 000
中国平安集团（601318）	675, 773, 956	11, 583, 417, 000
中国太保集团（601601）	20, 2758, 272	2, 343, 962, 000
中国人寿	429, 114, 816	5, 145, 794, 000
新华寿险	55, 611, 236	1221, 727, 000
人保财险	259, 701, 799	700, 798, 666
平安人寿	216, 754, 823	748, 729, 243
平安财险	165, 328, 667	471, 086, 784
太保寿险	86, 394, 016	3, 947, 363, 769
太保财险	89, 341, 795	232, 667, 140

中国人寿、新华寿险、平安人寿、太保寿险将是计算中国人身保险公司投资价值的对标公司；人保财险、平安财险、太保财险将是计算中国财产保险公司投资价值的对标公司。

第三节　中国人身险公司投资价值的评价分析

一、评价对象的选择

根据国家金融监督管理总局网站，截止到2023年12月31日，中国人身险公司共有94家，其中中资公司65家，外资保险公司共有29家。

截止到2024年5月31日，没有披露2023年年度信息披露报告或者披露内容不完整，或者部分指标数据异常的，共有21家公司；此外，由于净资产为负公司业务特点或者公司经营年限等原因，有8家公司；最后参与2024年中国人身险公司综合竞争力评价的有65家①。

① 具体公司名称等，可以参考本报告第三章 中国人身险公司竞争力评价分析的有关内容。

在参与综合竞争力评价的 65 家中国人身险公司中，选择在 2023 年年度净利润为正的保险公司进行投资价值评价，具体如表 5－3 所示。

表 5－3　参与 2024 年投资价值评价分析的人身险的公司

序号	公司名称	序号	公司名称
1	中国人寿	18	信美人寿
2	太保寿险	19	爱心人寿
3	平安人寿	20	北京人寿
4	新华寿险	21	中宏人寿
5	泰康人寿	22	安联人寿
6	太平人寿	23	工银安盛
7	民生人寿	24	交银人寿
8	平安养老	25	中意人寿
9	太平养老	26	友邦人寿
10	人保健康	27	中荷人寿
11	农银人寿	28	中英人寿
12	阳光人寿	29	同方全球人寿
13	利安人寿	30	招商信诺
14	财信吉祥人寿	31	陆家嘴国泰
15	太保健康	32	中美联泰
16	新华养老	33	平安健康
17	复星联合健康	34	中银三星

二、评价指标的选择

对保险公司的投资价值进行评价主要分两个步骤：一是依据规模指标，运用熵值法，由对标公司的投资价值得到待评价公司的投资价值的初始结果；二是建立盈利能力、资本管理能力、经营创新能力、发展潜力等方面的二级指标，再采用模糊格贴近度方法，计算待评价公司与对标公司的相似关系，并通过迭代计算，得到待评价公司与对标公司贴近度的等价关系，把此等价关系作为修正系数，根据对标公司与待评价公司的投资价值结果，得到待评价公司的投资价值。最后得到人身险公司综合竞争力排名前三十四的公司的投资价值。指标体系如表 5－4 所示。

表5-4 人身险公司投资价值评价的指标选取

指标组成部分	特征指标选取
规模指标	净资产、净利润、保险服务收入、营业总收入
盈利能力	投资收益率、净资产收益率、承保利润率、净利润增长率
经营创新能力	净资产周转率、总资产周转率、综合赔付率、综合费用率、保险业务收入增长率、退保率、产品集中度系数、万张保单投诉量、流动性比率、人均产能
资本管理能力	偿付能力充足率、保险负债占总资产比、资本利用率、认可资产负债率、资产认可率、认可资产增长率
发展潜力	发展系数、总资产增长率、净资产增长率、市场拓展能力、人均产能增长率、分支机构数目

三、保险公司的初始投资价值评价

各人身险公司规模指标数据如表5-5所示。

表5-5 各人身险公司规模指标数据 单位：千元

序号	公司名称	净资产	净利润	保险业务收入	营业总收入
1	中国人寿	459,845,000	17,538,000	641,380,000	826,807,000
2	太保寿险	129,447,229	19,531,700	85,461,191	131,084,397
3	平安人寿	306,948,127	79,086,872	194,249,590	326,296,417
4	新华寿险	102,586,000	7,981,000	48,044,000	70,995,000
5	泰康人寿	99,694,000	1,378,000	23,188,000	23,595,000
6	太平人寿	74,237,547	10,262,568	49,210,436	77,534,702
7	民生人寿	13,588,715	475,238	11,961,107	16,710,241
8	平安养老	24,130,305	1,684,749	14,541,744	17,837,477
9	太平养老	3,425,672	9,794	5,767,828	6,931,820
10	人保健康	10,380,633	1,490,714	45,207,908	43,192,131
11	农银人寿	11,372,439	184,418	30,163,946	36,176,997
12	阳光人寿	33,939,954	3,205,795	14,393,782	28,614,962
13	利安人寿	2,490,160	62,076	22,016,142	26,281,191
14	财信吉祥人寿	4,326,081	22,891	8,876,318	10,808,636
15	太保安联健康	3,328,656	30,508	1,913,458	2,321,512
16	新华养老	5,321,276	7,696	22	176,769
17	复星联合健康	1,007,745	22,517	4,124,733	3,718,158
18	信美人寿	1,034,677	8,659	9,084,091	3,769,860
19	爱心人寿	418,364	50,834	7,493,229	3,042,147
20	北京人寿	1,625,142	11,782	5,743,643	6,410,750

续表

序号	公司名称	净资产	净利润	保险业务收入	营业总收入
21	中宏人寿	9,076,650	401,811	23,187,211	25,888,756
22	安联人寿	4,254,261	329,932	5,386,986	6,858,101
23	工银安盛	20,194,584	356,309	40,494,882	47,293,753
24	交银人寿	7,442,479	59,473	21,666,773	27,199,813
25	中意人寿	9,918,817	1,245,580	23,362,423	27,940,205
26	友邦人寿	23,485,589	4,266,524	60,760,644	67,905,127
27	中荷人寿	3,843,359	11,575	11,818,842	13,743,804
28	中英人寿	8,657,943	29,482	16,170,904	18,323,159
29	同方全球人寿	3,319,989	30,895	6,187,219	7,747,202
30	招商信诺	9,805,757	402,249	34,645,575	40,479,840
31	陆家嘴国泰	3,273,938	51,254	6,060,286	7,226,694
32	中美联泰	7,676,039	391,559	18,241,014	21,628,755
33	平安健康	7,676,039	1,436,165	14,808,768	15,674,762
34	中银三星	2,846,593	60,783	24,867,685	27,365,947

采用熵值法进行运算，各人身险公司熵值评价得分结果如表5-6所示。

表5-6　　各人身险公司熵值评价得分结果

序号	公司名称	熵值评价得分	序号	公司名称	熵值评价得分
1	中国人寿	423,460,764	18	信美人寿	2,902,082
2	太保寿险	82,907,660	19	爱心人寿	2,292,239
3	平安人寿	209,592,908	20	北京人寿	2,941,190
4	新华寿险	51,975,436	21	中宏人寿	12,587,912
5	泰康人寿	53,674,792	22	安联人寿	3,692,955
6	太平人寿	47,776,042	23	工银安盛	23,335,662
7	民生人寿	9,404,826	24	交银人寿	12,064,372
8	平安养老	13,061,787	25	中意人寿	13,559,005
9	太平养老	3,480,987	26	友邦人寿	34,041,052
10	人保健康	21,486,636	27	中荷人寿	6,285,034
11	农银人寿	16,700,197	28	中英人寿	9,296,392
12	阳光人寿	18,203,513	29	同方全球人寿	3,725,718
13	利安人寿	10,774,725	30	招商信诺	18,250,385
14	财信吉祥人寿	5,168,630	31	陆家嘴国泰	3,583,027
15	太保安联健康	1,683,036	32	中美联泰	10,329,141
16	新华养老	1,288,892	33	平安健康	8,700,864
17	复星联合健康	1,886,939	34	中银三星	11,670,273

依据表 5-4 中的各项指标和这 34 家公司的各项指标取值，并对这些指标进行标准化后，运用模糊聚类分析法计算待评价公司与对标公司之间的相似关系，结果如表 5-7 所示。

表 5-7 待评价公司与对标公司之间的相似关系 单位：%

	中国人寿	太保寿险	平安人寿	新华寿险
泰康人寿	6.75	30.83	31.40	31.02
太平人寿	6.75	40.44	40.30	40.75
民生人寿	6.40	19.87	20.16	19.97
平安养老	6.08	37.92	37.29	37.66
太平养老	6.05	37.57	36.95	37.31
人保健康	5.92	36.73	36.12	36.48
农银人寿	5.90	37.78	37.20	37.55
阳光人寿	5.89	39.41	38.77	39.15
利安人寿	5.89	36.70	36.09	36.45
财信吉祥人寿	5.87	36.63	36.02	36.38
太保安联健康	5.87	37.29	36.67	37.03
新华养老	5.18	29.63	29.52	29.57
复星联合健康	5.18	37.01	36.40	36.76
信美人寿	5.15	36.40	35.84	36.16
爱心人寿	5.15	36.89	36.32	36.65
北京人寿	5.14	36.02	35.46	35.79
中宏人寿	5.14	35.94	35.39	35.71
安联人寿	5.14	28.93	29.27	29.03
工银安盛	5.14	28.32	28.84	28.49
交银人寿	5.14	35.93	35.38	35.70
中意人寿	5.14	35.95	35.39	35.71
友邦人寿	5.14	36.04	35.48	35.80
中荷人寿	5.14	36.11	35.55	35.88
中英人寿	5.14	35.80	35.24	35.56
同方全球人寿	5.14	35.71	35.16	35.48
招商信诺	5.14	35.80	35.24	35.57
陆家嘴国泰	5.14	35.23	34.70	35.01
中美联泰	5.14	35.25	34.72	35.03
平安健康	5.14	35.23	34.70	35.01
中银三星	5.14	35.24	34.71	35.01

以表 5 -7 中的相似系数作为修复系数，并综合考虑宏观经济环境、保险行业发展规律和阶段、保险公司的杠杆系数等多方面的因素，求得待评价公司的投资价值，结果如表 5 -8 所示。

表 5 -8　　　　待评价人身险公司的投资价值　　　　单位：千元

序号	公司名称	投资价值	序号	公司名称	投资价值
1	中国人寿	1, 705, 854, 351	18	信美人寿	1, 361, 529
2	太保寿险	411, 424, 676	19	爱心人寿	571, 329
3	平安人寿	1, 496, 795, 125	20	北京人寿	3, 930, 389
4	新华寿险	724, 477, 739	21	中宏人寿	22, 805, 286
5	泰康人寿	738, 262, 956	22	安联人寿	5, 059, 268
6	太平人寿	73, 675, 334	23	工银安盛	23, 120, 403
7	民生人寿	11, 150, 822	24	交银人寿	13, 751, 208
8	平安养老	71, 648, 394	25	中意人寿	18, 314, 258
9	太平养老	8, 361, 212	26	友邦人寿	47, 577, 515
10	人保健康	37, 129, 179	27	中荷人寿	8, 429, 185
11	农银人寿	22, 402, 879	28	中英人寿	18, 464, 317
12	阳光人寿	28, 823, 343	29	同方全球人寿	6, 506, 336
13	利安人寿	5, 096, 147	30	招商信诺	20, 471, 056
14	财信吉祥人寿	10, 732, 453	31	陆家嘴国泰	8, 379, 085
15	太保安联健康	12, 094, 618	32	中美联泰	14, 469, 409
16	新华养老	15, 135, 957	33	平安健康	45, 920, 534
17	复星联合健康	3, 087, 757	34	中银三星	6, 997, 801

通过表 5 -8 和图 5 -1 可以看出，中国人寿、太保寿险的投资价值绝对额位列人身险公司前两名，且占有绝对优势地位。

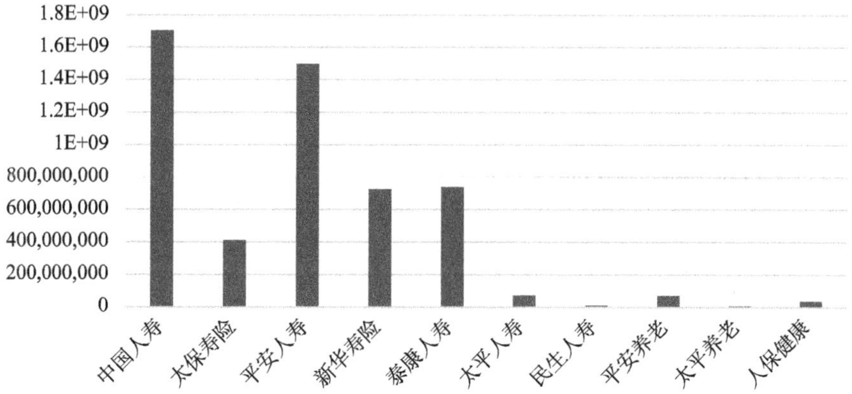

图 5 -1　2024 年投资价值排名前十的人身险公司

由于各公司的所有者权益不一样，如果单独考虑公司的投资价值绝对额，对于潜在投资者的参考借鉴意义并不大。为了更好地反映各公司的投资效能①，在不考虑公司股权质押、不考虑公司成立年限的情况下，我们引入了指标“投资效能比”，具体结果如表5-9所示。

表5-9　　2024年人身险公司投资效能比评价结果分析

序号	公司名称	投资价值（千元）	净资产（千元）	投资效能比（%）
1	中国人寿	1,705,854,351	459,845,000	371.0
2	太保寿险	411,424,676	129,447,229	317.8
3	平安人寿	1,496,795,125	306,948,127	487.6
4	新华寿险	724,477,739	102,586,000	706.2
5	泰康人寿	738,262,956	99,694,000	740.5
6	太平人寿	73,675,334	74,237,547	99.2
7	民生人寿	11,150,822	13,588,715	82.1
8	平安养老	71,648,394	24,130,305	296.9
9	太平养老	8,361,212	3,425,672	244.1
10	人保健康	37,129,179	10,380,633	357.7
11	农银人寿	22,402,879	11,372,439	197.0
12	阳光人寿	28,823,343	33,939,954	84.9
13	利安人寿	5,096,147	2,490,160	204.7
14	财信吉祥人寿	10,732,453	4,326,081	248.1
15	太保安联健康	12,094,618	3,328,656	363.3
16	新华养老	15,135,957	5,321,276	284.4
17	复星联合健康	3,087,757	1,007,745	306.4
18	信美人寿	1,361,529	1,034,677	131.6
19	爱心人寿	571,329	418,364	136.6
20	北京人寿	3,930,389	1,625,142	241.8
21	中宏人寿	22,805,286	9,076,650	251.3
22	安联人寿	5,059,268	4,254,261	118.9
23	工银安盛	23,120,403	20,194,584	114.5
24	交银人寿	13,751,208	7,442,479	184.8
25	中意人寿	18,314,258	9,918,817	184.6
26	友邦人寿	47,577,515	23,485,589	202.6
27	中荷人寿	8,429,185	3,843,359	219.3

① 投资效能=投资价值/所有者权益。

续表

序号	公司名称	投资价值（千元）	净资产（千元）	投资效能比（%）
28	中英人寿	18, 464, 317	8, 657, 943	213. 3
29	同方全球人寿	6, 506, 336	3, 319, 989	196. 0
30	招商信诺	20, 471, 056	9, 805, 757	208. 8
31	陆家嘴国泰	8, 379, 085	3, 273, 938	255. 9
32	中美联泰	14, 469, 409	7, 676, 039	188. 5
33	平安健康	45, 920, 534	7, 676, 039	598. 2
34	中银三星	6, 997, 801	2, 846, 593	245. 8

其中，投资效能比排名前十的中国人身险公司如图5－2所示。

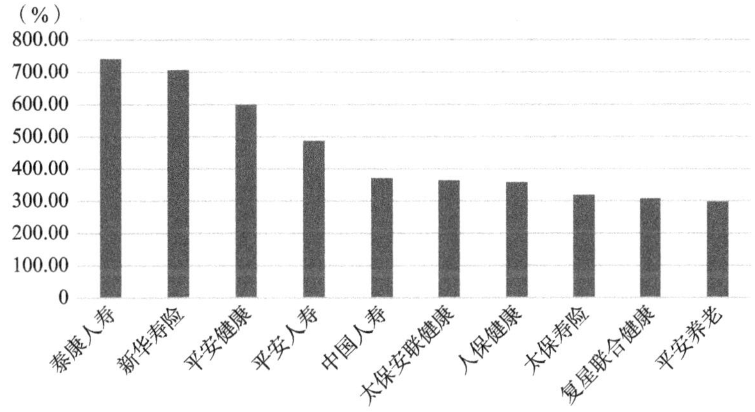

图5－2 2024年投资效能比排名前十的人身险公司

通过表5－9和图5－2可以看出，投资效能比排名前三的分别是泰康人寿（740. 5%）、新华寿险（706. 2%）和平安健康（598. 2%）。从表中可以看出，这3家公司的投资效能比占有比较明显的优势。

为了对公司的投资价值更深入地了解，我们把各公司的投资价值与公司的总资产做了一个比较，具体结果如表5－10所示。

表5－10 2024年人身险公司投资价值与总资产比较

序号	公司名称	投资价值（千元）	总资产（千元）	投资价值/总资产（%）
1	中国人寿	1, 705, 854, 351	5, 746, 077, 000	29. 7
2	太保寿险	411, 424, 676	2, 014, 824, 491	20. 4
3	平安人寿	1, 496, 795, 125	4, 229, 313, 311	35. 4
4	新华寿险	724, 477, 739	1, 391, 875, 000	52. 1
5	泰康人寿	738, 262, 956	1, 473, 839, 000	50. 1
6	太平人寿	73, 675, 334	1, 041, 725, 234	7. 1

续表

序号	公司名称	投资价值（千元）	总资产（千元）	投资价值/总资产（%）
7	民生人寿	11, 150, 822	126, 804, 467	8. 8
8	平安养老	71, 648, 394	88, 180, 465	81. 3
9	太平养老	8, 361, 212	28, 327, 718	29. 5
10	人保健康	37, 129, 179	116, 660, 134	31. 8
11	农银人寿	22, 402, 879	169, 261, 421	13. 2
12	阳光人寿	28, 823, 343	445, 521, 908	6. 5
13	利安人寿	5, 096, 147	102, 145, 849	5. 0
14	财信吉祥人寿	10, 732, 453	40, 337, 613	26. 6
15	太保安联健康	12, 094, 618	9, 123, 668	132. 6
16	新华养老	15, 135, 957	7, 165, 420	211. 2
17	复星联合健康	3, 087, 757	11, 990, 584	25. 8
18	信美人寿	1, 361, 529	42, 266, 485	3. 2
19	爱心人寿	571, 329	32, 589, 523	1. 8
20	北京人寿	3, 930, 389	23, 071, 936	17. 0
21	中宏人寿	22, 805, 286	94, 856, 554	24. 0
22	安联人寿	5, 059, 268	48, 329, 158	10. 5
23	工银安盛	23, 120, 403	311, 781, 616	7. 4
24	交银人寿	13, 751, 208	123, 590, 207	11. 1
25	中意人寿	18, 314, 258	139, 042, 756	13. 2
26	友邦人寿	47, 577, 515	318, 940, 636	14. 9
27	中荷人寿	8, 429, 185	54, 502, 715	15. 5
28	中英人寿	18, 464, 317	82, 201, 804	22. 5
29	同方全球人寿	6, 506, 336	35, 771, 071	18. 2
30	招商信诺	20, 471, 056	164, 859, 535	12. 4
31	陆家嘴国泰	8, 379, 085	26, 002, 291	32. 2
32	中美联泰	14, 469, 409	101, 832, 788	14. 2
33	平安健康	45, 920, 534	27, 014, 365	170. 0
34	中银三星	6, 997, 801	88, 193, 720	7. 9

通过表 5－10 可以看出，保险公司的投资价值与公司的总资产差别较大（不足 10%）的有：爱心人寿、阳光人寿、太平人寿、民生人寿、利安人寿、信美人寿、工银安盛、中银三星等。

第四节　中国财产险公司投资价值的评价分析

一、研究对象的选择

根据国家金融监督管理总局网站，截止到 2023 年 12 月 31 日，中国财产险公司共有 89 家，其中中资公司 68 家，外资保险公司共有 21 家。

截止到 2024 年 5 月 31 日，在这 89 家公司中，未披露 2023 年年度信息披露报告或者年度信息披露报告不完整的有 11 家公司；此外，劳合社业务比较特殊，中国渔业互助保险社成立时间太短（截至 2023 年 12 月，成立营业不到 2 年）。这 13 家财产保险公司不进行综合竞争力评价分析①。

最后，共对 76 家财产保险公司进行综合竞争力评价分析。在这 76 家财产保险公司中，我们选择净利润为正，在 2024 年中国财产保险公司综合竞争力评价排名靠前的 40 家财产险公司进行投资价值分析，具体如表 5－11 所示。

表 5－11　　参与 2024 年价值成长评价分析的财产险公司

序号	公司名称	序号	公司名称
1	人保财险	15	阳光农险
2	平安财险	16	苏黎世财险
3	太保财险	17	大地财险
4	中石油专属	18	太平洋安信
5	久隆财险	19	汇友相互
6	英大财险	20	融通财险
7	中远海自保	21	恒邦财险
8	鼎和财险	22	紫金财险
9	国寿财险	23	日本财险
10	日本兴亚财险	24	华泰财险
11	中原农险	25	中银财险
12	铁路自保	26	阳光财险
13	三星财险	27	众安财险
14	广东能源自保	28	凯本财险

① 具体情况，可参考“第四章中国财产险公司竞争力评价分析”中的相关内容。

续表

序号	公司名称	序号	公司名称
29	安盟财险	35	美亚保险
30	安诚财险	36	东京海上
31	众惠相互	37	永安保险
32	史带财险	38	太平财险
33	中华财险	39	国元农险
34	爱和谊	40	三井住友

二、评价指标的选择

对保险公司的投资价值进行评价主要分两个步骤：一是依据规模指标，运用熵值法，由对标公司的投资价值得到待评价公司投资价值的初始评价结果；二是建立盈利能力、资本管理能力、经营创新能力、发展潜力等方面的二级指标，再采用模糊格贴近度方法，计算待评价公司与对标公司的相似关系，并通过迭代计算，得到待评价公司与对标公司贴近度的等价关系，把此等价关系作为修正系数，根据对标公司与待评价公司的投资价值结果，得到待评价公司的投资价值。最后得到财产险公司综合竞争力排名前四十的公司的投资价值。指标体系如表5－12所示。

表5－12　　财产险公司投资价值评价的指标选取

指标组成部分	特征指标选取
规模指标	净资产、净利润、已赚保费、营业总收入
盈利能力	投资收益率、净资产收益率、承保利润率、净利润增长率
经营创新能力	净资产周转率、综合赔付率、综合费用率、保险业务收入增长率、产品集中度系数、亿元保费投诉量、分出率、合规指数、人均产能
资本管理能力	偿付能力充足率、流动性比率、保险负债占总资产比、资本利用率、认可资产负债率、资产认可率、认可资产增长率
发展潜力	发展系数、总资产增长率、净资产增长率、营业收入增长率、人均产能增长率、分支机构数目

三、保险公司的投资价值评价

我们将基于保险公司的年度信息披露报告、偿付能力信息披露、中国保险年鉴、各保险公司官网、国家金融监督管理总局官网等公开信息渠道内容，依据这 40 家财产险公司在 2023 年度和 2022 年度的表现，对这 40 家公司进行投资价值的评价分析。各财产险公司规模指标数据如表 5－13 所示。

表 5－13　　各财产险公司规模指标数据　　单位：千元

公司名称	净资产	净利润	保险业务收入	营业总收入
人保财险	230, 388, 213	24, 908, 681	457, 203, 050	479, 653, 336
平安财险	124, 169, 397	8, 951, 696	313, 457, 530	326, 535, 866
太保财险	54, 909, 202	6, 574, 947	177, 128, 339	183, 566, 505
中石油专属	7, 503, 610	459, 478	1, 146, 523	1, 289, 119
久隆财险	1, 066, 267	16, 448	58, 035	102, 624
英大财险	9, 724, 800	1, 046, 792	12, 426, 031	10, 072, 163
中远海自保	2, 511, 870	136, 560	696, 490	155, 840
鼎和财险	13, 421, 906	1, 225, 204	6, 882, 847	6, 353, 117
国寿财险	33, 565, 964	1, 389, 454	106, 371, 551	94, 467, 444
日本兴亚	238, 699	5, 562	54, 204	34, 205
中原农险	5, 034, 723	266, 316	5, 646, 960	4, 354, 042
铁路自保	3, 260, 473	196, 879	1, 398, 145	745, 755
三星财险	2, 878, 351	25, 971	1, 101, 636	614, 532
广东能源自保	577, 299	23, 777	80, 194	45, 533
阳光农险	3, 659, 024	281, 743	4, 797, 568	3, 993, 686
苏黎世保险	1, 285, 674	144, 376	1, 002, 565	453, 893
凯本财险	307, 818	12, 339	193, 470	27, 299
太平洋安信	2, 986, 811	182, 185	2, 484, 604	2, 662, 575
汇友互助	598, 845	11, 472	128, 589	87, 739
融通财险	3, 066, 369	50, 357	861, 839	925, 231
恒邦财险	2, 031, 971	1, 231	1, 753, 892	1, 456, 270
紫金财险	9, 267, 238	230, 308	11, 604, 711	11, 045, 823
日本财险	779, 056	77, 906	654, 188	373, 502
华泰财险	5, 709, 398	403, 345	10, 040, 157	7, 012, 260
中银财险	5, 183, 430	333, 602	6, 055, 291	5, 534, 131
阳光财险	15, 757, 100	977, 861	45, 487, 218	46, 878, 441
众安财险	17, 768, 888	349, 110	27, 524, 755	27, 914, 889
大地财险	24, 278, 747	116, 257	49, 561, 767	45, 795, 732
安盟财险	1, 341, 706	32, 527	3, 319, 832	2, 293, 280

续表

公司名称	净资产	净利润	保险业务收入	营业总收入
安诚财险	4,223,663	19,963	4,730,228	4,699,613
众惠相互	757,641	80,533	951,852	916,521
史带财险	1,168,950	28,769	997,474	378,722
中华联合	18,419,610	672,977	65,282,892	59,993,852
爱和谊	1,088,801	79,729	1,429,158	1,400,645
美亚保险	1,469,841	259,855	2,076,301	1,392,522
东京海上	705,736	67,487	1,043,202	859,406
永安财险	5,733,375	97,852	10,280,157	11,114,788
太平财险	8,353,915	79,663	29,181,817	29,606,402
国元农险	3,930,758	347,849	9,694,167	8,780,933
三井住友	907,930	100,639	1,507,204	1,128,628

采用熵值法进行运算，各财产险公司熵值评价得分如表5-14所示。

表5-14　各财产险公司熵值评价得分

序号	公司名称	熵值评价得分	序号	公司名称	熵值评价得分
1	人保财险	287,388,726	21	恒邦财险	1,207,378
2	平安财险	187,187,372	22	紫金财险	7,574,244
3	太保财险	102,910,677	23	日本财险	434,404
4	中石油专属	2,258,678	24	华泰财险	5,497,124
5	久隆财险	260,286	25	中银财险	4,027,653
6	英大财险	7,860,976	26	阳光财险	26,481,284
7	中远海自保	755,933	27	众安财险	17,495,999
8	鼎和财险	6,366,723	28	大地财险	28,649,191
9	国寿财险	57,112,453	29	安盟财险	1,670,740
10	日本兴亚	71,678	30	安诚财险	3,205,656
11	中原农险	3,576,414	31	众惠相互	641,965
12	铁路自保	1,245,829	32	史带财险	582,642
13	三星财险	1,012,114	33	中华联合	35,074,212
14	广东能源自保	154,618	34	爱和谊	947,961
15	阳光农险	3,005,875	35	美亚保险	1,233,343
16	苏黎世保险	661,386	36	东京海上	635,045
17	凯本财险	119,568	37	永安财险	6,519,119
18	太平洋安信	1,940,008	38	太平财险	16,350,549
19	汇友互助	177,784	39	国元农险	5,491,136
20	融通财险	1,078,937	40	三井住友	866,967

通过公式（5－8）可以得到待评价公司与对标公司之间的相似关系。

表5－15　待评价公司与对标公司之间的相似关系　单位：%

公司名称	人保财险	平安财险	太保财险
中石油专属	6.43	46.21	47.36
久隆财险	6.30	34.95	34.07
英大财险	6.22	45.67	46.89
中远海自保	6.03	21.34	20.87
鼎和财险	5.96	44.95	46.13
国寿财险	5.93	45.23	46.40
日本兴亚	5.91	45.25	46.44
中原农险	5.90	46.16	46.78
铁路自保	5.90	45.31	46.50
三星财险	5.90	45.04	46.22
广东能源自保	5.89	46.69	47.36
阳光农险	5.88	44.85	46.02
苏黎世保险	5.82	44.09	45.16
凯本财险	5.81	44.87	46.04
太平洋安信	5.81	44.84	46.02
汇友互助	5.81	45.40	46.54
融通财险	5.81	45.37	46.48
恒邦财险	5.81	44.71	45.86
紫金财险	5.78	34.77	34.08
日本财险	5.77	34.46	33.63
华泰财险	5.77	44.72	45.87
中银财险	5.77	44.67	45.81
阳光财险	5.76	45.21	46.35
众安财险	5.76	44.87	46.01
大地财险	5.76	44.75	45.90
安盟财险	5.76	44.60	45.75
安诚财险	5.76	44.53	45.68
众惠相互	5.76	44.91	46.08
史带财险	5.76	44.44	45.58
中华联合	5.76	44.94	46.09
爱和谊	5.76	44.41	45.55

续表

公司名称	人保财险	平安财险	太保财险
美亚保险	5.76	44.38	45.52
东京海上	5.76	44.35	45.49
永安财险	5.76	44.06	45.15
太平财险	5.76	44.32	45.41
国元农险	5.75	44.30	45.42
三井住友	5.75	44.12	45.22

将表5－15中相似系数作为修复乘数，在综合考虑宏观经济环境、保险行业发展规律与特点、财产保险公司的杠杆系数等因素的情况下，可以求得公司的投资价值，结果如表5－16所示。

表5－16　财产险公司的投资价值　单位：千元

序号	公司名称	投资价值	序号	公司名称	投资价值
1	平安财险	746,959,505	21	太平洋安信	13,676,596
2	人保财险	422,422,776	22	融通财险	9,950,335
3	太保财险	265,801,929	23	铁路自保	8,790,382
4	国寿财险	177,536,261	24	三星财险	8,141,951
5	中华联合	117,990,857	25	安盟财险	7,251,599
6	众安财险	111,633,815	26	恒邦财险	7,203,392
7	阳光财险	102,730,948	27	美亚保险	6,146,348
8	大地财险	101,573,236	28	爱和谊	4,794,803
9	鼎和财险	56,362,901	29	三井住友	3,358,081
10	太平财险	45,933,598	30	众惠相互	3,229,738
11	英大财险	39,814,000	31	东京海上	2,751,979
12	紫金财险	33,376,008	32	苏黎世保险	2,449,884
13	永安财险	29,762,800	33	中远海自保	2,280,452
14	中原农险	25,931,404	34	久隆财险	2,005,098
15	国元农险	21,470,180	35	史带财险	1,526,001
16	华泰财险	21,353,401	36	汇友互助	1,424,543
17	中石油专属	21,313,059	37	日本财险	1,354,980
18	安诚财险	21,312,598	38	广东能源自保	1,211,082
19	中银财险	20,382,409	39	日本兴亚	610,109
20	阳光农险	19,202,088	40	凯本财险	502,288

通过表 5 - 16 和图 5 - 3 可以看出，财产险公司中，投资价值绝对额最高的是平安财险，第二名是人保财险、第三名是太保财险，并且平安财险的投资价值呈现出较为明显的优势。

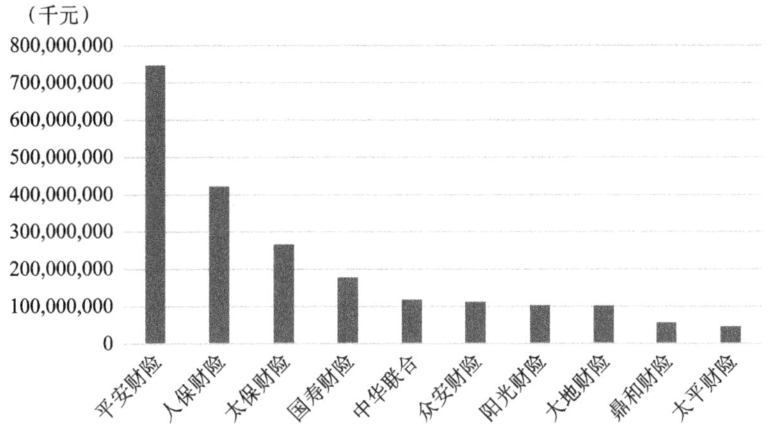

图 5 - 3 2024 年投资价值排名前十的财产险公司

由于各公司的所有者权益不一样，如果单独考虑公司的投资价值绝对额，对于潜在投资者的参考借鉴意义并不大。为了更好地反映各公司的投资效能，在不考虑公司股权质押、不考虑公司成立年限的情况下，我们引入了指标“投资效能比”，具体结果如表 5 - 17 所示。

表 5 - 17 2024 年财产险公司投资效能比评价结果分析①

序号	公司名称	投资价值（千元）	净资产（千元）	投资效能比（%）
1	人保财险	422, 422, 776	230, 388, 213	183. 4
2	平安财险	746, 959, 505	124, 169, 397	601. 6
3	太保财险	265, 801, 929	54, 909, 202	484. 1
4	中石油专属	21, 313, 059	7, 503, 610	284. 0
5	久隆财险	2, 005, 098	1, 066, 267	188. 0
6	英大财险	39, 814, 000	9, 724, 800	409. 4
7	中远海自保	2, 280, 452	2, 511, 870	90. 8
8	鼎和财险	56, 362, 901	13, 421, 906	419. 9
9	国寿财险	177, 536, 261	33, 565, 964	528. 9
10	日本兴亚	610, 109	238, 699	255. 6

① 投资效能比 = 投资价值/所有者权益。

续表

序号	公司名称	投资价值（千元）	净资产（千元）	投资效能比（%）
11	中原农险	25, 931, 404	5, 034, 723	515. 1
12	铁路自保	8, 790, 382	3, 260, 473	269. 6
13	三星财险	8, 141, 951	2, 878, 351	282. 9
14	广东能源自保	1, 211, 082	577, 299	209. 8
15	阳光农险	19, 202, 088	3, 659, 024	524. 8
16	苏黎世保险	2, 449, 884	1, 285, 674	190. 6
17	凯本财险	502, 288	307, 818	163. 2
18	太平洋安信	13, 676, 596	2, 986, 811	457. 9
19	汇友互助	1, 424, 543	598, 845	237. 9
20	融通财险	9, 950, 335	3, 066, 369	324. 5
21	恒邦财险	7, 203, 392	2, 031, 971	354. 5
22	紫金财险	33, 376, 008	9, 267, 238	360. 2
23	日本财险	1, 354, 980	779, 056	173. 9
24	华泰财险	21, 353, 401	5, 709, 398	374. 0
25	中银财险	20, 382, 409	5, 183, 430	393. 2
26	阳光财险	102, 730, 948	15, 757, 100	652. 0
27	众安财险	111, 633, 815	17, 768, 888	628. 3
28	大地财险	101, 573, 236	24, 278, 747	418. 4
29	安盟财险	7, 251, 599	1, 341, 706	540. 5
30	安诚财险	21, 312, 598	4, 223, 663	504. 6
31	众惠相互	3, 229, 738	757, 641	426. 3
32	史带财险	1, 526, 001	1, 168, 950	130. 5
33	中华联合	117, 990, 857	18, 419, 610	640. 6
34	爱和谊	4, 794, 803	1, 088, 801	440. 4
35	美亚保险	6, 146, 348	1, 469, 841	418. 2
36	东京海上	2, 751, 979	705, 736	389. 9
37	永安财险	29, 762, 800	5, 733, 375	519. 1
38	太平财险	45, 933, 598	8, 353, 915	549. 8
39	国元农险	21, 470, 180	3, 930, 758	546. 2
40	三井住友	3, 358, 081	907, 930	369. 9

通过表 5 －17 和图 5 －4 可以看出，投资效能比排在前十的公司分别是：阳光财险、中华联合、众安财险、平安财险、太平财险、国元农险、安盟财险、国寿财

险、阳光农险、永安财险，其中，阳光财险、中华联合、众安财险投资效能比占有一定的优势。

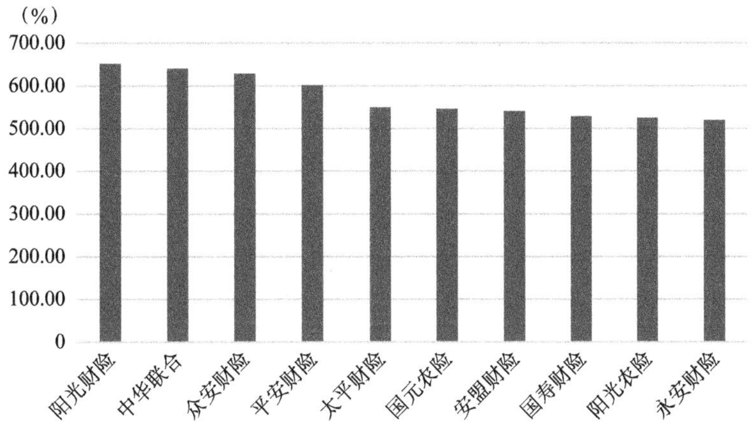

图 5－4　2024 年投资效能比排名前十的财产险公司

在不考虑公司成立年限、不考虑公司股权质押的情况下，表 5－18 和图 5－4 反映了财产险公司的投资效能。

为了对公司的投资价值更深入地了解，我们把各公司的投资价值与公司的总资产做了一个比较，具体结果如表 5－18 所示。

表 5－18　　2024 年财产险公司投资价值与总资产比较

序号	公司名称	投资价值（千元）	总资产（千元）	投资价值/总资产（%）
1	人保财险	422, 422, 776	700, 798, 666	60. 3
2	平安财险	746, 959, 505	471, 086, 784	158. 6
3	太保财险	265, 801, 929	213, 360, 324	124. 6
4	中石油专属	21, 313, 059	10, 905, 160	195. 4
5	久隆财险	2, 005, 098	1, 417, 363	141. 5
6	英大财险	39, 814, 000	26, 027, 866	153. 0
7	中远海自保	2, 280, 452	5, 302, 440	43. 0
8	鼎和财险	56, 362, 901	20, 213, 838	278. 8
9	国寿财险	177, 536, 261	144, 811, 042	122. 6
10	日本兴亚	610, 109	376, 286	162. 1
11	中原农险	25, 931, 404	9, 452, 402	274. 3
12	铁路自保	8, 790, 382	6, 207, 722	141. 6
13	三星财险	8, 141, 951	4, 778, 512	170. 4

续表

序号	公司名称	投资价值（千元）	总资产（千元）	投资价值/总资产（%）
14	广东能源自保	1, 211, 082	1, 014, 866	119. 3
15	阳光农险	19, 202, 088	7, 617, 492	252. 1
16	苏黎世保险	2, 449, 884	4, 534, 938	54. 0
17	凯本财险	502, 288	974, 668	51. 5
18	太平洋安信	13, 676, 596	5, 631, 802	242. 8
19	汇友互助	1, 424, 543	1, 005, 097	141. 7
20	融通财险	9, 950, 335	4, 467, 758	222. 7
21	恒邦财险	7, 203, 392	4, 513, 801	159. 6
22	紫金财险	33, 376, 008	21, 422, 288	155. 8
23	日本财险	1, 354, 980	2, 517, 394	53. 8
24	华泰财险	21, 353, 401	19, 479, 930	109. 6
25	中银财险	20, 382, 409	13, 559, 179	150. 3
26	阳光财险	102, 730, 948	54, 394, 353	188. 9
27	众安财险	111, 633, 815	37, 025, 509	301. 5
28	大地财险	101, 573, 236	90, 822, 994	111. 8
29	安盟财险	7, 251, 599	4, 086, 239	177. 5
30	安诚财险	21, 312, 598	8, 384, 962	254. 2
31	众惠相互	3, 229, 738	2, 004, 316	161. 1
32	史带财险	1, 526, 001	5, 879, 123	26. 0
33	中华联合	117, 990, 857	72, 906, 271	161. 8
34	爱和谊	4, 794, 803	2, 833, 455	169. 2
35	美亚保险	6, 146, 348	3, 879, 993	158. 4
36	东京海上	2, 751, 979	2, 140, 994	128. 5
37	永安财险	29, 762, 800	16, 396, 487	181. 5
38	太平财险	45, 933, 598	39, 048, 501	117. 6
39	国元农险	21, 470, 180	13, 198, 807	162. 7
40	三井住友	3, 358, 081	3, 064, 915	109. 6

表5－18比较了财产险公司的投资价值与总资产，从表中可以看出，大部分公司的投资价值与总资产的比值大于100%，这与人身险公司投资价值/总资产的比值结果有较大的差异。

图 5－5 给出了投资价值/总资产的比值排名前十的财产险公司表现情况。

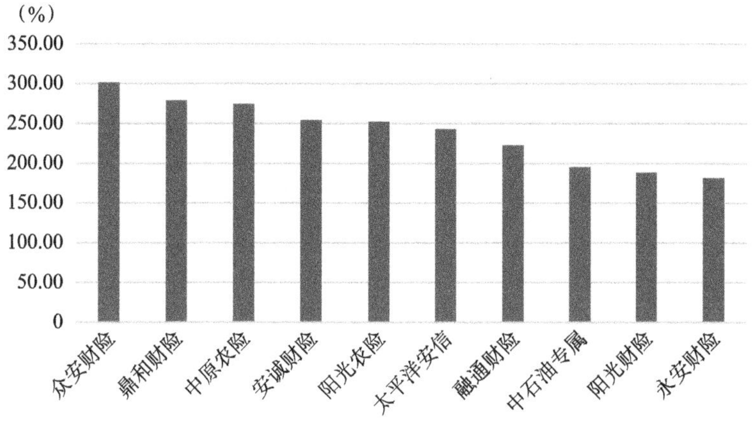

图 5－5 投资价值与总资产之比排名前十的财产险公司的表现情况

从图 5－5 可以看出，投资价值与总资产的比值排名前十的财产险公司分别是：众安财险、鼎和财险、中原农险、安诚财险、阳光农险、太平洋安信、融通财险、中石油专属、阳光财险、永安财险。其中，众安财险、鼎和财险、中原农险占有一定的优势。

附录：

2024 年中国保险公司竞争力和投资价值评分及排名表

附表 1　　2024 年中国人身险公司竞争力综合评价排名与得分

公司名称	排名	得分（百分制）	公司名称	排名	得分（百分制）
中国人寿	1	100.0	平安养老	34	81.1
平安人寿	2	97.1	光大永明	35	81.1
泰康人寿	3	93.7	国富人寿	36	80.7
中银三星	4	93.0	幸福人寿	37	80.6
友邦人寿	5	92.9	新华人寿	38	80.5
陆家嘴国泰	6	92.4	中信保诚人寿	39	80.0
太保寿险	7	92.3	利安人寿	40	80.0
中宏人寿	8	91.9	和泰人寿	41	79.9
中英人寿	9	90.7	国联人寿	42	79.8
太平人寿	10	90.1	国华人寿	43	79.7
财信吉祥人寿	11	90.0	东吴人寿	44	78.7
长城人寿	12	89.8	招商仁和	45	78.7
中荷人寿	13	89.2	太平养老	46	78.5
复星保德信	14	89.1	安联人寿	47	78.1
招商信诺	15	88.9	华泰人寿	48	77.5
泰康养老	16	88.6	中邮人寿	49	77.3
交银人寿	17	88.5	复星联合健康	50	77.1
人保寿险	18	88.4	汇丰人寿	51	76.6
国宝人寿	19	87.7	英大人寿	52	76.3
人保健康	20	87.7	建信人寿	53	76.0
中意人寿	21	85.6	长生人寿	54	76.0
君龙人寿	22	85.4	海保人寿	55	75.5
北京人寿	23	85.2	同方全球人寿	56	75.3
中韩人寿	24	84.6	阳光人寿	57	74.5
太平洋健康	25	84.6	爱心人寿	58	74.0
华贵人寿	26	84.5	中华人寿	59	72.8
中美联泰	27	84.1	瑞泰人寿	60	72.8
平安健康	28	84.1	三峡人寿	61	69.9
农银人寿	29	83.9	北大方正人寿	62	69.6
工银安盛	30	83.3	渤海人寿	63	66.2
弘康人寿	31	83.1	德华安顾	64	63.1
民生人寿	32	82.2	新华养老	65	40.0
信美人寿	33	81.3			

附表2　　2024年中国人身险公司盈利能力综合评价排名与得分

公司名称	排名	得分（百分制）	公司名称	排名	得分（百分制）
平安人寿	1	100.0	汇丰人寿	34	78.0
友邦人寿	2	97.0	太保安联健康	35	76.6
中意人寿	3	96.7	国富人寿	36	76.4
工银安盛	4	96.4	德华安顾	37	75.9
中国人寿	5	94.5	幸福人寿	38	75.0
陆家嘴国泰	6	93.4	长城人寿	39	73.9
交银人寿	7	92.0	中信保诚人寿	40	73.3
太保寿险	8	91.9	复星联合健康	41	72.4
安联人寿	9	91.2	国联人寿	42	71.3
中美联泰	10	90.8	爱心人寿	43	70.9
平安健康	11	90.8	建信人寿	44	70.4
中银三星	12	90.7	国宝人寿	45	69.9
中英人寿	13	90.6	泰康养老	46	69.6
农银人寿	14	90.4	中华人寿	47	67.4
中荷人寿	15	89.6	同方全球人寿	48	67.2
中宏人寿	16	88.1	华泰人寿	49	66.5
太平人寿	17	87.9	北大方正人寿	50	66.4
财信吉祥人寿	18	87.6	君龙人寿	51	65.6
平安养老	19	87.4	信美人寿	52	65.3
民生人寿	20	86.4	中韩人寿	53	65.0
招商信诺	21	86.2	太平养老	54	65.0
人保健康	22	84.6	瑞泰人寿	55	64.5
长生人寿	23	83.3	英大人寿	56	63.2
光大永明	24	83.1	国华人寿	57	61.5
复星保德信	25	81.0	和泰人寿	58	60.7
泰康人寿	26	80.9	海保人寿	59	56.4
利安人寿	27	80.8	华贵人寿	60	53.8
招商仁和	28	80.3	东吴人寿	61	52.9
人保寿险	29	79.3	新华养老	62	51.9
新华人寿	30	79.1	三峡人寿	63	49.6
阳光人寿	31	78.7	中邮人寿	64	44.4
北京人寿	32	78.6	渤海人寿	65	40.0
弘康人寿	33	78.5			

附表 3　　2024 年中国人身险公司资本管理能力综合评价排名与得分

公司名称	排名	得分（百分制）	公司名称	排名	得分（百分制）
中国人寿	1	100.0	陆家嘴国泰	34	67.0
太平人寿	2	97.0	新华人寿	35	67.0
平安人寿	3	93.4	农银人寿	36	66.4
信美人寿	4	93.4	汇丰人寿	37	66.3
爱心人寿	5	88.7	北京人寿	38	65.9
德华安顾	6	88.0	中华人寿	39	65.3
国联人寿	7	85.6	中英人寿	40	64.9
和泰人寿	8	80.3	国华人寿	41	64.3
利安人寿	9	79.2	安联人寿	42	64.1
中银三星	10	78.9	泰康养老	43	63.7
弘康人寿	11	75.9	国富人寿	44	63.7
友邦人寿	12	75.5	长生人寿	45	63.4
英大人寿	13	75.0	北大方正人寿	46	62.9
光大永明	14	73.5	华泰人寿	47	62.7
招商信诺	15	72.8	民生人寿	48	62.4
人保寿险	16	72.2	君龙人寿	49	62.1
幸福人寿	17	70.7	复星联合健康	50	62.0
中邮人寿	18	70.7	平安养老	51	61.6
中意人寿	19	70.5	瑞泰人寿	52	60.4
太保寿险	20	70.5	中美联泰	53	58.5
工银安盛	21	70.2	平安健康	54	58.5
长城人寿	22	70.1	阳光人寿	55	58.3
华贵人寿	23	69.8	东吴人寿	56	57.5
复星保德信	24	69.6	同方全球人寿	57	55.5
人保健康	25	69.1	海保人寿	58	54.5
交银人寿	26	69.0	中韩人寿	59	53.0
建信人寿	27	68.8	渤海人寿	60	52.8
中宏人寿	28	68.8	三峡人寿	61	49.9
国宝人寿	29	68.2	太平养老	62	49.7
财信吉祥人寿	30	68.1	泰康人寿	63	46.3
招商仁和	31	67.9	太保安联健康	64	45.9
中荷人寿	32	67.8	新华养老	65	40.0
中信保诚人寿	33	67.3			

附表 4　　2024年中国人身险公司经营能力综合评价排名与得分

公司名称	排名	得分（百分制）	公司名称	排名	得分（百分制）
中国人寿	1	100.0	英大人寿	34	74.5
平安人寿	2	91.4	信美人寿	35	74.2
中银三星	3	90.9	国富人寿	36	73.7
人保健康	4	86.8	利安人寿	37	73.6
友邦人寿	5	86.6	农银人寿	38	73.2
太保寿险	6	86.6	招商仁和	39	72.3
中邮人寿	7	86.2	平安养老	40	72.1
泰康养老	8	85.6	爱心人寿	41	71.8
交银人寿	9	84.3	中美联泰	42	71.8
人保寿险	10	83.0	平安健康	43	71.8
华贵人寿	11	82.7	工银安盛	44	71.5
国联人寿	12	82.3	幸福人寿	45	71.3
北京人寿	13	81.6	民生人寿	46	70.3
复星保德信	14	81.4	汇丰人寿	47	70.2
中韩人寿	15	80.6	复星联合健康	48	68.6
中荷人寿	16	80.6	同方全球人寿	49	66.5
弘康人寿	17	79.8	建信人寿	50	66.4
中宏人寿	18	79.4	中信保诚人寿	51	66.3
财信吉祥人寿	19	78.4	华泰人寿	52	65.5
中英人寿	20	78.3	和泰人寿	53	65.3
长城人寿	21	78.3	安联人寿	54	65.1
太平养老	22	78.1	三峡人寿	55	62.2
招商信诺	23	77.5	瑞泰人寿	56	61.4
中意人寿	24	77.4	泰康人寿	57	60.9
太保健康	25	77.1	中华人寿	58	60.4
太平人寿	26	76.6	德华安顾	59	58.8
国宝人寿	27	76.5	国华人寿	60	58.5
光大永明	28	76.2	长生人寿	61	54.2
北大方正人寿	29	75.8	渤海人寿	62	51.1
陆家嘴国泰	30	75.6	海保人寿	63	50.6
东吴人寿	31	74.9	阳光人寿	64	45.9
新华人寿	32	74.6	新华养老	65	40.0
君龙人寿	33	74.5			

附表 5　　2024 年中国人身险公司风险管理能力综合评价排名与得分

公司名称	排名	得分（百分制）	公司名称	排名	得分（百分制）
泰康人寿	1	100.0	国富人寿	34	62.7
新华养老	2	95.3	太平人寿	35	62.3
北大方正人寿	3	93.5	汇丰人寿	36	61.9
三峡人寿	4	92.4	中韩人寿	37	61.9
同方全球人寿	5	90.0	国华人寿	38	61.8
复星联合健康	6	84.5	渤海人寿	39	60.9
中意人寿	7	83.1	中信保诚人寿	40	60.7
财信吉祥人寿	8	79.9	华泰人寿	41	60.0
中英人寿	9	77.2	幸福人寿	42	59.8
安联人寿	10	76.1	信美人寿	43	59.0
阳光人寿	11	75.8	人保寿险	44	58.1
太平养老	12	75.6	人保健康	45	57.8
光大永明	13	74.9	弘康人寿	46	57.4
北京人寿	14	74.1	招商信诺	47	57.1
长生人寿	15	73.1	海保人寿	48	57.0
新华人寿	16	72.5	中国人寿	49	56.9
交银人寿	17	72.4	长城人寿	50	56.4
工银安盛	18	72.4	英大人寿	51	54.6
瑞泰人寿	19	72.3	太保寿险	52	54.1
中华人寿	20	72.1	中银三星	53	53.9
中荷人寿	21	69.2	利安人寿	54	53.8
农银人寿	22	68.1	平安人寿	55	52.9
民生人寿	23	68.0	和泰人寿	56	52.8
君龙人寿	24	67.6	招商仁和	57	52.7
中美联泰	25	66.3	中宏人寿	58	52.4
平安健康	26	66.3	太保健康	59	52.0
友邦人寿	27	66.0	国宝人寿	60	51.0
平安养老	28	65.9	复星保德信	61	50.8
建信人寿	29	65.8	德华安顾	62	48.4
泰康养老	30	65.7	华贵人寿	63	48.3
爱心人寿	31	65.4	中邮人寿	64	43.8
东吴人寿	32	65.2	国联人寿	65	40.0
陆家嘴国泰	33	64.2			

附表 6　　2024 年中国人身险公司发展潜力综合评价排名与得分

公司名称	排名	得分（百分制）	公司名称	排名	得分（百分制）
泰康人寿	1	100.0	阳光人寿	34	69.7
中银三星	2	98.6	和泰人寿	35	68.3
泰康养老	3	97.2	农银人寿	36	68.3
陆家嘴国泰	4	96.3	信美人寿	37	67.1
中宏人寿	5	95.1	中信保诚人寿	38	66.6
国宝人寿	6	94.1	平安养老	39	66.2
太保健康	7	91.1	工银安盛	40	64.4
中英人寿	8	89.3	利安人寿	41	64.0
长城人寿	9	88.4	幸福人寿	42	63.3
君龙人寿	10	86.2	新华人寿	43	63.2
华贵人寿	11	85.0	爱心人寿	44	61.8
复星保德信	12	84.7	海保人寿	45	61.5
人保健康	13	84.6	同方全球人寿	46	61.3
招商信诺	14	84.3	建信人寿	47	61.0
中韩人寿	15	83.8	民生人寿	48	60.3
中国人寿	16	82.7	英大人寿	49	60.3
交银人寿	17	82.6	华泰人寿	50	59.8
中邮人寿	18	82.1	国华人寿	51	59.3
太保寿险	19	82.0	东吴人寿	52	57.3
中荷人寿	20	81.1	北大方正人寿	53	55.6
财信吉祥人寿	21	81.1	国富人寿	54	54.0
弘康人寿	22	80.8	中华人寿	55	52.7
太平养老	23	80.5	汇丰人寿	56	51.2
中意人寿	24	80.2	安联人寿	57	49.4
友邦人寿	25	76.6	复星联合健康	58	45.9
太平人寿	26	76.2	德华安顾	59	45.2
人保寿险	27	75.0	招商仁和	60	44.1
国联人寿	28	74.9	长生人寿	61	44.0
光大永明	29	74.9	新华养老	62	43.9
平安人寿	30	71.6	瑞泰人寿	63	43.1
北京人寿	31	70.2	渤海人寿	64	40.7
中美联泰	32	70.0	三峡人寿	65	40.0
平安健康	33	70.0			

附表7　　2024年中国财产险公司竞争力综合评价排名与得分

公司名称	排名	得分（百分制）	公司名称	排名	得分（百分制）
人保财险	1	100.0	富德财险	39	65.0
平安财险	2	95.4	中华联合	40	64.8
太保财险	3	93.8	爱和谊	41	63.8
中石油专属保险	4	89.1	美亚保险	42	63.7
久隆财险	5	88.7	东京海上	43	63.2
英大财险	6	87.4	永安财险	44	63.1
中远海自保	7	86.6	太平财险	45	63.0
鼎和财险	8	85.4	国元农险	46	62.9
太平科技	9	84.9	三井住友	47	62.6
国寿财险	10	84.8	鑫安汽车	48	62.4
日本兴亚	11	84.7	国泰财险	49	62.3
中原农险	12	83.7	众诚财险	50	61.3
铁路自保	13	82.8	海峡金桥	51	61.0
三星财险	14	82.3	建信财险	52	60.9
广东能源自保	15	79.7	安华农险	53	60.5
阳光农险	16	78.7	泰山财险	54	60.3
苏黎世保险	17	78.5	瑞再企商	55	59.6
大地财险	18	78.2	泰康在线	56	59.4
太平洋安信	19	77.8	东海航运	57	58.9
汇友互助	20	77.7	锦泰财险	58	58.9
黄河财险	21	77.1	永诚财险	59	58.1
现代财险	22	75.9	北部湾财险	60	57.3
融通财险	23	74.8	安盛天平	61	56.6
恒邦财险	24	72.8	国任财险	62	56.5
紫金财险	25	72.8	安联财险	63	55.5
融盛财险	26	71.9	前海联合	64	55.5
日本财险	27	71.6	燕赵财险	65	53.9
合众财险	28	71.0	中煤财险	66	52.9
华泰财险	29	70.8	长江财险	67	52.8
中银财险	30	70.6	渤海财险	68	52.7
阳光财险	31	70.1	华农财险	69	52.1
众安财险	32	69.6	利宝互助	70	50.8
凯本财险	33	69.1	华海财险	71	50.7
中航安盟	34	68.2	都邦财险	72	45.2
安诚财险	35	66.7	亚太财险	73	43.9
诚泰财险	36	65.7	富邦财险	74	43.0
众惠相互	37	65.6	珠峰财险	75	41.7
史带财险	38	65.2	华安财险	76	40.0

附表8　　2024年中国财产险公司盈利能力的排名与得分

公司名称	排名	得分（百分制）	公司名称	排名	得分（百分制）
人保财险	1	100.0	永诚财险	39	66.2
鼎和财险	2	94.0	三星财险	40	66.0
中石油专属保险	3	92.5	建信财险	41	65.2
平安财险	4	90.7	中华联合	42	64.6
众惠相互	5	89.9	安盛天平	43	64.5
英大财险	6	84.5	北部湾财险	44	63.6
太保财险	7	84.1	泰山财险	45	62.8
阳光农险	8	84.0	史带财险	46	62.6
爱和谊	9	83.7	众安财险	47	62.4
中远海自保	10	83.4	渤海财险	48	62.3
融通财险	11	82.1	泰康在线	49	62.1
铁路自保	12	82.1	国任财险	50	61.9
苏黎世保险	13	80.9	安联财险	51	61.7
久隆财险	14	80.7	安诚财险	52	61.7
广东能源自保	15	79.3	大地财险	53	59.4
永安财险	16	78.5	现代财险	54	58.9
国元农险	17	78.2	太平科技	55	57.9
日本财险	18	77.8	国泰财险	56	57.9
汇友互助	19	77.6	华海财险	57	57.7
美亚保险	20	76.3	都邦财险	58	57.4
三井住友	21	75.0	太平财险	59	56.7
华泰财险	22	74.2	众诚财险	60	55.7
中银财险	23	73.8	鑫安汽车	61	54.9
东京海上	24	72.5	合众财险	62	54.6
阳光财险	25	72.5	融盛财险	63	54.1
富德财险	26	71.8	中煤财险	64	51.0
利宝互助	27	71.6	华农财险	65	49.5
安信农险	28	71.4	燕赵财险	66	48.9
紫金财险	29	71.1	东海航运	67	48.4
日本兴亚	30	70.2	海峡金桥	68	47.9
安华农险	31	69.4	珠峰财险	69	47.8
国寿财险	32	69.4	诚泰财险	70	46.2
凯本财险	33	68.7	华安财险	71	45.4
锦泰财险	34	68.6	富邦财险	72	44.3
恒邦财险	35	68.4	瑞再企商	73	42.2
中航安盟	36	67.1	前海联合	74	42.1
中原农险	37	67.0	长江财险	75	40.7
黄河财险	38	66.2	亚太财险	76	40.0

附表 9　　2024 年中国财产险公司资本管理能力的排名与得分

公司名称	排名	得分（百分制）	公司名称	排名	得分（百分制）
平安财险	1	100.0	众安财险	39	72.2
人保财险	2	99.2	国泰财险	40	71.2
太保财险	3	97.8	爱和谊	41	70.9
史带财险	4	93.2	英大财险	42	70.8
太平财险	5	90.4	凯本财险	43	69.8
国寿财险	6	88.7	华安财险	44	69.3
都邦财险	7	88.5	美亚保险	45	69.1
阳光财险	8	86.5	中石油专属保险	46	68.0
长江财险	9	86.3	泰山财险	47	67.0
三井住友	10	85.4	中银财险	48	66.4
苏黎世保险	11	83.0	融通财险	49	65.8
大地财险	12	82.8	瑞再企商	50	65.2
国任财险	13	81.8	紫金财险	51	64.6
中华联合	14	81.5	中航安盟	52	63.7
华农财险	15	81.2	众诚财险	53	62.3
渤海财险	16	81.1	前海联合	54	61.7
海峡金桥	17	80.7	鑫安汽车	55	61.7
安联财险	18	80.2	燕赵财险	56	61.5
北部湾财险	19	79.4	亚太财险	57	61.3
利宝互助	20	78.6	众惠相互	58	59.6
华海财险	21	78.2	安诚财险	59	59.4
中煤财险	22	78.1	铁路自保	60	58.9
安盛天平	23	77.9	恒邦财险	61	58.5
东海航运	24	77.4	阳光农险	62	58.1
泰康在线	25	77.3	久隆财险	63	57.8
安华农险	26	77.0	中远海自保	64	56.6
富邦财险	27	76.8	中原农险	65	55.1
永诚财险	28	76.1	鼎和财险	66	54.8
日本财险	29	75.9	汇友互助	67	53.8
东京海上	30	75.0	现代财险	68	52.4
锦泰财险	31	75.0	日本兴亚	69	51.7
珠峰财险	32	74.4	合众财险	70	50.5
安信农险	33	73.9	三星财险	71	50.3
富德财险	34	73.7	广东能源自保	72	49.2
国元农险	35	73.6	太平科技	73	48.5
建信财险	36	72.9	融盛财险	74	45.7
永安财险	37	72.6	诚泰财险	75	43.3
华泰财险	38	72.5	黄河财险	76	40.0

附表 10　　2024 年中国财产险公司经营能力的排名与得分

公司名称	排名	得分（百分制）	公司名称	排名	得分（百分制）
人保财险	1	100.0	日本兴亚	39	64.2
众安财险	2	93.4	泰山财险	40	63.4
安联财险	3	87.3	融通财险	41	63.4
利宝互助	4	86.1	黄河财险	42	63.2
太保财险	5	85.2	中石油专属保险	43	63.0
中华联合	6	84.6	安华农险	44	63.0
阳光财险	7	81.9	中银财险	45	62.8
国寿财险	8	81.3	紫金财险	46	62.7
泰康在线	9	81.2	众诚财险	47	62.5
国任财险	10	80.7	永诚财险	48	61.9
国泰财险	11	79.7	中原农险	49	61.6
锦泰财险	12	78.9	渤海财险	50	61.1
美亚保险	13	78.4	三星财险	51	59.2
铁路自保	14	77.5	永安财险	52	58.9
三井住友	15	76.2	安诚财险	53	58.9
苏黎世保险	16	76.1	融盛财险	54	57.7
华农财险	17	75.8	中航安盟	55	56.3
平安财险	18	75.2	建信财险	56	56.3
众惠相互	19	74.7	华海财险	57	54.1
汇友互助	20	74.0	合众财险	58	53.9
亚太财险	21	73.3	现代财险	59	53.2
爱和谊	22	73.3	英大财险	60	53.1
东京海上	23	72.8	恒邦财险	61	52.9
大地财险	24	72.0	安信农险	62	52.7
阳光农险	25	70.3	珠峰财险	63	52.6
北部湾财险	26	69.9	海峡金桥	64	52.6
华泰财险	27	69.8	燕赵财险	65	52.2
都邦财险	28	68.9	富德财险	66	51.0
安盛天平	29	68.8	鑫安汽车	67	50.7
华安财险	30	68.4	太平科技	68	49.6
太平财险	31	67.9	凯本财险	69	47.7
史带财险	32	67.5	久隆财险	70	47.3
国元农险	33	67.1	长江财险	71	47.2
中煤财险	34	66.9	中远海自保	72	47.0
鼎和财险	35	66.5	瑞再企商	73	46.2
日本财险	36	64.4	东海航运	74	45.2
富邦财险	37	64.4	诚泰财险	75	41.4
广东能源自保	38	64.3	前海联合	76	40.0

附表 11　　2024 年中国财产险公司风险管理能力的排名与得分

公司名称	排名	得分（百分制）	公司名称	排名	得分（百分制）
中石油专属保险	1	100.0	泰山财险	39	60.0
融通财险	2	95.6	建信财险	40	60.0
融盛财险	3	93.9	三井住友	41	58.8
汇友互助	4	90.9	众惠相互	42	58.7
日本兴亚	5	89.4	恒邦财险	43	56.7
三星财险	6	88.8	国泰财险	44	54.9
众诚财险	7	88.3	安联财险	45	54.8
鼎和财险	8	86.0	华农财险	46	54.6
久隆财险	9	85.7	华安财险	47	54.6
中远海自保	10	85.3	海峡金桥	48	53.3
太平科技	11	81.3	人保财险	49	53.0
广东能源自保	12	81.1	安盛天平	50	51.2
瑞再企商	13	80.8	阳光财险	51	51.2
合众财险	14	78.7	富德财险	52	51.2
铁路自保	15	76.0	华海财险	53	51.1
现代财险	16	72.3	太平财险	54	51.0
安信农险	17	72.0	中航安盟	55	50.4
黄河财险	18	70.5	北部湾财险	56	49.5
苏黎世保险	19	69.8	泰康在线	57	48.5
东海航运	20	69.7	平安财险	58	48.4
诚泰财险	21	69.4	永诚财险	59	48.4
美亚保险	22	69.0	大地财险	60	48.1
长江财险	23	68.8	永安财险	61	46.8
凯本财险	24	68.4	国任财险	62	46.5
中原农险	25	67.9	锦泰财险	63	46.3
鑫安汽车	26	67.5	国元农险	64	46.2
众安财险	27	67.3	太保财险	65	46.0
日本财险	28	67.1	国寿财险	66	45.9
英大财险	29	66.3	前海联合	67	45.7
中银财险	30	66.0	渤海财险	68	44.8
中煤财险	31	65.9	亚太财险	69	44.6
华泰财险	32	65.7	珠峰财险	70	44.4
史带财险	33	65.1	富邦财险	71	44.1
爱和谊	34	64.6	燕赵财险	72	43.5
紫金财险	35	64.3	都邦财险	73	42.6
安诚财险	36	61.6	中华联合	74	40.3
阳光农险	37	60.4	利宝互助	75	40.0
东京海上	38	60.2	安华农险	76	40.0

附表12　　2024年中国财产险公司发展潜力的排名与得分

公司名称	排名	得分（百分制）	公司名称	排名	得分（百分制）
太保财险	1	100.0	利宝互助	39	70.2
人保财险	2	99.3	华农财险	40	69.7
阳光财险	3	96.1	融盛财险	41	67.0
紫金财险	4	94.5	日本兴亚	42	67.0
国寿财险	5	94.0	安联财险	43	66.3
英大财险	6	92.7	中远海自保	44	65.6
华泰财险	7	91.4	亚太财险	45	65.2
中华联合	8	91.1	恒邦财险	46	64.8
平安财险	9	91.0	泰康在线	47	64.8
大地财险	10	88.4	苏黎世保险	48	64.6
太平财险	11	88.1	凯本财险	49	64.4
锦泰财险	12	85.0	中煤财险	50	64.1
永诚财险	13	79.7	现代财险	51	63.3
阳光农险	14	79.3	北部湾财险	52	62.6
鼎和财险	15	79.2	中石油专属保险	53	62.6
中银财险	16	79.0	诚泰财险	54	62.3
融通财险	17	78.9	长江财险	55	61.9
众诚财险	18	78.7	黄河财险	56	61.2
中原农险	19	78.6	久隆财险	57	59.5
国任财险	20	78.3	汇友互助	58	59.2
永安财险	21	77.9	爱和谊	59	58.6
安信农险	22	77.7	建信财险	60	58.6
安华农险	23	76.7	东京海上	61	58.1
华安财险	24	76.3	三井住友	62	58.0
都邦财险	25	75.7	海峡金桥	63	58.0
铁路自保	26	75.2	富德财险	64	57.8
安诚财险	27	74.9	粤电自保	65	57.3
安盛天平	28	73.3	华海财险	66	57.0
三星财险	29	73.2	史带财险	67	54.6
众安财险	30	73.1	燕赵财险	68	53.1
美亚保险	31	72.7	瑞再企商	69	52.6
渤海财险	32	72.6	鑫安汽车	70	52.5
国泰财险	33	72.4	日本财险	71	50.7
合众财险	34	72.2	东海航运	72	48.4
泰山财险	35	72.2	前海联合	73	45.8
国元农险	36	72.0	富邦财险	74	42.7
太平科技	37	71.5	众惠相互	75	42.0
中航安盟	38	71.5	珠峰财险	76	40.0

附表 13 2024 年人身险公司投资价值与总资产比较

序号	公司名称	投资价值（千元）	总资产（千元）	投资价值/总资产（%）
1	中国人寿	1, 705, 854, 351	5, 746, 077, 000	29. 7
2	太保寿险	411, 424, 676	2, 014, 824, 491	20. 4
3	平安人寿	1, 496, 795, 125	4, 229, 313, 311	35. 4
4	新华寿险	724, 477, 739	1, 391, 875, 000	52. 1
5	泰康人寿	738, 262, 956	1, 473, 839, 000	50. 1
6	太平人寿	73, 675, 334	1, 041, 725, 234	7. 1
7	民生人寿	11, 150, 822	126, 804, 467	8. 8
8	平安养老	71, 648, 394	88, 180, 465	81. 3
9	太平养老	8, 361, 212	28, 327, 718	29. 5
10	人保健康	37, 129, 179	116, 660, 134	31. 8
11	农银人寿	22, 402, 879	169, 261, 421	13. 2
12	阳光人寿	28, 823, 343	445, 521, 908	6. 5
13	利安人寿	5, 096, 147	102, 145, 849	5. 0
14	财信吉祥人寿	10, 732, 453	40, 337, 613	26. 6
15	太保安联健康	12, 094, 618	9, 123, 668	132. 6
16	新华养老	15, 135, 957	7, 165, 420	211. 2
17	复星联合健康	3, 087, 757	11, 990, 584	25. 8
18	信美人寿	1, 361, 529	42, 266, 485	3. 2
19	爱心人寿	571, 329	32, 589, 523	1. 8
20	北京人寿	3, 930, 389	23, 071, 936	17. 0
21	中宏人寿	22, 805, 286	94, 856, 554	24. 0
22	安联人寿	5, 059, 268	48, 329, 158	10. 5
23	工银安盛	23, 120, 403	311, 781, 616	7. 4
24	交银人寿	13, 751, 208	123, 590, 207	11. 1
25	中意人寿	18, 314, 258	139, 042, 756	13. 2
26	友邦人寿	47, 577, 515	318, 940, 636	14. 9
27	中荷人寿	8, 429, 185	54, 502, 715	15. 5
28	中英人寿	18, 464, 317	82, 201, 804	22. 5
29	同方全球人寿	6, 506, 336	35, 771, 071	18. 2
30	招商信诺	20, 471, 056	164, 859, 535	12. 4
31	陆家嘴国泰	8, 379, 085	26, 002, 291	32. 2
32	中美联泰	14, 469, 409	101, 832, 788	14. 2
33	平安健康	45, 920, 534	27, 014, 365	170. 0
34	中银三星	6, 997, 801	88, 193, 720	7. 9

附表 14　　　2024 年人身险公司投资效能比评价结果分析

序号	公司名称	投资价值（千元）	净资产（千元）	投资效能比（%）
1	中国人寿	1, 705, 854, 351	459, 845, 000	371. 0
2	太保寿险	411, 424, 676	129, 447, 229	317. 8
3	平安人寿	1, 496, 795, 125	306, 948, 127	487. 6
4	新华寿险	724, 477, 739	102, 586, 000	706. 2
5	泰康人寿	738, 262, 956	99, 694, 000	740. 5
6	太平人寿	73, 675, 334	74, 237, 547	99. 2
7	民生人寿	11, 150, 822	13, 588, 715	82. 1
8	平安养老	71, 648, 394	24, 130, 305	296. 9
9	太平养老	8, 361, 212	3, 425, 672	244. 1
10	人保健康	37, 129, 179	10, 380, 633	357. 7
11	农银人寿	22, 402, 879	11, 372, 439	197. 0
12	阳光人寿	28, 823, 343	33, 939, 954	84. 9
13	利安人寿	5, 096, 147	2, 490, 160	204. 7
14	财信吉祥人寿	10, 732, 453	4, 326, 081	248. 1
15	太保安联健康	12, 094, 618	3, 328, 656	363. 3
16	新华养老	15, 135, 957	5, 321, 276	284. 4
17	复星联合健康	3, 087, 757	1, 007, 745	306. 4
18	信美人寿	1, 361, 529	1, 034, 677	131. 6
19	爱心人寿	571, 329	418, 364	136. 6
20	北京人寿	3, 930, 389	1, 625, 142	241. 8
21	中宏人寿	22, 805, 286	9, 076, 650	251. 3
22	安联人寿	5, 059, 268	4, 254, 261	118. 9
23	工银安盛	23, 120, 403	20, 194, 584	114. 5
24	交银人寿	13, 751, 208	7, 442, 479	184. 8
25	中意人寿	18, 314, 258	9, 918, 817	184. 6
26	友邦人寿	47, 577, 515	23, 485, 589	202. 6
27	中荷人寿	8, 429, 185	3, 843, 359	219. 3
28	中英人寿	18, 464, 317	8, 657, 943	213. 3
29	同方全球人寿	6, 506, 336	3, 319, 989	196. 0
30	招商信诺	20, 471, 056	9, 805, 757	208. 8
31	陆家嘴国泰	8, 379, 085	3, 273, 938	255. 9
32	中美联泰	14, 469, 409	7, 676, 039	188. 5
33	平安健康	45, 920, 534	7, 676, 039	598. 2
34	中银三星	6, 997, 801	2, 846, 593	245. 8

附表 15 2024 年财产险公司投资价值与总资产比较

序号	公司名称	投资价值（千元）	总资产（千元）	投资价值/总资产（%）
1	人保财险	422, 422, 776	700, 798, 666	60. 3
2	平安财险	746, 959, 505	471, 086, 784	158. 6
3	太保财险	265, 801, 929	213, 360, 324	124. 6
4	中石油专属	21, 313, 059	10, 905, 160	195. 4
5	久隆财险	2, 005, 098	1, 417, 363	141. 5
6	英大财险	39, 814, 000	26, 027, 866	153. 0
7	中远海自保	2, 280, 452	5, 302, 440	43. 0
8	鼎和财险	56, 362, 901	20, 213, 838	278. 8
9	国寿财险	177, 536, 261	144, 811, 042	122. 6
10	日本兴亚	610, 109	376, 286	162. 1
11	中原农险	25, 931, 404	9, 452, 402	274. 3
12	铁路自保	8, 790, 382	6, 207, 722	141. 6
13	三星财险	8, 141, 951	4, 778, 512	170. 4
14	广东能源自保	1, 211, 082	1, 014, 866	119. 3
15	阳光农险	19, 202, 088	7, 617, 492	252. 1
16	苏黎世保险	2, 449, 884	4, 534, 938	54. 0
17	凯本财险	502, 288	974, 668	51. 5
18	太平洋安信	13, 676, 596	5, 631, 802	242. 8
19	汇友互助	1, 424, 543	1, 005, 097	141. 7
20	融通财险	9, 950, 335	4, 467, 758	222. 7
21	恒邦财险	7, 203, 392	4, 513, 801	159. 6
22	紫金财险	33, 376, 008	21, 422, 288	155. 8
23	日本财险	1, 354, 980	2, 517, 394	53. 8
24	华泰财险	21, 353, 401	19, 479, 930	109. 6
25	中银财险	20, 382, 409	13, 559, 179	150. 3
26	阳光财险	102, 730, 948	54, 394, 353	188. 9
27	众安财险	111, 633, 815	37, 025, 509	301. 5
28	大地财险	101, 573, 236	90, 822, 994	111. 8
29	安盟财险	7, 251, 599	4, 086, 239	177. 5
30	安诚财险	21, 312, 598	8, 384, 962	254. 2
31	众惠相互	3, 229, 738	2, 004, 316	161. 1
32	史带财险	1, 526, 001	5, 879, 123	26. 0
33	中华联合	117, 990, 857	72, 906, 271	161. 8
34	爱和谊	4, 794, 803	2, 833, 455	169. 2
35	美亚保险	6, 146, 348	3, 879, 993	158. 4
36	东京海上	2, 751, 979	2, 140, 994	128. 5
37	永安财险	29, 762, 800	16, 396, 487	181. 5
38	太平财险	45, 933, 598	39, 048, 501	117. 6
39	国元农险	21, 470, 180	13, 198, 807	162. 7
40	三井住友	3, 358, 081	3, 064, 915	109. 6

附表16　　2024年财产险公司投资效能比评价结果分析

序号	公司名称	投资价值（千元）	净资产（千元）	投资效能比（%）
1	人保财险	422, 422, 776	230, 388, 213	183. 4
2	平安财险	746, 959, 505	124, 169, 397	601. 6
3	太保财险	265, 801, 929	54, 909, 202	484. 1
4	中石油专属	21, 313, 059	7, 503, 610	284. 0
5	久隆财险	2, 005, 098	1, 066, 267	188. 0
6	英大财险	39, 814, 000	9, 724, 800	409. 4
7	中远海自保	2, 280, 452	2, 511, 870	90. 8
8	鼎和财险	56, 362, 901	13, 421, 906	419. 9
9	国寿财险	177, 536, 261	33, 565, 964	528. 9
10	日本兴亚	610, 109	238, 699	255. 6
11	中原农险	25, 931, 404	5, 034, 723	515. 1
12	铁路自保	8, 790, 382	3, 260, 473	269. 6
13	三星财险	8, 141, 951	2, 878, 351	282. 9
14	广东能源自保	1, 211, 082	577, 299	209. 8
15	阳光农险	19, 202, 088	3, 659, 024	524. 8
16	苏黎世保险	2, 449, 884	1, 285, 674	190. 6
17	凯本财险	502, 288	307, 818	163. 2
18	太平洋安信	13, 676, 596	2, 986, 811	457. 9
19	汇友互助	1, 424, 543	598, 845	237. 9
20	融通财险	9, 950, 335	3, 066, 369	324. 5
21	恒邦财险	7, 203, 392	2, 031, 971	354. 5
22	紫金财险	33, 376, 008	9, 267, 238	360. 2
23	日本财险	1, 354, 980	779, 056	173. 9
24	华泰财险	21, 353, 401	5, 709, 398	374. 0
25	中银财险	20, 382, 409	5, 183, 430	393. 2
26	阳光财险	102, 730, 948	15, 757, 100	652. 0
27	众安财险	111, 633, 815	17, 768, 888	628. 3
28	大地财险	101, 573, 236	24, 278, 747	418. 4
29	安盟财险	7, 251, 599	1, 341, 706	540. 5
30	安诚财险	21, 312, 598	4, 223, 663	504. 6
31	众惠相互	3, 229, 738	757, 641	426. 3
32	史带财险	1, 526, 001	1, 168, 950	130. 5
33	中华联合	117, 990, 857	18, 419, 610	640. 6
34	爱和谊	4, 794, 803	1, 088, 801	440. 4
35	美亚保险	6, 146, 348	1, 469, 841	418. 2
36	东京海上	2, 751, 979	705, 736	389. 9
37	永安财险	29, 762, 800	5, 733, 375	519. 1
38	太平财险	45, 933, 598	8, 353, 915	549. 8
39	国元农险	21, 470, 180	3, 930, 758	546. 2
40	三井住友	3, 358, 081	907, 930	369. 9

参考文献

［1］方开泰．实用多元统计分析［M］．上海：华东师范大学出版社，1986.

［2］寇业富主编．2022 中国保险公司竞争力与投资价值评价研究报告［M］．中国财政经济出版社，2022.

［3］寇业富主编，周桦、褚福灵、廖朴副主编．2023 保险蓝皮书——中国保险市场发展分析［M］．中国财政经济出版社，2023.

［4］寇业富主编．2023 中国保险公司竞争力与投资价值评价研究报告［M］．中国财政经济出版社，2023.

［5］施建祥，赵正堂．保险企业核心竞争力及其评价指标体系研究［J］．现代财经，2003（8）.

［6］石新武．开放条件下的保险业竞争力［M］．北京：中国财政经济出版社，2004.

［7］肖芸茹．构建优良的评价保险企业的指标体系［J］．南开经济研究，1999（2）.

［8］姚壬元．保险公司竞争力评价指标体系的构建［J］．石家庄经济学院学报，2004（4）.

［9］于秀林，任雪松．多元统计分析［M］．北京：中国统计出版社，1999.

［10］王成辉，江生忠．我国保险业竞争力诊断指标体系及其应用［J］．南开经济研究，2006（5）.

［11］黄兰，蔡则洋．国有商业银行核心竞争力探讨［J］．哈尔滨金融高等专科学校学报，2002.

［12］鲁志勇，于良春．中国银行竞争力分析与实证研究［J］．改革，2002.

［13］裴光．中国保险业竞争力研究［M］．中国金融出版社，2002.

［14］吕宙．论中国保险业国际竞争力［J］．金融研究，2003.

［15］孙林，李光金．基于 DEA 方法的我国保险公司竞争力分析［J］．西华大学学报，2005（6）.

［16］胡永红．基于因子分析的我国人寿保险公司竞争力研究［D］．首都经贸

大学，2007.

［17］叶欣，薛伟贤．上海中外资保险公司竞争力排名研究［J］．商业研究，2007（4）.

［18］王小平．论人寿保险公司的核心竞争力［J］．金融理论与实践，2006（1）.

［19］寇业富，李晓林．寿险公司业务结构的相似性分析及其聚类研究［J］．中央财经大学学报，2009（2）.

［20］江生忠．入世后提高中国保险业竞争力研究［M］．中国财政经济出版社，2007.

［21］冯占军，李秀芳著．中国保险企业竞争力研究［M］．中国财政经济出版社，2012.

［22］王保进著．多变量分析：统计软件与数据分析［M］．北京大学出版社，2007.

［23］方芳．中国保险业的对外开放与竞争力分析［M］．北京：中国金融出版社，2005：140－154.

［24］吴研．跨国公司进入中国市场的模式的演变及影响因素分析［J］．黑龙江对外经贸，2008（7）.

［25］孙敬延．跨国公司在中国市场面临的新挑战及营销策略分析［J］．中国市场，2007（27）.

［26］熊正德．外资公司对我国保险业的影响以及对策［J］．经济理论与实践，1997（2）.

［27］曾五一主编，朱平辉副主编，统计学［M］，北京大学出版社，2006.

［28］许海洋，汪国安，王万森．模糊聚类分析在数据挖掘中的应用研究［J］，计算机工程与应用，2005（6）.

［29］陈晶晶．基于财务报告的我国企业社会责任评价模型研究——以我国钢铁行业上市公司为例［D］．华东师范大学，2010.

［30］成敏．保险公司企业文化、企业社会责任及其关系研究［D］．东北财经大学，2012.

［31］邓启稳．基于平衡计分卡制度的保险企业社会责任评价［J］．财会月刊，2010（32）：28－30.

［32］郝臣，等．我国保险公司社会责任状况研究——基于保险公司社会责任报告的分析［J］．保险研究，2015（5）：92－100.

［33］洪旭，杨锡怀．中国企业社会责任评价体系的构建——以沪深两市上市公司为例［J］．东北大学学报（自然科学版），2011（11）：1668－1672.

［34］黄群慧，等．中国企业社会责任研究报告：十年回顾暨十年展望［M］．北京：社会科学文献出版社，2015（11）：20－21.

［35］李勇杰．保险企业社会责任研究［D］．武汉大学，2009.

［36］刘淑华．企业社会责任绩效评价［M］．北京：中国经济出版社，2015.

［37］谭中明，陈渊．保险公司社会责任信度评价体系研究［J］．保险研究，2009（5）：24－28.

［38］王蕾．保险企业社会责任绩效评价体系的构建［J］．南方金融，2010（1）：66－70.

［39］魏华林，林宝清主编．保险学［M］．北京：高等教育出版社，2011（6）：25.

［40］武晨凤．保险公司企业社会责任标准［J］．现代商业，2010（21）：62－63.

［41］吴定富．充分发挥保险社会管理功能［J］．中国保险，2004（5）：8－11.

［42］吴金娜．食品类企业社会责任评价体系的构建与应用［D］．浙江工业大学，2013.

［43］肖红军，等．企业社会责任评价研究：反思、重构与实证［M］．北京：经济管理出版社，2014（12）：16－31.

［44］谢彩玲．我国保险企业社会责任绩效评价体系研究［D］．湖南大学，2011.

［45］阳秋林，代金云．“两型社会”背景下的企业社会责任评价指标体系及其运用研究——以湖南企业为例［J］．湖南社会科学，2012（3）：114－117.

［46］赵天燕，张雪．我国企业社会责任评价指标体系的构建及其应用研究［J］．财贸研究，2012（6）：139－145.

［47］卓志，王寒．保险企业社会责任探析［J］．保险研究，2009（2）：3－8.

［48］蔡春勇．我国商业银行投资保险公司股权研究［J］．黑龙江对外经贸，2010（5）：141－142.

［49］秦阳．保险集团估值研究［D］．天津大学，2016.

［50］常振辉，高岩．FCFE模型与蒙特卡洛模拟相结合在公司估值中的应用［J］．中国林业经济，2018（1）：94－97.

［51］程凤朝，刘家鹏．上市公司并购重组定价问题研究［J］．会计研究，2011（11）：40－46＋93.

[52] 程凤朝，刘旭，温馨．上市公司并购重组标的资产价值评估与交易定价关系研究 [J]．会计研究，2013 (8)：40 - 46 + 96.

[53] 代静玉．寿险公司价值评估研究 [D]．重庆理工大学，2016.

[54] 杜璨．我国保险公司价值评估方法研究 [D]．首都经济贸易大学，2016.

[55] 高琳玮．上市公司“中国人寿”的估值研究 [D]．上海交通大学，2013.

[56] 胡晓明，赵东阳，孔玉生，等．企业异质与可比公司赋权——基于并购的非上市公司估值模型构建与应用 [J]．会计研究，2013 (11)：53 - 59 + 96.

[57] 胡晓明，张祖遥．我国上市公司控制权溢价及其影响——2012—2016 年相关数据的分析 [J]．中国资产评估，2018 (11)：23 - 27.

[58] 贾媛媛．基于内含价值的保险上市公司投资价值分析 [D]．山东财经大学，2015.

[59] 康纳尔，张志强，王春香．公司价值评估——有效评估与决策的工具 [M]．华夏出版社，2001.

[60] 李光明．企业价值评估理论与方法研究 [D]．中国农业大学，2005.

[61] 李颖．保险公司估值模型探讨 [D]．上海国家会计学院，2017.

[62] 刘海欧．保险公司价值评估体系演变进程简析 [J]．时代金融，2015 (9)：128 - 129.

[63] 刘建容，潘和平．基于财务指标体系的中国上市公司投资价值分析 [J]．管理学家（学术版），2010 (5)：16 - 25.

[64] 刘任重．基于企业价值评估的 DCF 与 RIV 定价模型的比较 [J]．统计与决策，2013 (2)：59 - 61.

[65] 吴宇航．期权定价对未上市企业估值的方法研究 [D]．北京外国语大学，2018.

[66] 姚颖．私募股权投资中的企业估值方法研究 [D]．南京大学，2013.

[67] 于辉，王宇．成长型企业股权融资估值问题的模型研究 [J]．系统科学与数学，2018，38 (3)：318 - 333.

[68] 张鼎祖，彭莉．企业价值评估市场法的改进 [J]．统计与决策，2006 (10)：160 - 162.

[69] 张灵莹．定性指标评价的定量化研究 [J]．系统工程理论与实践，1998 (7)：99 - 102.

[70] 张颖．寿险公司投资绩效比较研究 [D]．对外经济贸易大学，2015.

[71] 张淙豪．我国创业板上市公司融资能力的影响因素研究［D］．山东大学，2014.

[72] 周静宜．保险公司投资价值研究——以中国平安保险（集团）股份有限公司为例［J］．时代金融，2017（24）：251 -252 +254.

[73] Andrew, M. Yuengert. The Measurement of Efficiency in Life Insurance: Estimates of a M ixed Normal gamma Error Model [J]. Journal of Banking and Finance, 1993 (17): 483 -496.

[74] Aupperle K E, Carroll A B, Hatfield J D. An empirical examination of the relationship between corporate social responsibility and profitability [J]. Academy of management Journal, 1985, 28 (2): 446 -463.

[75] Carroll A B. A three - dimensional conceptual model of corporate performance [J]. Academy of management review, 1979, 4 (4): 497 -505.

[76] Carroll A B. Corporate social responsibility: Will industry respond to cutbacks in social program funding [J]. Vital Speeches of the day, 1983, 49 (19): 604 - 608.

[77] Carroll A B. The pyramid of corporate social responsibility: Toward the moral management of organizational stakeholders [J]. Business horizons, 1991, 34: 39 -48.

[78] Carroll A B. Corporate social responsibility evolution of a definitional construct [J]. Business & Society, 1999, 38 (3): 268 -295.

[79] Cummins, D. & Weiss. Measuring Cost Efficiencyin the Property 2 Liability Insurance Industry [J]. Journal of Banking and Finance, 1993 (17): 463 -481.

[80] Cummins, D, M A Weiss, and H. Zi. Organizational Form and Efficiency: An Analysis of Stock and Mutual Property - Liability Insurers [J]. Management Science, 1999 (45): 1254 -1269.

[81] Cummins, D J, S. Tennyson and M A Weiss. Consolidation and Efficiency in the US Life Insurance Industry [J]. Journal of Banking and Finance, 1999 (23): 325 - 357.

[82] Elkington J. Partnerships from cannibals with forks: The triple bottom line of 21st - century business [J]. Environmental Quality Management, 1998, 08 (1): 37 -51.

[83] Harrison J S, Wicks A C. Stakeholder theory, value and firm performance [J]. Business ethics quarterly, 2013, 23 (1): 97 -124.

[84] Maignan I, Ferrell O C. Measuring corporate citizenship in two countries:

The case of the United States and France [J]. Journal of Business Ethics, 2000, 23 (3): 283 -297.

[85] Marín L, Rubio A, Maya S R. Competitiveness as a strategic outcome of corporate social responsibility [J]. Corporate social responsibility and environmental management, 2012, 19 (6): 364 -376.

[86] Mustafa S A, Othman A R, Perumal S. Corporate social responsibility and company performance in the Malaysian context [J]. Procedia - Social and Behavioral Sciences, 2012, 65: 897 -905.

[87] Reed L, Getz K, Collins D, et al. Theoretical models and empirical results: A review and synthesis of JAI volumes 1 - 10 [J]. Corporation and society research: Studies in theory and measurement, 1990 (27): 62.

后　记

本篇报告的写作得到学校和学院的大力支持和帮助，在此对中央财经大学保险学院、中国精算研究院的各位领导和教师表示衷心的感谢！

报告得到教育部①、中央财经大学保险学院、中国精算研究院②等单位的课题资助和支持，在此表示衷心的感谢！

在大量数据的搜集、整理等工作中，有许多保险、精算专业的研究生和本科生参加了这项工作，他们为报告的完成付出了很多艰辛繁杂的劳动。主要人员有：中央财经大学保险学院的潘冠辰、霍凌云、项凯雯、叶铧泽、杨梦晓、毛雅欣、孔家芮、林文欣、张英、赵守政、尹凡僖、熊梓昱、解子优；中央财经大学管理科学与工程学院张学儒等，在此对他们的付出表示感谢！感谢中国精算研究院办公室的王庆焕、薛丽娜等为本书的出版付出的劳动！

课题组在指标的设立、信息的搜集整理、模型的探索完善等方面付出了很大的努力，但是《2024 中国保险公司竞争力与投资价值评价研究报告》中的不足和疏漏之处在所难免，欢迎各位读者不吝赐教，以便我们做进一步的修改和完善。

联系方式：kouyefu@ cufe. edu. cn

寇业富

2024 年 7 月 22 日

① 高等学校学科创新引智计划——“保险风险分析与决策”学科创新引智基地（NO. B17050）；教育部人文社会科学重点研究基地重大项目“数据时代商业保险服务健康保障体系的机制与智能路径研究”（项目批准号：16JJD790062）和“大数据背景下的风险量化与保险业发展指数体系研究”（项目批准号：16JJD790060）的资助。

② 2021 年度学科建设专项经费（中国精算研究院）提升自主创新和社会服务能力（项目号：022859320006）。